維開師影像集

壹、個人獨影

貳、學術人生

「蔣介石人際網絡研究學術研討會」（2010.01.18-20）

「蔣中正研究學術論壇：遷臺初期的蔣中正 1949-1952」（左起：李朝津、閻沁恆、劉維開、王正華，
2010.10.30）

「蔣中正日記與民國史研究國際學術討論會」（左起：劉維開、蔣永敬、陳進金，2010.12.02-03）

「蔣中正日記與民國史研究國際學術討論會」（左起：段瑞聰、林桶法、劉維開，2010.12.02-03）

「蔣中正日記與民國史研究國際學術討論會」（左起：江沛、聞黎民、劉維開、陳立文、鄭會欣，2010.12.02-03）

「蔣介石日常生活研究學術研討會」（2011.06.23-25）

「蔣介石日常生活研究學術研討會」（2011.06.23-25）

「蔣介石日常生活研究學術研討會」（左起：金以林、劉維開、張力、汪朝光、呂紹理，2011.06.23-25）

「蔣介石日常生活研究學術研討會」（2011.06.23-25）

「蔣永敬教授九十壽慶專題演講」（蔣永敬、劉維開，2011.06.30）

「九一八事變與抗日戰爭：第三屆海峽兩岸抗日戰爭史學術研討會」（左起：呂芳上、張連紅、劉維開，2011.09.20-21）

「民國史事與檔案－兩岸研究生史學研習營」（2012.08.26-09.01）

「民國史事與檔案 - 兩岸研究生史學研習營」（2012.08.26-09.01）

「近代國家的型塑：中華民國建國一百年國際學術討論會」（左起：邵銘煌、唐啟華、陳立文、劉維開，2012.09.13-09.14）

「第二十一屆臺北國際書展：國立大學出版社聯展記者會暨大學出版社經營座談會」（左起：呂芳上、劉維開、吳思華，2013.02.01）

「第二十一屆臺北國際書展：國立大學出版社聯展記者會暨大學出版社經營座談會」
（2013.02.01）

「第二十一屆臺北國際書展：《蔣介石的日常生活》新書發表會」（左起：林桶法、黃克武、劉
維開、周惠民，2013.02.01）

「第一次抗戰中國學術座談會」（劉維開、蔣永敬，2013.05.25）

「第一次抗戰中國學術座談會」（唐啟華、劉維開，2013.05.25）

「蔣介石與抗戰時期的中國學術研討會」（左起：汪朝光、呂芳上、劉維開、金以林、黃克武，
2013.06.25-27）

「蔣介石與抗戰時期的中國學術研討會」（2013.06.25-27）

「《沈昌煥日記》新書發表會」（2013.10.12）

「《沈昌煥日記》新書發表會」（劉維開、呂芳上 2013.10.12）

「抗戰時期的中國工作坊」（左起：蘇聖雄、陳英杰、陳進金、劉維開，2013.11.23）

「第二十二屆臺北國際書展開幕活動」（2014.02.05）

「第二十二屆臺北國際書展」（2014.02.09）

「第二十二屆臺北國際書展：政大出版社新書座談」（劉維開、周惠民，2014.02.09）

「第二十二屆臺北國際書展：政大出版社新書座談」（左起：周惠民、廖敏淑、劉維開，2014.02.09）

「國軍與現代中國：黃埔建軍九十年國際學術討論會」（左起：張世瑛、胡平生、劉維開，2014.06.14）

「影像與史料：影像中的近代中國國際學術研討會」（2014.10.11-12）

「戰爭的省思論壇暨新書發表會」（2015.12.21）

「百變民國：民國史百年來的演進與變革工作坊」（2016.03.12）

「回顧與展望：影視史學術沙龍」（2016.10.21）

「百變民國：1920 年代之中國青年學者論壇」（2017.02.11-12）

「百變民國：1920年代之中國青年學者論壇開幕致詞」（2017.02.11-12）

「抗日戰爭史研究新趨向國際學術研討會」（2017.09.02-03）

「百變民國：1930 年代之中國青年學者論壇綜合座談」（左起：徐思彥、劉維開、王文隆，2018.03.02）

「百變民國：1940 年代之中國青年學者論壇」（劉維開、汪朝光，2019.02.22-23）

「百變民國：1940 年代之中國青年學者論壇」（2019.02.22-23）

參、門下師生

教師節師門聚餐（2017.09.23）

教師節師門聚餐，維開老師與師母切蛋糕慶祝（2017.09.23）

教師節師門聚餐（2018.09.16）

教師節師門聚餐（2019.09.28）

中國近現代史讀書會年終餐敘

維開老師指導學生春節拜年（2019.02.02）

近代中國與東亞研究群年終餐敘（2020.01.09）

薪傳

劉維開教授榮退論文集

《薪傳》編輯小組　編著

 序言

　　這本論文集是一份珍貴的禮物，由劉維開教授的門生弟子精心策劃。他們各自撰寫論文一篇，經過學術審查，以嚴謹的態度將之集為一冊，呈獻給維開教授，作為他自國立政治大學歷史學系屆齡退休的一種紀念。我受邀為此書作序，深感榮幸。

　　維開於 1978 年自東海大學社會學系畢業，考入政大歷史研究所第三屆。當時我是首屆碩士生，正準備畢業論文的撰寫，和第三屆的學弟妹少有來往。有一天我們竟在校園裡坐在草地上閒聊，大概是本班辦的迎新小聚吧。我記得維開談到一些他近日閱讀《傳記文學》的內容，旁徵博引，這個許多人認為老派的雜誌經過他的敘述與解讀，突然鮮活許多。維開詳讀《傳記文學》和一些人物傳記，加上有機會認識不少曾是民國歷史積極參與者的父輩，因此熟知民國人物與事件的來龍去脈，就歷史知識的累積而言，維開實已「超前部署」了。

　　政大歷史所雖是新創，卻聘請到幾位近現代中國史的名師，如李定一、蔣永敬、李雲漢、胡春惠，同學向之學習，各有不同的收穫。維開的收穫之一是完成一本優秀的碩士論文。幾年後李定一老師曾和我們第一屆的畢業同學聚會時，提到維開的論文，他說：「趕快出版吧！再不出版，就要被人偷光了。」當時維開不在現場。後來，他的《編遣會議的實施與影響》一書，

就在 1989 年由臺灣商務印書館出版；這本書對我個人研究民國軍事史，有很大的幫助。

維開取得碩士學位，服完預官役後，曾在中正紀念堂服務；一年多之後，就成為中國國民黨黨史委員會的一員，同時也在學校兼課。1987 年維開考入剛設立的政大歷史系博士班就讀，多重身分令他倍加辛苦。1992 年李雲漢老師真除黨史會主任委員後，維開頗受倚重。是年 12 月 3 日他給我的信（當時我在美國波士頓）中提到，他從暑假開始撰寫博士論文，卻因為工作滿檔而影響了進度：「會內工作自從雲漢師真除之後，逐漸上軌道，且以建黨百年為目標，擬訂多項工作計劃，其中多數係編輯方面的範圍，可想見未來的壓力甚大。我尚負責編一本黨的職名錄，一本黨史相關著作的介紹，而現在正常工作的編書仍要進行，去年編了一本《國民政府處理九一八事變重要文獻》，是以特種外交委員會會議紀錄為主的一本資料選輯，今年要編一本《盧山談話會會議資料選輯》，係以會議記錄為主的資料集，大概明年初出版。」

忙碌的維開在如此繁重的任務中，總能有條不紊地逐項處理，終於在 1993 年 7 月 8 日的來信中告訴我：「現總算於上月二十六日順利通過口試，完成了此一『大事』。」維開受命編輯史料，也讓他更瞭解每份歷史文件，更能掌握事件的前因後果，有助於博士論文完成。兩年之後，國史館將之出版為專書《國難期間應變圖存問題之研究：從九一八到七七》。維開繼續在黨史會承擔重任，到了 2000 年，黨史會改組為文化傳播委員會黨史館後，還擔任了約兩年的黨史館副主任，才功成身退。

2002 年 8 月維開獲聘為政大歷史系副教授，總計在政大任教十八年，方於今（2020）年退休。過去十八年間，維開以其多年累積的民國史知識與研究能力，作育英才，受惠者除政大歷史系外，還有不少外系、外校學生。此外，維開活躍於學術界，參與政大的多項民國史研究計畫，以及兩岸與國際學術交流活動。而在蔣中正研究成為顯學之時，維開的研究成果更是不可或

缺，曾於 2009 年完成《蔣中正的一九四九：從下野到復行視事》一書。這
段期間，維開還常常出現在螢幕上，應兩岸多家媒體邀請，以精闢的見解，
為觀眾講述民國歷史。

　　收於本書的九篇論文，其作者或已獲得博士、碩士學位，或仍在攻讀學
位。屬抗戰前中國之研究，共有四篇。蕭李居蒐集了大量的中、日文資料，
針對戰前德日密約簽訂過程中，國民政府亦步亦趨地探查，作了細膩的分
析。本論文也為作者關於國府因應德日「防共協定」之文，再作補充。胡學
丞讀維開老師論文時，注意到蔣中正欲使中華民國成為基督教國，乃參閱蔣
氏日記、言論及他人著作，探其根源。袁經緯對於戰前翁文灝的研究，展現
了其所受到民國史研究的紮實訓練，史料與檔案應用甚廣。論文聚焦於翁氏
人才培育和行政改革的思想，配合其早期從政經歷，逐步探討。范育誠的情
報機構史研究，有別於過去數年所重視的戰時軍統局研究，而能透過檔案爬
梳，從組織的角度出發，再論國民政府情報機構的誕生與分化。

　　另外五篇論文則探討不同的抗戰時期議題。楊善堯接續其本身關於抗戰
時期軍醫的研究，把焦點放在國軍的戰場衛勤運送與支援上面，考察軍政後
勤工作的運作與成效。曾冠傑以楊敬遠 1941-1945 年的《讓廬日記》為依據，
聚焦於楊女士之政治態度、日常生活，和感情世界，並討論微觀的個人史，
及其與宏觀的時代背景之間的關係。陳世局在國史館典藏的《內政部檔案》
中，注意到社會部勞動局的卷宗，以此配合其他相關史料，集中探討流動調
查登記站的人力調查工作。羅國儲透過英方人士的日記和回憶錄，針對太平
洋戰爭時期，史迪威（Joseph Stilwell）在東南亞指揮部的職權問題，發現史
迪威在戰時即已飽受英方批評；而英方的批評，並非無的放矢。許惠文從三
次的全國財政會議切入，探討地方自治政策中鄉鎮造產的財政背景。因戰時
中央與地方之間的財政重新劃分，加上「新縣制」地方自治制度的執行，使
得地方財政短絀嚴重。遂以鄉鎮造產方式，解決地方財政不足的問題，促進

地方財政的自給自足。

　　維開對人熱心，對事用心；不但嘉惠後學，同時也惠我良多。我在研究上若是遇到有關民國史的疑難雜症，維開往往是我第一個想到要請教的對象，而他總是有問必答，想盡辦法幫我排難解惑。學術研究之路漫漫長長，能與維開同行，是美事，也是幸事！

張力

2020 年 6 月 1 日

於臺北南港中央研究院近代史研究所

 序言

時光真的猶如白駒過隙，一去不回！每憶起上世紀 90 年代第一次見到劉維開教授時，大家都不過是三十出頭，自奉還年輕，總覺得有大把的時間可以揮霍，人生的計畫中排滿了各種各樣要做的事，而且都覺得這些事非我莫屬，應該做成也能夠做成，再多的事也不算事。然轉瞬三十年過去，不曾想我們也都到了退休之齡，「退休生活」倏然如在眼前，而不再是遙不可及的「願景」了。所以，當維開兄的學生集議，為他的榮退編輯論文集，並邀我作為維開兄之友為序時，我即欣然允諾，因為這也是我們共同的面對，故有以發抒心懷，兼以自勉也。

第一次見到維開兄是在北京，大約是在上世紀 90 年代初吧，不過確切的時間和地點已然模糊（應該是在當時我所供職的近代史研究所）。雖然我們都是所謂歷史研究者，而歷史記述中最在意的就是時間和空間，但即便如此，生活中的時空其實並不都那麼歷歷難忘，而記憶往往又是很不靠譜的「玩意」。所以，只能說與維開兄的初識在 1990 年代的北京大體還是靠譜的（不知維開兄的記憶為何）。那時兩岸交流的大門剛打開不久，臺灣人士來大陸較為便利，而大陸人士去臺灣則仍有一些不便。及至後來，隨著兩岸交流的管道越拓越寬，雙方人員的交流往來也日漸便利，從 2000 年的千禧之交我初次訪臺後，與維開兄的相見便成了「家常便飯」，可謂年年得見，

甚而一年可以見上好幾次了，見面的地點也多了起來，從北京、上海到臺北、花蓮，就在這樣的相見中，我們由初識到熟知，再到成為可以自在交談來往的朋友，所以也才有本序之作。

與維開兄初識的印象，是他的爽朗健談，說著帶有些許臺灣音調的標準京腔，不那麼「嗲」（臺式發音的標配，呵呵），倒有些「脆」，對非常喜愛北京話的我來說，只覺毫無言談的隔閡（慚愧，已居京城四十年的我，直到現在，京腔也還不如維開兄地道），說話的方式和腔調本就是人與人交往的基本面相，言語相通很容易拉近陌生人之間的距離。

當然，說話只是形式，說些什麼更重要。那時我還在近代史研究所工作，研究論題與維開兄的研究多有聯繫，話語間對維開兄最為豔羨之處是，他當時在臺北中國國民黨黨史委員會工作，那裡保存著國民黨歷史上形成的大量檔案文獻資料，歷史研究者都視之為「寶山」。維開兄最初的學術研究，也是從利用檔案文獻起步的，而且因為他身在此山中，職業又是搜集、整理、編輯史料，對史料極為熟悉，信手拈來，侃侃而談，使那些原本是「死」的歷史變得「活」了起來，更令當時還沒有機緣去查考這些史料的我，羨慕不已！

不過，維開兄對史料的熟悉掌握，並非全為自己個人的研究。後來，維開兄擔任國民黨黨史會和黨史館的負責人，著力推動開放這些檔案文獻供學界利用，包括去臺灣訪問的大陸學者，凡從事相關研究的，大概無人不知黨史館，也無人沒去過黨史館，而凡去過黨史館者，對維開兄的熱心熱情，傾力相助，無不交口稱讚，可見維開兄在任時，於推動相關學術研究和兩岸學術交流，頗有貢獻！

治史者都重視史料，尤其是檔案文獻史料，那確實是研究無盡之寶藏，不過也因而難免對史料因愛而寵，心生獨家所用之念，不無據為己有之心，這是完全可以理解的，然維開兄卻不以此為念。在他心目中，史料當為治史

者所共用，歷史當為研究者所共解，研究水準的高下，恰恰不能來自於對史料的壟斷（他本來最具有這樣的條件），而在於研究者對史料的不同解讀。所以，在他的任上，極力推動史料的開放，並為查閱者提供盡可能多的方便，而且以他對史料的熟悉，無論何人向他諮詢請教，他都不厭其詳地介紹指點，藏在該館的固不論，該館不藏的史料，也都本著知無不言的態度，提示查找的可循之道，研究者尤其是入道不久的年輕研究者都從中受益良多。

　　維開兄對史料非常熟悉，編輯整理過多種史料史著，但這不是為了賣弄，不是為了對歷史作淺薄的獵奇，將歷史變成那些為了「吃瓜」而刻意而為的趣聞軼事甚而是無聊八卦，而是為了踏實的研究，知其然更知其所以然。為此，維開兄在研究上沒少下功夫。他專精國民黨史研究，著述豐碩，見解獨到，能夠跳出史料看歷史，將歷史的過程置於更廣闊的背景下觀察，得出平實而不扭曲的結論，顯現出治史者應有的素質和責任。

　　研究和教學本為一體兩面，紮實的教育可為研究打下良好之基，深入的研究也可為教育提供言說的更廣大空間。維開兄於繁忙的行政和研究工作之餘，與學校教育始終保持著聯繫，在學校兼職授課。世紀之交，他的事業重心逐漸轉向學校，直至離開黨史館的工作，去了他的母校之一的政治大學，專事教學與研究。從此之後，他更如魚得水，教學研究兩不誤，不僅研究做得風生水起，論著迭出，對教學亦頗為上心，不辭辛勞，為學生釋疑解惑，培養了不少年輕的後進研究者。這本論文集就是曾經受教過維開兄的弟子們對老師發自內心的感念感懷之作，也是他們對老師一片真摯的情感寫照！

　　隨著兩岸學術往來的日漸增多，維開兄與大陸學界的往還不斷，在大陸各處的學術討論會、圖書發布會、媒體訪談等場合，總能見到他的身影。他的諸多研究論著，或在大陸出版社出版，或在大陸學術期刊發表，並有了不少讀者知音，顯現出兩岸學術交流的積極趨向。尤憶他的著作在大陸出版後，北京的一家書店在某個夏日舉辦學術沙龍，邀維開兄就其著作發表高

見，我忝為主持，席間維開兄就歷史娓娓道來，並不諱言當年國民黨諸般作為之失策，聽眾踴躍發問，也能肯定國民黨在北伐抗戰期間的貢獻，言者與聽者都能秉持平實之論，討論歷史走過的路程。作為主持人，我也頗為欣慰，與兩岸交流初開時的景象相比，這已是莫大的進步了，而這也與維開兄所致力推動的兩岸學術交流有很大的關聯吧！

我在近代史所工作時，曾與維開兄合作策劃過一些學術活動，並都收到良好的成效。自四年前調至世界歷史研究所工作，雖然個人多年的研究興趣未必那麼能夠輕易轉移，惟職責所在，畢竟工作重心轉向世界史，也期望在這方面，能與臺灣學界有更多的合作。例如，臺灣各書局出版的不少通俗易懂、簡明扼要的世界史著作便很有特色，值得介紹給大陸讀者。或許，維開兄於此亦可助一臂之力，為兩岸學術交流和我們的個人交往打開新天地。

話說回來，榮退從來不是學術的終點，以維開兄的才情學問，榮退後當是一番新的天地，寄望維開兄能夠寫出更多更好的論著，為學界和讀者也帶來更多的佳作。當然，更得關注健康，自在生活，身體第一。於今年至今未全熄之疫情下，說這些似乎套話中的套話，其實還是有些現實意義的。

說來有意思，我認識的臺灣學界同仁中，好飲、能飲者不在少數，政治大學更被認為是其中「重鎮」，但維開兄未染此「惡習」，每見餐敘時都不飲酒，而且總是那麼溫和儒雅，習習君子之風可見，使得飲後偶露醉意的「我們」顯得似乎有些「粗鄙」。但望維開兄也能適度開禁，今後相見時與諸位同好把酒言歡，不亦樂乎！更望今後能與維開兄多見多聊，共話學術，不虛人生！

拉拉雜雜寫來，只是我與維開兄三十年交往中的一些片斷和感想，因為維開兄的學生們要給老師一個意外的驚喜，所以事先囑我不向維開兄透露寫作內容之一二。因此，這篇小序不能事先請維開兄讀之徵求意見，成了我的自說自話，不知其中有無訛誤之處可由維開兄正之。但學術本是百花齊放之

事，這篇小序亦權為我的一家之言，供讀者諸君一哂吧。

汪朝光

2020 年 5 月 30 日

於北京「鳥巢」隔鄰之中國歷史研究院世界歷史研究所新處所

目錄 | CONTENTS

附錄

政治外交

國民政府對德日密約傳聞的探查（1934-1936）*

蕭李居

國史館修纂處協修

一、前言

　　近代中國與德國發展經濟和外交關係的過程，可謂充滿互利又矛盾的性質，一方面德國正崛起成為世界經濟和軍事強國，隨同其他列強在華擴展權益；一方面中國則努力學習西方近代化措施，以捍衛國家主權、經濟與文化。[1] 此種中德關係特質持續影響著日後兩國發展，1934 年起國際間德日密約的傳聞以及德日兩國於 1936 年 11 月 25 日簽訂「反共產國際協定（Antikomintern-Pakt）」（以下簡稱：德日「防共協定」），即是在中德關係的矛盾之中醞釀、展開及呈現。

---

* 　本文承蒙兩位匿名審查委員提供寶貴修訂意見，特此誌謝。

[1] 　柯偉林（William Kirby）著，陳謙平等譯，《德國與中華民國》（南京：江蘇人民出版社，2006 年），頁 7。

　　1871 年德意志帝國成立，籌劃在東亞建立殖民地，擴展商貿，曾於 1897 年 11 月以曹州教案為由，[2] 出兵占領膠州灣，強行租借並積極建設青島。第一次世界大戰結束，德國失去在華特權，但中德於 1921 年 5 月簽訂平等互惠的「中德條約」，德國重新在中國推動貿易，依靠品質與信譽迅速擴展中德商貿關係，成為中國工業品主要供應者。[3] 其中軍火貿易方面，德國已是清末時期中國陸軍軍火的主要供應國，軍火銷售量在辛亥革命之際已躍居首位。民國肇建後，其銷售量更是與日俱增。一戰期間，日本壟斷中國軍火市場，取代德國對華軍售地位。[4] 但一戰結束後隨著德國對華貿易迅速恢復以及德國退役軍官來華任軍事顧問，尤其是 1920 年代後期至 1930 年代期間，國民政府招聘德國軍事顧問與購買德國軍火，積極建設現代化軍隊以厚實國防戰力，以及德國透過進口中國礦砂等國防原料與對華傾銷軍火來強化與中國的貿易，此段期間雙方在「不考慮共同的戰略需求之上」，建立一種密切且互利的軍事關係。[5]

　　至於德日兩國雖然在第二次世界大戰期間曾締結軸心聯盟，但在 1930 年代以前兩國關係其實並不密切。日本自 1868 年開始推動明治維新，德國則於 1871 年完成國家統一，兩國約於同時期開始邁向近代國民國家之路。在兩國各自發展國力期間，主要是由德國單方面向日本輸出有關軍事學、醫

---

[2]　曹州教案發生於 1897 年 11 月 1 日，山東曹州府鉅野縣的德國傳教士在教堂被殺，傳聞係大刀會所為。德國以此為藉口，占領膠州灣。次年 3 月，中德簽訂「中德膠澳租界條約」，德國在山東取得膠州灣 99 年租期、鐵路修築權及採礦權。此外，清廷被迫撤免山東巡撫李秉衡等人職務及賠償 20 萬兩，並在濟寧、曹州和巨野修建三座天主教堂。

[3]　周惠民，〈德國對「滿洲國」及「汪政權」的外交態度〉，《國立政治大學歷史學報》，第 23 期（2005 年 5 月），頁 148。

[4]　陳存恭，《列強對中國的軍火禁運（民國八年～十八年）》（臺北：中央研究院近代史研究所，1983 年），頁 19、25-30。

[5]　柯偉林（William Kirby）著，陳謙平等譯，《德國與中華民國》，中文版序言，頁 2。

學與法學等近代化的學術、文化與制度。[6]特別是日本陸軍的近代化方面，日本參謀本部在 1885 年聘請德軍少校梅克爾（Klemens Meckel, 1842-1906）擔任軍事顧問，以教官身分在日本陸軍大學傳授軍事學，對於日本陸軍發展帶來深遠的影響。[7]然而，此時期的德日交流也僅止於此。

　　1890 年德皇威廉二世（Friedrich Wilhelm Ⅱ, 1859-1941）罷黜外相俾斯麥（Otto von Bismarck, 1815-1898）並開始親政，對外採取「世界政策（Weltpolitik）」，擴建海軍，積極向外擴張殖民地。日本方面也在此期間多次干涉朝鮮半島內部事務，並於 1894-95 年甲午戰爭擊敗中國，積極對外展開大陸政策，自此兩國在國際政治與經濟上即處於對立地位。先是甲午戰爭結束後，德國聯合法國與俄國，以行使武力為背景壓迫日本將遼東半島歸還中國。不及十年，日本趁一戰的時機，於 1914 年 8 月侵占德國在中國青島的租借地，並於巴黎和會奪取德國在太平洋島嶼的殖民地，使得兩國在國際政治上彼此敵視。經濟方面，德日兩國同屬工業化國家，但國內資源並不豐富，石油、橡膠等工業原料都須仰賴國外進口，也必須向外推銷工業產品。故而「德日兩國在農產品和原料方面，彼此不能挹注，而在工業方面，則競爭國際市場」，雙方在經濟上亦處於彼此競爭地位。[8]二戰之前，德日兩國由疏離走向親密，則是希特勒（Adolf Hitler, 1888-1945）領導的納粹黨（Nationalsozialistische Deutsche Arbeiterpartei）在德國執政之後開始轉變。

---

[6]　田嶋信雄，〈東アジア国際関係の中の日独関係——外交と戦略〉，收入工藤章、田嶋信雄編，《日独関係史一八九〇—一九四五》，I 総説／東アジアにおける邂逅（東京：東京大学出版会，2008年），頁 3-4。

[7]　スヴェン・サーラ（Sven Saaler），〈日独関係における陸軍〉，收入工藤章、田嶋信雄編，《日独関係史一八九〇—一九四五》，II 枢軸形成の多元的力学（東京：東京大学出版会，2008 年），頁 176-180。

[8]　程天放，〈德日反共條約——使德回憶之九〉，《傳記文學》，第 4 卷第 6 期（1964 年 6 月），頁 17。

　　希特勒於 1933 年 1 月 30 日出任德國總理後，納粹德國即積極重整軍備，並於同年 10 月 14 日退出裁軍會議與國際聯盟。希特勒為了解決國內經濟問題，任用沙赫特（Hjalmar Schacht, 1877-1970）為帝國中央銀行總裁兼經濟部長，執行復興經濟與重新武裝的政策，其中中國東北被其列為強化對外貿易的重點地區。中國對德貿易在九一八事變前後有鉅額的順差，銷售德國貨物多為糧食作物與工業原料，而且大部分來自東北地區。惟此刻東北地區已被日本侵占並扶立滿洲國，掌控該地區的經濟與政治，結果 1934 年國際間即出現德日兩國締結密約的傳聞。雖然「日德兩國對上項消息，自然極端否認的。可是國際間對於這個問題的注意，並不因日德的否認，而減少其注意」。[9]

　　若是德日兩國締結密約將會影響國際各國關係互動與結盟態勢，英法面對納粹德國的法西斯與蘇聯的赤色威脅，均不樂意見到日本倒向其中一方。蘇聯同樣面臨德日兩國反共訴求的東西兩面壓力，亦不願該兩國結合，並自 1930 年代初始即對日本採取綏靖政策，積極重提締結互不侵犯條約案與販售中東鐵路，藉以緩和來自日本的威脅。但當蘇聯於 1935 年 12 月間透過情報確認德日兩國談判締結密約共同防蘇的訊息後，即放棄再提互不侵犯條約事，改而積極回應蔣中正改善中蘇關係的期望。可知，德日之約對於國際情勢的變動非常深刻與直接，同樣也影響中國與德日兩國的關係。

　　筆者曾參酌《程天放日記》與國史館所藏《外交部檔案》，就國民政府偵查 1936 年 11 月德日「防共協定」的秘密條款內容、協定對於中德關係與軍事合作的影響，以及憂慮被強邀參加該協定的疑慮等議題撰文分析。論文指出雖然該兩國公布協定條文，但「德日締結密約事早已風傳多時，外交界與媒體界並已猜測其將以表面的防共協定掩護背後的軍事條約」。[10] 惟論述

---

[9] 王紀元，〈日德密約與國際局勢〉，《申報週刊》，第 1 卷第 2 期（1936 年 1 月 12 日），頁 35。

[10] 蕭李居，〈國民政府對德日「防共協定」的因應〉，《國史館館刊》，第 58 期（2018 年 12 月），頁 79。

重點在於德日簽訂條約之後國民政府的因應措施，未能探討協定公布之前國民政府如何關注傳聞多時的密約謠言，實則中國方面對於 1934 年傳出的德日密約謠言的關注程度不亞於世界各國。因為此期間中德軍備貿易關係正逐步進入高峰，蔣中正期望藉此強化對日備戰的國防整備。雖然同時間中日兩國亦在醞釀親善氣氛而冀望改善九一八事變以來兩國惡化的關係，但改善結果卻難以預測。此刻德日接近並簽訂密約則可能直接衝擊中德關係，影響中國抗日的國防備戰，故而中國方面對於傳聞亟為重視，積極探詢其真實性。本文擬立基於以往相關研究成果上，以國史館典藏《蔣中正總統文物》和《外交部檔案》為主要資料，並輔以《蔣中正日記》及新聞報導等，透過以往較少為人關注德日兩國接觸、交涉進而簽約的過程，探討中國對於密約傳聞的偵查與看法。

二、德日接近與密約傳聞

　　希特勒於 1933 年 1 月執政後即籌謀強化對中國東北的貿易，在此背景下促成德日接近的契機，則為德國商人海耶（Firdinadn Hey）企圖拓展滿洲國貿易的嘗試。

　　同年 3 月 6 日，海耶經由內政部長戈林（Hermann Göring, 1893-1946）的推薦至德國外交部遊說，計劃用德國資金在滿洲國成立一家銀行，運用德國資本與工業產品開發滿洲和蒙古，但未被接受。5 月，海耶在蒂森工業集團總裁蒂森（Fritz Thyssen, 1873-1951）的資助下，前往日本與滿洲活動，與陸相荒木貞夫（1877-1966）討論政經問題，並會見滿洲國官員。11 月，海耶返德，自稱奉納粹黨命令在柏林成立德滿進出口公司，計劃向滿洲出口德國工業產品以抵銷進口滿洲大豆的貿易逆差。未久，海耶透過蒂森與納粹黨高級官員戴慈（Daitz）等人引見，獲得晉見希特勒的機會。希特勒誤信其有

能力建立德滿貿易關係，於 1934 年 2 月任命其為「德國臨時特派員」，授權前往滿洲拓展商務。

　　另一方面，日本退出國聯半年後，齋藤實內閣進行改組，廣田弘毅（1878-1948）於 1933 年 9 月 14 日接任外相，改變前外相內田康哉（1865-1936）的「焦土外交」，標榜國際協調的「協和外交」，希望以外交協調方式改善日本與各國關係並處理滿洲國問題，故而於 12 月底邀請德國駐日大使狄克遜（Herbert von Dirksen, 1882-1955）訪問滿洲國。1934 年元旦，德國外交部長牛賴特（Konstantin von Neurath, 1873-1956）否決狄克遜滿洲之行的申請，建議考慮改派其商務參贊克諾爾（Karl Knoll）前往滿洲考察。在逖克遜未能親自參訪滿洲的情況下，日本方面十分重視來自柏林的海耶遠東之行。

　　然而，海耶要求德國在滿洲國享有特別優惠待遇，內容甚至比日本還優渥，引起日方不滿。1934 年 3 月 9 日，日本駐德大使永井松三（1877-1957）拜會德國外交次長畢樓（Bernhard von Bulow），表示前一年海耶曾保證若德滿經濟協定成功，則將促使德國承認滿洲國，此次卻提出德國在滿洲的要價超過日本的要求，據此表達對海耶的不滿與不信任態度。此外，海耶將開拓德滿貿易與德國承認滿洲國混為一談，違背德國外交部的遠東政策，使得德國外交部甚為不悅。

　　1934 年 5 月間，海耶自稱經德國政府許可已與滿洲國簽訂臨時經濟協定，卻遲未呈報德國政府，直至 6 月 5 日才將協定草案電知德國駐日大使館，德國外交部對於海耶擅自簽署協定以及拖延呈報草案的舉動相當不滿。此外，在華德商與德國商界不滿於海耶壟斷滿洲大豆的企圖，認為承認滿洲國一事與在華利益衝突，將嚴重損失德國在中國的經濟利益，而此看法亦獲得德國外交部的認同。事實上，德國對於是否承認滿洲國問題，關鍵在於德國是否願意犧牲在華利益，德國外交部對此早已於 4 月間確定「和中國的經

濟關係對德國意義重大，日本即使將來也無法等量齊觀」，因此德國糧食部於 6 月 19 日以經濟政策等原因否決了海耶簽訂的協定。8 月 21 日，德國外交部通知駐日大使館，德國政府決定撤銷海耶的臨時特派員身分。然而，海耶並未因德國糧食部的否決而放棄，反而建議狄克遜會晤預備於 10 月期間訪日的滿洲國經濟部長張燕卿（1898-1951），洽商德滿經貿問題，持續為其開拓貿易的企圖奮力不懈。但是，由於張燕卿的行程緊湊，加上當時狄克遜身體不適，未能如預定舉行會談。此後德國外交部與納粹黨方面協商如何處理海耶的問題，最後牛賴特於 1935 年 2 月指示狄克遜通知日本政府，德國政府正式撤免海耶的特派員身分，終止開展德滿貿易活動，有關希特勒上台初期拓展德滿經貿的海耶事件在止告一段落。[11]

　　1930 年代期間擔任美國駐日大使的格魯（Joseph Grew, 1880-1965）長期觀察日本與各國關係，在其回憶錄曾云：「德國退出國際聯盟後，已開始和滿洲國調情。」[12] 1934 年 2 月，海耶被希特勒正式任命為臨時特派員，授權開拓德滿貿易，正是德國退出國聯之後四個月之事。可知，德日接近的背景為退出國聯，而跨出接觸第一步的原因，對於德國而言為經濟要素，但對日本而言則為促使德國承認滿洲國的政治訴求。

　　中國方面對於德日接近的政經因素，以及德滿關係的發展並非一無所知。1933 年 12 月 19 日，兵工署署長俞大維（1897-1993）致電蔣中正

---

[11] 以上有關海耶事件的詳細經過，請參閱：柯偉林（William Kirby）著，陳謙平等譯，《德國與中華民國》，頁 154-155；馬振犢、戚如高著，《友乎？敵乎？德國與中國抗戰》（桂林：廣西師範大學出版社，1997 年），頁 69-72；陳仁霞，《中德日三角關係研究（1936-1938）》（北京：新華書店，2003 年），頁 48-63；周惠民，《德國對華政策研究》（臺北：三民書局，1995 年），頁 135-161；郭恆鈺、羅梅君（Mechthild Leutner）主編，許琳菲、孫書豪譯，《德國外交檔案：1928～1938 年代中德關係》（臺北：中央研究院近代史研究所，1991 年），頁 162。

[12] 約瑟夫・格魯（Joseph Grew）著，蔣相澤譯，《使日十年》（北京：商務印書館，1992 年），頁 121。格魯擔任駐日大使時期為 1932 年 6 月至 1941 年 12 月珍珠港事變之前。

（1887-1975）表示，據駐德使館商務專員譚伯羽（1900-1982）電稱：「日以開柘〔按：拓〕偽國□□誘德承認滿洲甚力，曾私詢德方，謂：中國不自承認，德決不為之。」[13] 1934 年 1 月，駐德公使劉崇傑（1880-1956）致電南京外交部與蔣中正：「據德報評論，去年德輸入大豆價值十一萬一千一百萬馬克，而輸運滿洲之貨價僅一千萬馬克，應求貿易平衡。惟日本絕無工業化滿洲之意，不過欲榨取滿洲，此項生產機械，日本均能供給，德國欲以機械易以大豆，殊無希望。」同時指出：「漢堡東方輿論週刊頗有勢力，主筆莫耳著名親日，傑〔按：劉崇傑自稱〕曾語以利害及中國之力量，殆〔按：待〕接到中國輿論警告德消息，彼近亦為文，態度稍變，略謂各國縱即承認偽政府，亦難取得經濟利益，且徒增中國人之敵視。」[14] 顯示中國方面亦知日本企圖以滿洲的經濟利益誘惑德國，不過德國新聞界認為日本亦能提供機械予滿洲國，德國工業產品難以銷入滿洲，致使劉崇傑尚持樂觀態度。

　　1934 年 2 月，海耶被希特勒正式任命為臨時特派員並積極運作德滿貿易，德國亟欲開拓滿洲經濟的情勢明朗化，劉崇傑乃致電外交部表示：

> 此事亦有所聞，德報亦有登載。似德當局及一部分人，惑於日本利誘大豆換機器，與日偽接洽經濟協定，德外部談話亦模稜，似亦以此為慮。某德人密告謂，希特勒不甚明瞭遠東情形，最好由傑乘機向其說明。傑今早謁見希氏，詳告中德友誼利害及東省情形，彼注意發問頗多。承午後即派參事回拜，說明英報載駐日德武官曾持希氏親筆書與

---

[13] 「俞大維致蔣中正效申電」（1933 年 12 月 19 日），〈特交文電－對英法德義關係（六）〉，《蔣中正總統文物》，國史館藏，典藏號：002-090103-00016-019。

[14] 「外交部總務司致蔣中正沁電」（1934 年 1 月 27 日），秦孝儀主編，《中華民國重要史料初編——對日抗戰時期》，第六編：傀儡組織（一）（臺北：中國國民黨中央委員會黨史委員會，1981 年），頁 141。

滿洲接洽，全屬子虛云云。[15]

　　劉崇傑於 1934 年 1 月對於情勢似仍樂觀看待，一個月後海耶獲得德國官方身分才驚覺事態嚴重，親自拜見希特勒說明遠東情勢與中國態度。

　　同年 3 月，譚伯羽來電表示：「德外交私人稱：駐日隨員 KNOLL 考察東省經濟情形結果甚劣。駐日大使對海爾氏〔按：海耶〕已變其從前贊助主張，即日方已漸厭惡其人。」同時明確指出，「經濟交涉後，德國確暫無承認〔滿洲國〕及合作之舉等。」[16] 電文所稱駐日隨員 KNOLL 即前述德國駐日大使狄克遜的商務參贊克諾爾，然而克諾爾的考察結果不佳，致使狄克遜改變原先贊同海耶的主張，加上海耶於 5 月自稱已與滿洲國締結貿易協定，中國方面立即由劉崇傑向柏林提出抗議。德國外交部亦不願犧牲德國在中國的經濟利益，除了指示駐日與駐華使館澄清外，牛賴特與納粹黨對外政策局人員舉行會談，要求取消海耶的身分與任務。[17] 中國方面對於德滿問題的關注，除了雙方展開的貿易問題，主要是關切德國是否會為了拓展中國東北地區貿易進而承認滿洲國。最後海耶未能實現德滿貿易的企圖，德國承認滿洲國問題亦暫告平息。

　　不過，海耶前往滿洲與日本活動一事仍在國際間引起軒然大波，除了前述德國承認滿洲國謠言外，[18] 亦引發德日締結密約成立聯盟的傳聞。1934 年 2 月 9 日，報紙報導：「英國上議院副議長莫勒爵士六日在紐約宣稱：日德間關於日本之獨霸已成立某種諒解，渠已得有相當確實之證據。又謂：世界

[15] 「劉崇傑致外交部第 75 號電」（1934 年 2 月 22 日），秦孝儀主編，《中華民國重要史料初編——對日抗戰時期》，第六編：傀儡組織（一），頁 142。

[16] 「俞大維致蔣中正皓酉電」（1934 年 3 月 19 日），〈特交文電－對英法德義關係（六）〉，《蔣中正總統文物》，典藏號：002-090103-00016-030。

[17] 周惠民，〈德國對「滿洲國」及「汪政權」的外交態度〉，頁 156。

[18] 陳仁霞，《中德日三角關係研究（1936-1938）》，頁 52。

大戰之再發，殊為可怖云。」[19]劉崇傑亦於 6 月 5 日致電外交部表示：「蘇俄方面消息，德日對蘇俄有密契。經向各方探詢，未能證實。」經過私下詢問德國外交部東方股長，「彼絕對否認，聲稱德日並無任何接洽」。因此，劉崇傑認為「德日確係互相拉籠〔按：攏〕交情，但目前情形似無具體結合，我方仍宜隨時嚴令注意」。[20]可知，劉崇傑在柏林也察覺德日親近的趨勢，但認為應當不致於已經發展到蘇聯消息指稱訂有密約的地步。

　　然而，有關德日密約傳聞在 1934 年下半年後卻出現更為具體的消息。9 月 29 日，法國巴黎相關消息指稱，德日密約為互為承認勢力範圍的權益，該約「主動者為德川、荒木等。密約內容規定德國承認日本在西伯利亞、貝加爾湖以東的權益；而日本則承認德國在烏克蘭的權益。兩國在政治軍事技術上協力」。[21]五日後，巴黎新聞界進一步揭露德日密約的消息，表示密約有效時期為五年，並謂「協定規定遠東衝突，不能令其長此留其地方性質，德國方面雖尚未準備實有此項遠大計畫。唯兩國政府及參謀本部則已著手準備，擬訂兩國在軍事及政治方面合作之詳細辦法」。最後信誓旦旦指稱，「此項密約之存在絕對無疑義，而其目的乃令全世界淪入火焰與槍刀之中」。[22]日本外務省發言人則於 10 月 2 日出面「否認巴黎晚報所載德日成立聯盟之說。關於所謂雇用德專家五百人之說，該發言人稱，在日德僑，除一二新聞記者外，殊未見有增加」。[23]

---

[19]　〈日德密約說　英上院副議長稱獲有證據〉，《申報》，上海，1934 年 2 月 9 日，版 7；〈英人口中之日德諒解？〉，《中央日報》，南京，1934 年 2 月 9 日，張 1 版 3。

[20]　「外交部總務司致蔣中正魚電」（1934 年 6 月 6 日），〈特交文電－對英法德義關係（六）〉，《蔣中正總統文物》，典藏號：002-090103-00016-038。

[21]　王紀元，〈日德密約與國際局勢〉，頁 35。

[22]　〈巴黎夜報傳　日德締結密約〉，《申報》，上海，1934 年 10 月 4 日，版 7。

[23]　〈日本外務省否認　德日成立聯盟說　雇用德專家非事實〉，《中央日報》，南京，1934 年 10 月 2 日，張 2 版 1。

　　中國方面一直以來即相當關注德日關係的變化。1933 年 10 月 24 日，納粹德國以「再軍備問題」為由退出國聯的十日後，上海市長吳鐵城（1888-1953）觀察到「自德國宣告退出國聯後，歐洲形勢頓形緊張」，致電蔣中正分析此後國際局勢的發展：

> 德退國聯，日引為得意，希特拉政府亦有親日之趨勢。而法因德態度崛強，勢必變更其向一對蘇俄及遠東問題之政策，是皆以德退國聯，美俄又忽接近，至國際間形勢變化，遂有急轉直下之勢。[24]

　　由於希特勒及納粹黨以反共起家，並以蘇聯為其假想敵國，在 1933 年 1 月獲取德國政權後，歐洲情勢即可能有所變動。蔣中正觀察歐洲情勢的變化，在德國退出國聯前夕亦曾注意到「俄法趨向聯合，以對日德」。[25] 此後歷史進程如吳鐵城所分析，美國在該年 11 月 17 日承認蘇聯；翌年 1 月 11 日，法俄簽訂貿易公約；9 月 19 日，蘇聯加入國聯。然而，有關德日關係的升溫，在史實發展上則比推測與謠言來的遲緩。

　　1934 年間德日撲朔迷離的關係與密約消息已經在國際上風傳沸揚，外交部於 10 月 3 日針對巴黎新聞界的訊息電呈蔣中正謂：「據駐蘇聯大使館一日電稱：『俄報載巴黎電，德日秘約訂于本年八月間，係軍事政治性質，規定德日技術及軍事合作。近六個月內，德擬派航空人員及工程師五百人赴日。德海軍大將班克奉令籌劃，與日合作，俾海軍砲術益臻完善。』」並表示「已電令駐德使館密探詳情」。[26] 而蔣中正也是在此時刻開始關注「倭德

---

[24] 「吳鐵城致蔣中正漾午電」（1933 年 10 月 24 日），〈特交文電—對英法德義關係（六）〉，《蔣中正總統文物》，典藏號：002-090103-00016-016。

[25] 《蔣中正日記》，1933 年 10 月 10 日，美國史丹佛大學胡佛研究院檔案館藏，下同。

[26] 「外交部致蔣中正江電」（1934 年 10 月 3 日），〈特交檔案—民國二十三年（四十二）〉，《蔣

同盟消息」。[27]

對於巴黎新聞界的說法，駐德公使劉崇傑於 10 月 13 日覆電外交部謂：

> 日本松山少將率領練習艦及日本賀陽宮親王先後訪德以來，日德軍事
> 密約之說時有所聞。偵查結果雖未能證實，然購買飛機、飛船及僱
> 製機人員一節，結合各方消息，似近事實，但數量條件不明。德商人
> 海爾〔按：海耶〕與國社黨某幹部有聯絡，去年以來在日本滿洲甚活
> 動。……關于密約，德外部人完全否認。此間俄美使館亦甚注意，據
> 談調查尚無結果。[28]

劉崇傑針對巴黎輿論傳聞德日軍事密約進行偵查，但無法證實，不過雙
方似在洽商軍購，並懷疑應為海耶居中接洽斡旋。外交部於同月 15 日將該
電文探查結果呈報蔣中正，另外也電令駐日公使蔣作賓（1884-1942）在東京
密查詳情。20 日，劉崇傑直接致電蔣中正，報告進一步的偵查結果，表示「近
來盛傳日德因對俄目的結軍事密約，偵查結果未能證實。德外交國防兩總監
極力否認。但綜合各方消息，日向德國商購飛船、飛機似在進行，數量條件
不明」。[29]

另外，蔣作賓於 10 月 18 日覆電外交部表示：

> 經向各方詳查，去年德國實業代表海爾奉政府命赴滿洲調查商業，並

中正總統文物》，典藏號：002-080200-00184-108。

[27] 《蔣中正日記》，1934 年 10 月 6 日。

[28] 「外交部總務司致蔣中正刪電」（1934 年 10 月 15 日），〈特交檔案－民國二十三年（四十四）〉，
《蔣中正總統文物》，典藏號：002-080200-00186-117。

[29] 「劉崇傑致蔣中正號電」（1934 年 10 月 20 日），〈特交檔案－民國二十三年（四十五）〉，《蔣
中正總統文物》，典藏號：002-080200-00187-118。

交涉以德國輸出品作為購買大豆之價金。日本以滿洲所用貨物多係日本獨占販賣，不容他國競爭，故磋商多次，尚無結果。適日本海軍界近來認飛船在戰時頗有能力，亟欲購用。……查日德自去年以來，貿易上極為接近，但軍事合作密約似尚未成立。[30]

　　蔣作賓調查所得亦為海耶交涉德滿貿易的消息，並探知日本海軍有意透過民間公司洽購德國飛船，也指出德日雖有展開經濟關係，但似未有軍事密約。

　　此外，10 月 12 日，駐德使館商務專員譚伯羽呈蔣中正報告：「關於法國報紙傳載日德秘密協定消息，京外部電示密探真相。此類事在有嚴密組織之國家，極難調查。」「有人謂此事恐仍與前在奉天大連接洽德日偽國經濟合作之德商人海耳氏有關，或仍為此輩之計畫，亦未可知。」[31] 譚伯羽偵查的結果與蔣作賓電報相同，認為密約謠言應與海耶至東北接洽經濟合作有關。16 日，譚伯羽電請俞大維轉呈蔣中正，指出德國國防軍部長辦公廳主任萊萃勞（Walter von Reichenau, 1884-1942）曾告謂：「日德協定為無稽之談。」[32]

　　巴黎新聞界的消息尚僅報導德日協議勢力範圍，但駐德日兩使館經各方調查均未能證實此項密約的存在。不過，10 月下旬，英國倫敦新聞界另外傳出德日軍購與軍事合作的具體訊息，指出「日本與德國之間，已於六週前秘密訂立一極重要之商務協定，其內容係規定日本以極大數量之大豆，與德國之化學品、炸藥、機關槍及飛機引擎等相交換。大豆可供人畜之食料，德

30 「外交部總務司致蔣中正效電」（1934 年 10 月 19 日），〈特交檔案－民國二十三年（四十五）〉，《蔣中正總統文物》，典藏號：002-080200-00187-051。

31 「譚伯羽呈蔣中正羽字第六號」（1934 年 10 月 12 日），〈特交檔案－民國二十三年（四十四）〉，《蔣中正總統文物》，典藏號：002-080200-00186-001。

32 「俞大維致蔣中正霰電」（1934 年 10 月 17 日），〈特交檔案－民國二十三年（四十五）〉，《蔣中正總統文物》，典藏號：002-080200-00187-027。

國每年當輸貨一百萬噸。另有一種協定，係由德國遣派飛行家及工程師五百人，於一九三五年前往日本云。」[33] 日本外務省發言人於 10 月 24 日表示，倫敦報載「日德兩國締結密約，日本每年以大豆一百萬噸輸往德國，而德則以炸藥、機關槍、飛機引擎及化學品供給日本」的消息，認為「此說過於荒唐，無需否認」。[34]

蔣作賓針對倫敦消息進行偵查，於 10 月 27 日電告外交部：

> 茲經向各方探查，德國每年必須購買滿洲大豆約在八千萬馬克以上，德國欲保貿易平衡，要求日本購買電氣及化學用品、飛機、摩託製造軍事品之機械等，派有實業代表海爾在滿，正在進行磋商，至小宗交易業已成立。惟關於全般具體協定，似尚未議妥。[35]

雖然倫敦新聞界傳出更具體的德日軍事合作消息，但蔣作賓探查所得仍是海耶推展德滿經貿的訊息，並無進一步的新訊息。

10 月 30 日，俞大維轉來譚伯羽來電表示，經由德國軍火商人克蘭（Hans Klein, 1879-1957）言中探得，「近傳之日德密約確有此議，但反對者多，不致成功。惟日方派人研究製造齊柏林飛船，及擬聘專家，似確有其事」。[36] 11 月 1 日，譚伯羽呈蔣中正書面報告，表示曾於 10 月 27 日面詢克蘭，其謂：「日德密約，君可放心，不會成功。雖有一部分人主張，但反對者多，余亦

---

33 〈英報載稱　日德締密約〉，《中央日報》，南京，1934 年 10 月 23 日，張 2 版 1；〈英報驚人消息　日德締結秘密協定〉，《申報》，上海，1934 年 10 月 23 日，版 6。

34 〈德日密約　日本認為無庸否認〉，《申報》，南京，1934 年 10 月 24 日，版 7。

35 「外交部總務司致蔣中正感電」（1934 年 10 月 27 日），〈特交檔案－民國二十三年（四十七）〉，《蔣中正總統文物》，典藏號：002-080200-00189-027。

36 「俞大維致蔣中正卅電」（1934 年 10 月 30 日），〈特交檔案－民國二十三年（四十七）〉，《蔣中正總統文物》，典藏號：002-080200-00189-080。

竭力阻止。」同日午間，譚伯羽「適與德國社黨海外經濟實業部中主任及其同事二人午飯，因即再以日德秘約事詢之」。「該主任尚欲否認，而其同事竟謂：『是有此議，料不致成功』云」。最後，譚伯羽研判「德日有何軍事政治協定，為不可必信，在經濟實業上有何接洽，則為可能。近亦聞日方欲向德聘用造齊柏林飛船專家，及日本三菱不久有人到此考察」。[37]

克蘭與納粹黨海外經濟實業部人員所云德日密約不致成功，應為海耶於1934 年 5 月間自行簽訂的德滿臨時經濟協定。如前所述，德國外交部與糧食部等反對此協定，只是海耶仍積極運作。此期間即為等待狄克遜與滿洲國經濟部長張燕卿會晤結果，但狄克遜約晤未成，且德國外交部等反對立場亦明確，故而克蘭等人敢予保證「不致成功」，譚伯羽並據此認為軍事政治協定之說「不可必信」。

11 月下旬，劉崇傑持續就德日密約傳聞向德國外交部表達關切之意。「德國外交部向中國駐柏林公使就其所詢作出保證指出，德日間沒有秘密協定」，並且授權德國駐華公使陶德曼（Oskar Trautmann, 1877-1950）在中國報紙公開否認此事。[38] 同月 26 日，劉崇傑致電蔣中正簡明表示：「日德密約事，近來英法又傳說，今日德外部復極力否認。」[39]

德日兩國開始接近的原因各為經濟需求與政治要求，並且發生海耶事件。惟此事件引發巴黎與倫敦新聞界前後報導的德日密約傳聞，內容主要為德日約定勢力範圍以及軍購與軍事合作，不僅與德日兩國初始接觸的目的不同，而且異於日後的德日「防共協定」性質。中國駐德與駐日使館方面均未

---

[37] 「譚伯羽呈蔣中正羽字第七號」（1934 年 11 月 1 日），〈特交檔案－民國二十三年（四十八）〉，《蔣中正總統文物》，典藏號：002-080200-00190-001。

[38] 郭恆鈺、羅梅君（Mechthild Leutner）主編，許琳菲、孫書豪譯，《德國外交檔案：1928 ～1938 年代中德關係》，頁 44、167。

[39] 「劉崇傑致蔣中正宥電」（1934 年 11 月 26 日），〈特交檔案－民國二十三年（五十二）〉，《蔣中正總統文物》，典藏號：002-080200-00194-070。

偵查到密約詳情，因此參謀本部於次年 1 月轉來駐法武官唐豸（1886-1956）報告探得德日同盟的情報，由於其內容與前一年 9 月底巴黎報紙所載內容大同小異，[40] 但已不為外交部與蔣中正所關注。1934 年初海耶事件引發的德日軍事合作密約傳言風波，基本上於該年底已逐漸平息。

三、德日接觸與密約的交涉

德日「反共協定」是由日本駐德大使武者小路公共（1882-1962）與德國駐英大使里賓特洛甫（Joachim von Ribbentrop, 1893-1946）於 1936 年 11 月 25 日在柏林簽訂，展開並促成此項協定最重要且關鍵人物，則為里賓特洛甫以及日本駐德使館附屬武官大島浩（1886-1975）。[41]

里賓特洛甫於 1932 年 5 月加入納粹黨。同年 11 月，納粹黨於國會大選取得多數席次，總理施萊謝爾（Kurt von Schleicher, 1882-1934）計劃爭取該黨與社民黨支持建立執政聯盟，但未能成功。1933 年 1 月，總統興登堡（Paul von Hindenburg, 1847-1934）之子與前總理巴本（Franz von Papen, 1879-1969）

---

[40] 駐法武官唐豸呈報德日盟同情報內容為期限五年，條件為：「1、德承認日佔領西伯利亞，自堪察加至貝加爾湖止。2. 日承認德佔領烏克蘭。3. 關于軍事方面，德海軍上將 Behnk 赴日擔任改良日海軍礦兵工作」等。請參閱：「朱培德唐生智致蔣中正支電」（1935 年 1 月 4 日），〈陸海空勤各項情報（一）〉，《國民政府檔案》，國史館藏，典藏號：001-071000-0001-001。

[41] 大島浩為歷任大隈重信內閣與寺內正毅內閣陸軍大臣（任期 1914 年 4 月至 1918 年 9 月）大島健一的長子。1905 年 11 月陸軍士官學校畢業，1915 年 12 月陸軍大學第 18 期畢業，1918 年 8 月至 1919 年 2 月被派赴德國柏林出差實習，1921 年 5 月擔任日本駐德大使館附屬武官補佐官，1923 年 2 月改任奧地利兼匈牙利公使館附屬武官，但主要工作是在維也納從事偵查有關蘇聯的情報活動。1934 年 3 月被派任駐德大使館附屬武官，並逐步晉升為中將，1938 年 10 月編入預備役，並被派任為駐德大使，直至 1939 年 12 月退任。1940 年 12 月至 1945 年 12 月期間再次擔任駐德大使。請參閱：日本近代史料研究会編，《日本陸海軍の制度・組織・人事》（東京：東京大学出版会，1984 年第 8 刷），頁 19；三宅正樹，《日独伊三国同盟の研究》（東京：南窓社，1975 年），頁 43-44。

與希特勒秘密協商，決定由希特勒出面擔任總理，即是以里賓特洛甫住家為秘密會談場所，顯示希特勒對於他的信任。

興登堡任命希特勒為總理時，曾約定不包含外交部與國防部首長任命權，希望藉以約束希特勒。然而，希特勒於 1934 年夏另外在納粹黨內設置「里賓特洛甫事務室」，由里賓特洛甫擔任主任，專職納粹黨的外交事務。1935 年該事務室改稱「里賓特洛甫機關（Dienststelle Ribbentrop）」，里賓特洛甫被希特勒任命為特命全權大使，負責與英國交涉，並於該年 6 月代表德國簽署「英德海軍協定」。次年，里賓特洛甫被派任駐英大使，1938 年 2 月，回德任外交部長，直至 1945 年德國戰敗為止。「里賓特洛甫機關」作為納粹黨的外交機關，位於德國柏林大街外交部大樓的對面，為執行與外交部相同業務的納粹黨並列機關，故而里賓特洛甫有德國「影子外長」之稱，可知里賓特洛甫受到希特勒的倚重。此外，納粹黨內也設置外交政策局、納粹國外組織、宣傳省等，同樣為希特勒逐步侵奪外交部職權的並列機關。[42]

大島於 1934 年 3 月開始擔任日本駐德大使館附屬武官，翌年即與德國方面有所接觸。由於相關檔案資料的殘缺，以及當事人等在戰後審判供詞或者訪談前後不一且自相矛盾，德日「防共協定」最初係由那一方提出的疑問至今仍難釐清。一種說法是由里賓特洛甫透過德國武器商人威廉哈克（Wilhelm Hack）向大島洽詢兩國以蘇聯為對象締結防禦同盟的可能性。[43]另一種說法則是大島在某次與里賓特洛甫出席同次宴會上，大島知道里賓特洛甫具有強烈的反共意識以及希特勒執政後德蘇關係的惡化，因此透過哈克

---

[42] 三宅正樹，《近代ユーラシア外交史論集：日露独中の接近と抗争》（東京：千倉書房，2015 年），頁 127-128；Michael Bloch. *Ribbentrop*, Bantam Press, 1992.

[43] 陳仁霞，《中德日三角關係研究（1936-1938）》，頁 97；大畑篤四郎，〈日独防共協定・同強化問題〉，收入日本国際政治学会、太平洋戦争原因研究部編，《太平洋戦争への道（5）：三国同盟・日ソ中立条約》（東京：朝日新聞社，1963 年），頁 17-18。

向里賓特洛甫提議日德締結協定，約定在兩國各自與蘇聯開戰之時，不採取令蘇聯容易動員且順利進行戰事的措施。[44] 這兩種說法的時間點均為 1935 年 5 月至 6 月期間。

　　近年日本學者三宅正樹的研究觀點指出最初提案者應是大島，至於大島為何會萌生推動日德聯盟的構想，則是鑑於日俄戰爭期間，德俄兩國在 1905 年 7 月簽訂「邊雅閣條約」，將可能對日本造成危險的憂慮。「邊雅閣條約」的背景源自於德皇威廉二世於 1890 年推行「世界政策」，而法俄兩國於 1894 年 1 月締結同盟協約，以及 1904 年英法兩國年簽訂「英法諒解條約」，對德國形成包圍之勢，致使德國的外交情勢轉趨不利。此時奧匈帝國因內爭而國勢日衰，無法予德國有力的協助。德國冀望爭取俄國以改善外交困境，利用日俄戰爭期間俄軍於日本海海戰與旅順陸戰潰敗，以及其國內革命運動風起雲湧之際，德皇威廉二世於 1905 年 7 月 24 日約晤沙皇尼古拉二世（Nicholas II, 1868-1918）在芬蘭邊雅閣（Bjouko）聚會，兩人在遊艇上簽訂防禦性同盟條約，是為「邊雅閣條約」。威廉二世希望由俄國出面邀約法國加入共同對付英國，以打破德國的外交孤立情勢。然而，德國首相比洛（Bernhard von Bülow, 1849-1929）反對該條約範圍僅「限於歐洲」的條款；俄國外相蘭穆斯道夫（Vladimir Lamsdorf, 1845-1907）亦以此條約與 1894 年「法俄同盟協約」衝突為由而反對。雖然俄國曾以擴大法俄同盟以便讓德國加入為由，徵詢法國的意願，但遭到法國反對。尼古拉二世不得已乃以書函向威廉二世建議在該條約加上不適用於法德爆發戰爭的條款，但德國認為不符其利益未予同意，致使該條約最後無疾而終。[45]

---

[44] 上村伸一，《日本外交史（19）：日華事變（上）》（東京：鹿島研究所出版会，1971 年），頁 181；大畑篤四郎，〈日独防共協定・同強化問題〉，頁 18。

[45] 「邊雅閣條約」規定範圍限定於歐洲，且明定在日俄戰爭結束簽署和約之後生效，內容約略為兩帝國其中之一若遭受歐洲任何一國攻擊時，同盟國應在歐洲以陸海軍全力支援，且約定不得與其共同

　　雖然「邊雅閣條約」為德俄兩國的防禦性同盟條約，範圍僅限於歐洲，最後也未正式生效，但大島以為當年若是該條約成立，將使俄國減輕在歐洲的軍事壓力，甚至可能促使俄軍在中國東北四平街重新對日軍發起攻勢。大島認為該約對於日本的危險性是顯而易見，為了預防類似「邊雅閣條約」造成的情勢再次出現，進而威脅日本利益，大島構思與德國簽訂協定，藉此讓蘇聯在歐洲無法減輕德國的軍事壓力。[46] 簡言之，一件未成立的條約，反而成為促成德日兩國締結「反共協定」的契機。

　　至於德日雙方接觸的時間問題，以往說法為 1935 年 5-6 月間，由大島透過哈克向里賓特洛甫提出商訂以蘇聯為對象的同盟協定，同年 10 月，里賓特洛甫邀約大島在哈克私宅晤面會談。日本學者田嶋信雄參酌「哈克文書」等德文史料，指出在 1935 年 9 月 17 日，大島與哈克商談軍購滑翔機之時，提出締結日德協定的可能性，希望避開兩國的外交部門進行交涉，以探詢里賓特洛甫的意向。大島進一步於 9 月 20 日與哈克會談時提出日德協定的三種形式，包括：（1）一方當事國與蘇聯進入戰爭狀態之際，另一方當事國不與蘇聯締結任何形態的協定；（2）一方當事國與蘇聯進入戰爭狀態之際，規定另一方當事國有自動參戰的義務；（3）一種攻守同盟。此後至同年 11 月中旬，主要都是由大島與哈克進行交涉，由哈克回覆里賓特洛甫等人的德方態度。[47]

　　日本參謀本部為了真正瞭解里賓特洛甫的態度與德國國防部的意向，決定派遣情報部歐美課德國班班長若松只一（1893-1959）中佐前往德國洽

　　的敵國單獨議和。請參閱：王曾才，《西洋現代史》（臺北：東華書局，1991 年，第 7 版），頁 19-20。

[46]　三宅正樹，《近代ユーラシア外交史論集：日露独中の接近と抗争》，頁 123-127。

[47]　田嶋信雄，《ナチズム極東戦略：日独防共協定を巡る諜報戦》（東京：講談社，2001 年，第 2 刷），頁 69-70。

商。就在若松於 11 月末抵達柏林之前數日，「里賓特洛甫機關」專員勞默
（Hermann von Raumer, 1893-1977）於 11 月 23 日擬就協定草案，25 日透過
里賓特洛甫上呈希特勒核定，翌日再將協定草案交予大島過目。勞默將此協
定命名為「反共產國際協定（Antikomintern-Pakt）」，而非軍事同盟或互不
侵犯條約等形式。[48]

　　一般的看法認為由於勞默以為共產國際係由莫斯科方面所主導，並進一
步透過此組織指揮各國的共產黨活動，因此將之命名為「防共協定」。[49] 同
時也是因為此種形式無需明文規定以蘇聯為對象而結成軍事同盟，避免予以
過度刺激以致引發對蘇戰爭。[50] 事實上，除了上述表面理由之外，日本學者
三宅正樹指出，因為一戰後德蘇兩國友好關係建立在 1922 年簽訂的「拉帕
洛條約（Treaty of Rapallo）」與 1926 年「柏林條約（Treaty of Berlin）」。
表面上德國仍不願廢棄該兩條約，以致於破壞現時德蘇的和平關係，同時也
憂心蘇聯可能採取報復手段。更重要的是，德國冀望藉由高揭反共產主義之
名，或許可以拉攏嫌惡共產主義的英國等國共同集結在反共旗幟之下。[51]

　　1935 年 11 月底，若松抵達德國，在柏林停留約兩週，直接與里賓特洛
甫進行會談。里賓特洛甫指出今年 7 月共產國際在莫斯科召開第七屆大會，
宣布建立民族統一陣線，反對法西斯，並將德、波、日等國列為今後活動目
標。對於此種情形德日兩國應締結防共協定，並另行考量簽署秘密協定。若
松回應表示日本參謀本部亦持相同意見，事後並將德國提案攜回呈報參謀本
部。此後，若松拜訪國防部長柏龍白（Werner von Blomberg, 1878-1946），表

---

[48] 三宅正樹，《近代ユーラシア外交史論集：日露独中の接近と抗争》，頁 131-133；田嶋信雄，《ナチズム極東戦略：日独防共協定を巡る諜報戦》，頁 63-64。

[49] 陳仁霞，《中德日三角關係研究（1936-1938）》，頁 99。

[50] 大畑篤四郎，〈日独防共協定・同強化問題〉，頁 24。

[51] 三宅正樹，《近代ユーラシア外交史論集：日露独中の接近と抗争》，頁 132-133。

示參謀本部認為防共協定僅是一件普通條約，並且還要經過兩國政府同意。12 月中旬若松離德返日，此後交涉由大島承擔，負責日本陸軍方面與里賓特洛甫之間進行協議與聯繫，完全避開兩國正式的外交管道。[52]

外務省方一開始對於日本參謀本部透過大島與里賓特洛甫展開密約交涉一事不知情。日本駐德大使武者小路公共於 1935 年 7 月 4 日返日述職，行前曾與使館參事官井上庚二郎（1890-1969）、駐德海軍武官橫井忠雄（1895-1965）以及大島開會，大島於會上主張強化日德提攜，[53] 但此時大島尚未與里賓特洛甫展開具體交涉。外務省得知陸軍方面與德國展開交涉締結防共協定的訊息應是在 1935 年 12 月 5 日，參謀本部情報部長岡村寧次（1884-1966）與外務省歐美局長東鄉茂德（1882-1950）等開會之時，但岡村並未說明具體的交涉內容。此外，1936 年 1 月，駐德使館參事官兼代理大使井上庚二郎經由德國新聞記者與納粹黨要人得知有關大島的活動訊息，亦曾將之報告外務省。[54] 雖然日本陸軍方面私下逕自與德國交涉協定，但是，外相廣田上台時曾標榜協調外交，認為外交政策也應重視軍部的意見，以取得內部一致的對外意見。[55] 另外，回國述職的武者小路與外務次官重光葵（1887-1957）研議，均認為應滿足陸軍以蘇聯為目標的強化軍備要求，所以可以說外務省在原則上認同陸軍的反蘇防共協定構想。[56]

1936 年 1 月，日本陸軍方面聯繫外務省與海軍方面，準備與之商討德國送來的協定草案，此為陸軍方面正式向岡田啟介內閣公開與德國交涉防共協

---

[52] 大畑篤四郎，〈日独防共協定・同強化問題〉，頁 19；陳仁霞，《中德日三角關係研究（1936-1938）》，頁 101。

[53] 大畑篤四郎，〈日独防共協定・同強化問題〉，頁 20。

[54] 上村伸一，《日本外交史（19）：日華事変（上）》，頁 182；大畑篤四郎，〈日独防共協定・同強化問題〉，頁 20。

[55] 服部龍二，《広田弘毅》（東京：中央公論新社，2009 年，第 5 版），頁 88。

[56] 大畑篤四郎，〈日独防共協定・同強化問題〉，頁 21。

定一事。然而，未久日本國內發生二二六事件，有關協定的商議與交涉暫時停止。同年 3 月 9 日，廣田弘毅內閣成立。武者小路於 4 月 30 日返抵德國任職，在離日前夕廣田對其表示，日本有必要與德國簽訂政治協定。5 月 8 日，外相有田八郎（1884-1965）致電訓令武者小路，探尋德國方面希望日德兩國以何種程度以及那些內容的合作，同時也指示應與德國外交部及納粹黨要人密切聯絡。在此前後，陸軍方面也命令大島，將防共協定的交涉業務轉交外務省擔任，相關協商業務應移交武者小路負責。至此，外務省正式接掌德日「防共協定」的交涉與簽訂事宜。[57]

德國方面經過兩年多積極的整軍經武，國力已逐漸強大。1935 年 3 月 16 日，德國恢復徵兵制。6 月 18 日，德國與英國簽訂「海軍協定（Anglo-German Naval Agreement）」，規定了兩國海軍軍備力量，破壞了「凡爾賽條約」對德國的海軍軍備限制，使得德國武裝合法化。1936 年 2 月 27 日，法國議會通過前一年 5 月 2 日與蘇聯簽訂的「蘇法互助協定」，希特勒以此為藉口於 3 月 7 日派兵武裝占領萊茵蘭非武裝區，廢棄了 1925 年「羅加諾公約（Locarno Treaties）」，邁出擴張步伐。雖然德國外交部與國防部不願影響中德貿易而秉持反對與日本簽訂「防共協定」的態度，但希特勒在德國國防力量擴充後，仍執意尋求與日本的同盟關係。故而希特勒於 6 月 9 日接見武者小路時，指示由里賓特洛甫直接與其談判。[58]雖然日本已改由外務省出面接洽，但德國仍然避過外交部與日本交涉。

1936 年 7 月上旬，德國正式向武者小路提出「防共協定」及其附屬議定書草案。同月 18 日，西班牙爆發內戰，希特勒將之視為共產主義的擴張，出兵西班牙，引起蘇聯的不滿與抗議，亦使得情勢有利於日本與德國簽訂該

---

[57] 大畑篤四郎，〈日独防共協定・同強化問題〉，頁 21；上村伸一，《日本外交史（19）：日華事變（上）》，頁 183。

[58] 陳仁霞，《中德日三角關係研究（1936-1938）》，頁 108-109。

協定。經過德日雙方往返協商，交涉事宜在 10 月 23 日結束，廣田內閣將協定草案交送樞密院審議。樞密院審查委員會於 11 月 13 日至 18 日間審查通過，並制作審查報告。25 日，樞密院會議決議通過，[59] 同日午間，里賓特洛甫與武者小路公共在柏林外交部正式簽署德日「防共協定」，各國駐德大使除了蘇聯駐德全權代表之外，均應邀至德國外交部觀禮，大力促成此事的大島亦出席典禮。[60]

四、密約訊息的報導與確認

外界方面對於德日密約的關注，雖然曾因海耶事件引發的相關傳聞已逐漸平息，但日本透過滿洲經濟拉近德國關係確有其事。1935 年 2 月 25 日，俞大維將柏林譚伯羽來電轉呈蔣中正謂：「德日密約消息，此間探訪，皆無從證實。惟駐奧德使巴本氏與我駐奧代辦談話，承認德日有接近事實。巴氏為政府要人，非尋常公使可比，不能無疑。」[61] 巴本曾於 1932 年 6 月至 12 月間擔任德國威瑪共和最後時期的總理，1933 年 1 月，希特勒執政後，擔任希特勒內閣的副總理。1934 年 8 月轉任駐奧地利公使，暗中協助納粹德國於 1938 年 3 月完成德奧合併。由於巴本的身分特殊，因此譚伯羽雖然仍查無密約消息，但認為其承認德日接近之語不可輕忽。

---

59 外務省欧亜局，「昭和十一年度執務報告」（1936 年 12 月 1 日），〈執務報告 昭和十一度欧亜局第一課〉，《戰前期外務省記錄》，日本外務省外交史料館藏，アジア歴史資料センター，Ref. B10070097200；大畑篤四郎，〈日独防共協定・同強化問題〉，頁 23-31；上村伸一，《日本外交史（19）：日華事変（上）》，頁 184-188；陳仁霞，《中德日三角關係研究（1936-1938）》，頁 109-113。

60 〈德日反共協定 昨在柏林舉行簽字〉，《申報》，上海，1936 年 11 月 26 日，版 6。

61 「俞大維致蔣中正有申秘電」（1935 年 2 月 25 日），〈特交檔案－民國二十四年（十三）〉，《蔣中正總統文物》，典藏號：002-080200-00211-028。

　　1935 年 5 月 11 日，軍事委員會調查統計局查獲德日同盟的具體情報，並匯報蔣中正：

> 駐華德使陶德曼在東京與日政府商訂某種同盟之說已證實。其要點
> 為：(A) 德國贊助日偽一切工業及化學兵器。(B) 日德在東非取共同
> 合作政府。(C) 日德共同防止赤化，并對蘇聯取軍事同盟態度。[62]

　　陶德曼的對華態度一向秉持德國外交部傳統的遠東政策，主張中立立場，「不捲入中日衝突，對兩國保持同等的友好關係」，並批判駐日大使狄克遜的親日立場，[63] 不致於會出面與日本商訂同盟條約。此件情報問題在於德國與日本締結同盟，何以需由駐華公使至東京簽署，而非由親日的駐日大使逖克遜或另派特使前往東京商訂。就現有已知相關史料，未曾得見中國方面對於此件匪夷所思的情報有任何反應，只是此件有關密約內容的情報卻是首次明確指出德日兩國將採取共同防共的同盟態度。

　　此時德日以蘇聯為對象而締結同盟的接洽與交涉尚未展開，不過譚伯羽與軍事委員會情報提出德日接近的警訊卻是不容國民政府輕忽。1935 年 6 月，中德兩國公使升格為大使，分別任命程天放（1899-1967）與陶德曼為首任駐德與駐華大使。南京新聞界以此評論，認為「證實了中國對德日聯合的擔憂」，並列舉德日聯合的可能原因，包括兩國國內都充斥極端民族主義、仇視蘇聯，以及德國希望將滿洲作為工業產口銷售地區等。[64]

---

[62]　「軍委會調查統計局致蔣中正真電」（1935 年 5 月 11 日），〈陸海空勤各項情報（一）〉，《國民政府檔案》，典藏號：001-071000-0001-006。

[63]　郭恆鈺、羅梅君（Mechthild Leutner）主編，許琳菲、孫書豪譯，《德國外交檔案：1928 ～ 1938 年代中德關係》，頁 154。

[64]　郭恆鈺、羅梅君（Mechthild Leutner）主編，許琳菲、孫書豪譯，《德國外交檔案：1928 ～ 1938 年代中德關係》，頁 51-52。

　　南京新聞界的臆測雖然合理，但在 1935 年下半年期間新聞界方面並無其他訊息傳出。因為大島與里賓特洛甫係於該年 9 月才開始接觸，日本參謀本部於 11 月派歐美課德國班班長若松只一前往柏林直接與里賓特洛甫洽談，德日的同盟交涉活動於此時開始活絡。故而在若松於 12 月中旬結束柏林的洽談與參訪行程後，外電方面才再次出現相關消息。

　　12 月 30 日，中國報紙引用外電報導，指出法國新聞界載稱：「日本駐德大使館陸軍參贊，曾與德國元首希特勒軍縮專使里本特絡浦〔按：里賓特洛甫〕商訂軍事協定，用以共同對付蘇聯。此間日本人士頃切實加以否認，並謂此說出諸臆造，至為可哂。」[65]

　　日本駐德大使館陸軍參贊當指陸軍武官大島。此報導指稱大島與里賓特洛甫商訂共同對付蘇聯的軍事同盟協定訊息可謂極為正確，至於所謂「此間日本人士」加以否認，因未知其身分類別，即使是日本使館文官人員，在此時恐怕也尚未知曉道此事，自然認為「此說出諸臆造」。

　　翌日，莫斯科方面透過倫敦電訊，揭露德日商締軍事密約共同防蘇的消息：

　　　倫敦電訊稱：倫敦政界對於日德雙方在柏林談判締結軍事互助協定一節，仍極注意，談判詳情逐漸暴露。此番日德共有二約，一為軍事密約；一為對付共產國際之公開協定，其動機均出諸希特勒。希氏明告日本，根據過去經驗，日德欲訂軍事協定，無以保守秘密，同時報端如有關於此項協定之消息披露，亦不便完全否認。唯此項消息，必使英國惱怒，英國將以為日本在遠東地位益加強固。故希特勒建議，為

---

[65] 〈日德軍事協定　駐柏林日陸軍參贊否認〉，《申報》，上海，1935 年 12 月 30 日，版 7；〈日德商訂　軍事協定說　經日方切實否認〉，《中央日報》，南京，1935 年 12 月 30 日，張 1 版 3。

避免英方不滿，並遮掩耳目計，日德除訂軍事互助協定而外，復公開締結反共產國際之協定。……軍事密約主要對象為蘇聯與英國，彼或將為反共產國際公約協定之附件云。[66]

「里賓特洛甫機關」專員勞默擬就協定草案，以「防共協定」為名，避免明文規定以蘇聯為對象而予以刺激，揆諸史實，德日兩國簽訂協定時即以此掩護未公開的秘密附屬議定書。倫敦的消息除了以英國為對象有誤外，其他訊息亦精確報導出此時德日協商的內情，也顯示蘇聯方面明確掌握德日交涉情況。

此後雖然偶爾有德日秘密協定的新聞，但內容並無更為新穎的訊息。直至 1936 年 4 月中旬，巴黎新聞界才出現不同的報導：

日內瓦方面近項得有消息，謂日德兩國協商條約，業於本年一月三日在實際上磋商就緒，惟雙方嚴守秘密，外間無從知其內容，迨至數日之前，日內瓦某報又發表消息一則，略謂此項條約，旦夕即可宣告成立。此外，倫敦方面亦已查知若干細目，據云，殖民地一項問題亦已加入約文之中。德國在太平洋上，原轄有馬紹爾、瑪里亞那，與加洛林諸島，歐戰之後，乃由國聯會委託日本代管。……此次日德兩國協商條約成立之後，德國對於此等島嶼，承認放棄一切權利，并承認日本在各該島享有完全主權。惟是德國現方向英法兩國要求收回歐戰後所喪失之殖民地，顧乃甘於放棄太平洋上各島嶼，日內瓦方面以為此層頗堪注意。[67]

---

[66] 〈以反共為烟幕　日德商締密約　軍事互助共同防俄　倫敦政界深切注意〉，《申報》，上海，1935 年 12 月 31 日，版 6。

[67] 〈巴黎日內瓦盛傳　日德秘密諒解　對俄開戰彼此軍事合作　德放棄太平洋島堪注目〉，《申報》，

1936 年 1 月間，日本陸軍方面正準備與海軍以及外務省協商德國送來的協定草案，報導所稱德日兩國已於 1936 年 1 月底磋商就緒為言過其實，但是仍然探悉德日雙方在此時所有動作。不過，德日並未協商自國聯取得托管的太平洋諸島問題，所謂德國對日放棄太平洋諸島之說，或許是鑑於德國向英法要求收回一戰後喪失的殖民地一事而有所臆測。

德國外交部針對德日商議軍事互助密約的報導，訓令陶德曼向中國說明。1936 年 1 月 15 日，陶德曼拜會外交部長張羣（1889-1990），否認「來自蘇聯的關於德國正準備與日本締結軍事同盟之消息」。張羣則表示懷疑，並指出「日本和德國都有一群人是支持此同盟」。對此，陶德曼承認「德國對日本確有同情，但這些想加強德日關係的人，多是商界和文化界人士，而少政界人士」。[68] 3 月 18 日，陶德曼與蔣中正會談時，「再次否認關於德日達成協議的傳聞。蔣解釋說，他不相信這個傳聞，並希望德中友好關係繼續維持」。[69] 19 日，駐德使館武官酆悌（1903-1938）等人致電蔣中正，表示德國國防部長柏龍白向其保證，「外傳德日朋比為奸，秘訂同盟條約。此事余宜先申明，絕無其事。德之與日固因對俄關係，有若干友誼，然余認為日非德之朋友，故余素持反對與日有訂秘約其事」。同時認為「此次中德合作為中德最良好之機會，千萬勿誤聽謠傳，懷疑德國」。[70]

雖然德國外交部與國防部反對與日本締結同盟條約，但希特勒將此事交

上海，1936 年 4 月 13 日，版 5；〈法名記者揭發　日德協商條約消息〉，《中央日報》，南京，1936 年 4 月 13 日，張 1 版 4。

[68] 郭恆鈺、羅梅君（Mechthild Leutner）主編，許琳菲、孫書豪譯，《德國外交檔案：1928～1938 年代中德關係》，頁 50。

[69] 郭恆鈺、羅梅君（Mechthild Leutner）主編，許琳菲、孫書豪譯，《德國外交檔案：1928～1938 年代中德關係》，頁 50。所引資料日期為 3 月 19 日，惟蔣中正接見陶德曼的日期，在《蔣中正日記》與《事略稿本》第 36 冊均載於 3 月 18 日。

[70] 「酆悌齊燉致蔣中正效電」（1936 年 3 月 19 日），〈特交文電—對英法德義關係（一）〉，《蔣中正總統文物》，典藏號：002-090103-00011-186。

由里賓特洛甫交涉，該兩機關並無置喙餘地。不過，德國仍然與日本在商議階段，尚未達成協議，加上此時爭取中國的軍火原料是德國政府的首要任務，[71] 故而陶德曼與柏龍白確實可以對中國方面否認德日已經締結軍事同盟的謠言，避免破壞中德軍備貿易關係。然而，蔣中正在與陶德曼會晤前兩日，於日記記下注意「倭俄形勢」與「德俄形勢」，會談當日蔣中正更注意「倭俄利害之研究」。[72] 由於 1936 年 2 月日本國內爆發二二六事件，遷動國際局勢的發展，蔣中正並據此研判日軍少壯派將可能加速對蘇開戰，[73] 故而極為關注德日密約傳聞可能影響該兩國與蘇聯的態勢。只是對於蔣中正而言，中德軍備貿易亦是中國積極對日備戰所需的迫切項目，面對陶德曼的回應，應當只是希望繼續維持中德友好關係的外交辭令。

　　不久，參謀本部於 1936 年 6 月上旬偵悉日本軍事情報，並函轉外交部參考，略謂「日德之相互援助協定，目下正在進行交涉」，雖然「日本外務省深恐日本捲入歐洲戰禍之中，認為尚須考慮，而表示反對意見。若軍部則極望實現。雖未至調印之時機，諒不久當可成立」。[74] 可知，中國方面不僅經由新聞報導得知有關德日密約的消息，同時透過駐外節的探查以及軍事情報的偵查，此刻探悉德日正在商議協定，而且尚未簽訂的訊息。

　　此後，有關德日締結同盟協定消息暫時沉寂，直至 1936 年 10 月 23 日德日兩國協商完畢，11 月中旬日本將協定草案送交樞密院審議時，相關消息才又開始盛傳。11 月 10 日，蘇聯中央執行團會主席團開會，外長李維諾夫（Maxim Litvinov, 1876-1951）發表演說，聲稱：「蘇俄在軍事上實優於任何

---

[71] 馬文英，〈德國軍事顧問團與中德軍火貿易關係的推展〉，《中央研究院近代史研究所集刊》，第 23 期（臺北：1994 年 6 月），頁 164。

[72] 《蔣中正日記》，1936 年 3 月 16 日、18 日。

[73] 《蔣中正日記》，1936 年 2 月 27 日、29 日、3 月 1 日、5 日、9 日。

[74] 「參謀本部致張羣函」（1936 年 6 月 9 日），〈日德協定〉，《外交部檔案》，國史館藏，典藏號：020-010102-0165-0018。

敵人，或敵人聯合勢力，故不懼孤立，且知他國如無蘇俄，亦無和平可言。故蘇俄之孤立不成問題，而其他歐洲各國，如勢成孤立，即將不能抵抗侵略，蘇俄儘可靜候他國之取捨。」[75] 雖然李維諾夫未明言德日同盟密約一事，但實際上是在暗示蘇聯並不會畏懼德日聯合勢力。

在此前後，南京外交部於11月5日致電訓令柏林大使館，指出「聞日德近來甚為接近，仰即嚴密注意，隨時具報」。[76] 翌日，駐德大使程天放覆電指出，「日德接近及密約說，最近歐洲報紙亦頻有所傳。日前日本軍部聲稱，因俄兵力日強，故日本亦不得不擴充軍備，以資應付」。因此認為「日德在對俄立場利害相同，自有接近可能」。但他也指出德國現在仍希望西歐局勢保持穩定，以便向東邊的奧地利、蘇台德區，以及但澤等處發展，「如日德關係太密，必引起英之猜忌，甚至促成英俄聯絡，亦非德所願。故日德關係是否如外間所傳，尚屬疑問」。[77] 同月15日，駐日大使館致電外交部稱：「日德同盟其說亦盛，觀德大使〔狄克遜〕連日分訪首、外二相與〔歐亞局〕東鄉〔茂德〕局長，實不無蛛絲馬跡之可尋。真息如何，現正設法刺探。」[78] 駐日大使館於16日再來電云：「日德間有無協定，向同人查詢未獲明答。」不過，「據某外交官稱：日開秘密院議想係會商日德協定，因此案當在院審議中」。[79] 此外，張羣也於11月7日召見陶德曼，詢問有關德日結合反共陣線的謠言。由於陶德曼已於同年9月9日接到德國外交部有關「向中國政

---

[75] 〈李維諾夫演說　蘇俄有恃無恐〉，《申報》，上海，1936年11月12日，版6。

[76] 「外交部致柏林大使館第388號電」（1936年11月5日），〈日德協定〉，《外交部檔案》，典藏號：020-010102-0165-0027。

[77] 「程天放致外交部第338號電」（1936年11月6日），〈日德協定〉，《外交部檔案》，典藏號：020-010102-0165-0028。

[78] 「東京大使館致外交部第650號電」（1936年11月15日），〈日德協定〉，《外交部檔案》，典藏號：020-010102-0165-0030。

[79] 「東京大使館致外交部第651號電」（1936年11月16日），〈日德協定〉，《外交部檔案》，典藏號：020-010102-0165-0031。

府透露德日秘密談判事為時尚早」的訓令，因此照例對張羣否認此項傳聞。[80]

　　未久新聞界於 11 月 18 日開始大肆報導相關消息，指稱「美國巴爾蒂摩亞太陽報編輯柏特森氏（Paul Patterson）於前日下午，由日乘輪抵滬時，曾向報界宣稱，日本已於兩星期前，與德國商妥同盟云云」。並且表示「柏林與東京兩方近雖皆作否認，但德日兩國，行將團結以制共產主義之膨脹與傳播，則已不成問題矣。兩國之盟約，將於二、三星期內，由首相廣田、外相有田，提交樞密院會議」。同時指出「據消息靈通之日人聲稱：該約將『任令開放』，俾他國亦有加入之機會云」。[81] 美國太陽報記者探悉德日已經商妥反共同盟及日本將提交樞密院會議，甚至此約採取開放形式而讓其他國家得以加入等消息均極為精確。

　　可知，在新聞記者披露精確的訊息之前，中國駐德與駐日使館方面仍無法確認德日間是否締結協定。但是，就在報紙大肆報導此消息的同一日，外交部方面也接獲多則相關訊息。先是駐日大使館來電表示：

> 日德協定事，經續探有三說：（甲）日德似有結合，但內容不知。（乙）日德結合雖經日官方否認，但測其形勢，恐祇待批准。（丙）日德確有經濟協定，內容含有軍需工業合作條款，並未達到軍事同盟之程度。[82]

　　駐日使館探得的第一說與前幾日查無明確消息差不多；第二說與報導內

---

[80]　陳仁霞，《中德日三角關係研究（1936-1938）》，頁 113。

[81]　〈美記者由日抵滬談 日德同盟成熟 日方即提樞密院審議〉，《申報》，上海，1936 年 11 月 18 日，版 9；〈美太陽報記者談 德日將簽協定 目的為共同防蘇〉，《中央日報》，南京，1936 年 11 月 18 日，張 2 版 1。

[82]　「東京大使館致外交部第 653 號電」（1936 年 11 月 18 日），〈日德協定〉，《外交部檔案》，典藏號：020-010102-0165-0033。

容相似；第三說則是經濟合作協定，並非軍事同盟之說。

　　雖然該則情報訊息仍無法令中國方面確認德日密約的傳聞。不過，來自上海的情報則根據塔斯社消息指出：「日外相有田〔八郎〕銑〔按：16 日〕向蘇聯駐日大使聲明，確與第三國進行建立防共集團，惟第三國究係何國未言明。該社並稱，有田所稱第三國即德國，業已草定協定，並攻守同盟一條。」[83] 在上海的方唯智亦致電南京外交部情報司長李迪俊（1901- ？）謂：「日德同盟之事已屬千真萬確。日使館德領館雖均否認，但德官方某員業已承認。內容除含軍事性質外，尚有商業協定。美領署亦謂，此事可靠。」[84]此外，駐英大使郭泰祺（1888-1952）也來電指出，今日倫敦報紙社論評述日德協約，因此訪晤德國駐英大使里賓特洛甫，據稱：「德日兩國因同站在反共立場，國交確甚親密。對報載德日協約一節，並未否認。」郭泰祺則對其表示：「中德邦交亦素睦，德在華有重要商務關係，甚盼不致因此受不良影響。」[85]

　　上海的情報與郭泰祺的來電，尤其後者經由德國負責協商的里賓特洛甫方面獲知的說法，可以說基本上中國方面在 11 月 18 日已經認定德日密約確實存在，對於該兩國密訂條約一事，已「不再揣度其可能性之有無，而轉換其注意點於同盟協定之內容」。[86]

[83]　「上海神州致外交部情報司電」（1936 年 11 月 18 日），〈日德協定〉，《外交部檔案》，典藏號：020-010102-0165-0034。

[84]　「方唯智致李迪俊嘯電」（1936 年 11 月 18 日），〈日德協定〉，《外交部檔案》，典藏號：020-010102-0165-0035。

[85]　「郭泰祺致外交部第 262 號電」，（1936 年 11 月 18 日），〈日德協定〉，《外交部檔案》，典藏號：020-010102-0165-0036。

[86]　〈社評 德日同盟之觀察〉（1936 年 11 月 21 日），《中央日報》，南京，張 1 版 3。

五、密約內容與性質的偵查

　　新聞界方面也是自 1936 年 11 月 19 日起不再猜測協定的存在問題，而是直接報導有關德日密約的內容與性質。19 日的報導內容表示：「此間官場今日雖否認日德二國已訂立軍事同盟，但承認此事『絕對可以想像』，並稱日德二國對於共產主義利害相同，惟此種條約應稱之為反共同盟，而非反蘇同盟。」[87] 同日，中央社亦根據蘇聯官方機關塔斯社發表的消息指出：蘇聯駐日全權代表尤列涅夫（Constantin Youreneff）「已由日外相有田口中探悉，日本與某強國組織同盟的防止共產之談判，目前已在進行中」。而且也已知「所謂第三國者，決為德國無疑，並謂一種對付蘇俄之協定，現已在東京簽訂第一字矣。協定之內容，表面上雖以互相防共為目的，但實際上係為日德兩國另一種秘密條約之烟幕」。[88]

　　此後至 11 月 25 日德日雙方公開締結協定之前，雖然兩國官方一再對外否認，[89] 但新聞界每日亦仍持續追蹤報導協定的性質與內容。其中更將日本外務省於 21 日承認準備與德國簽訂文化協定的消息，將之與外務省發言人曾發表將與其他各強國「從事組織共同陣線」，以防止第三國際之威脅之說相互對照，認為此文化協定的訊息「頗有注意之價值」，[90] 暗示德日或許將以文化協定掩護防共協定。

　　《中央日報》亦於 11 月 21 日社論指出，「德日兩國之締結同盟，事實上已無可懷疑」。至於其內容與性質，「據以前消息，內容分軍事同盟與共

---

[87]　〈德日將發　共同宣言　兩國防共利害相同〉，《申報》，上海，1936 年 11 月 19 日，版 6。

[88]　〈成立反蘇聯陣線　盛傳德日已簽訂協定〉，《中央日報》，南京，1936 年 11 月 19 日，張 2 版 1。

[89]　〈德方否認簽訂　日德軍事密約〉，《申報》，上海，1936 年 11 月 22 日，版 7；〈德海通社痛斥日德同盟說無稽〉，《中央日報》，南京，1936 年 11 月 22 日，張 1 版 4。

[90]　〈日本準備與德　締結文化協定　防止第三國際威脅〉《申報》，上海，1936 年 11 月 22 日，版 7；〈日當局承認將與德國　將訂文化協定說〉，《中央日報》，南京，1936 年 11 月 22 日，張 1 版 4。

同防共兩部分」，在軍事同盟部分，依據蘇聯的情報指稱，「德日兩國『已約定簽字國一方或雙方與第三國發生戰爭時，彼此採取一致行動。』此外尚無所聞，故不能遽為斷定」。至於「共同防共之部，則各方消息皆證明其為德日諒解之動機。蘇聯報告又證明其為此次協定之主要部分，並謂事實上已舉行草簽」。[91]

在駐外使館探悉的訊息方面，外交部於 11 月 16 日告知程天放有關前述東京使館前一日來電稱有關狄克遜分訪日本首、外相等積極活動訊息，[92] 程天放即迭向柏林外交使節團各方探詢，亦於 11 月 19 日至電外交部報告最新探悉的訊息：

> 自紐倫堡大會，希特拉對共黨痛加抨擊後，俄德關係日見緊張。近因西班牙問題及俄捕德僑二十餘人，加以奸細罪名，置德抗議於不顧，衝突愈形尖銳。日德此時力圖接近自屬可能。但是否已訂同盟，尚不敢斷。或先由兩國宣言共同反共，以成立所謂反共陣線。

雖然程天放仍然無法斷定德日是否已締結同盟，但是他就情勢研判此時兩國應該是會先成立反共陣線。程天放同時也表示：「由此觀之，世界大勢將形成法西斯蒂〔按：法西斯〕及共產兩大壁壘，列強除英美尚可保持中立度外，其餘非左即右。」因此擔憂「在此局面下，我方處境實屬困難」，並分析指出：「如聯俄是否能為我助，尚屬問題。日方之侵略將有詞可託，且可得德意諸國之同情。如反俄則適中日方之計，中將成彼之附庸，一切唯命

---

[91] 〈社評 德日同盟之觀察〉（1936 年 11 月 21 日），《中央日報》，南京，張 1 版 3。

[92] 「外交部致柏林大使館第 393 號電」（1936 年 11 月 16 日），〈日德協定〉，《外交部檔案》，典藏號：020-010102-0165-0032。

是聽。」[93]

　　僅就後來德日簽訂「防共協定」公開的協定正文與附屬議定書而言，先不論未公開的秘密附屬議定書，此協定確實可單純視為共同反共的陣線而非是軍事同盟性質。而且就後續歷史的進程，德日兩國於 1940 年 9 月 27 日締結「德義日三國同盟條約」時，才正式進入軍事同盟階段，程天放的觀察與研判自有其道理。

　　同日，駐法大使顧維鈞（1888-1985）亦來電表示，此間法國報紙對於日德協定事亦極為注意，相關報導內容指稱：「日德協定今年一月原已成立。」「此時宣布，意在對俄示威，並欲以承認之舉，與義協同促進西班牙叛黨之成功，庶必要時可公然援助。」至於日本的用意，則認為「聯德首在對俄，次在對英。故英深感不滿。」[94]

　　前述有關 11 月 19 日中央社報導蘇聯駐日全權代表尤列涅夫經由有田探知日本與某國交涉組織防共同盟的一事，駐日大使館方面於隨後亦獲悉進一步的消息，並於 21 日致外交部稱，探知尤列涅夫向有田抗議表示：「前云日本未與任何國締結不利於蘇之取極云云，今莫斯科政府確悉，德日間有妨害俄國利益之約束，請嚴重注意。如此將無法增進俄日友好關係。」大使館同時綜合在東京探訪有關德日密議內容並歸納推論：

　　　　表面以將發表之文化協定為掩飾，其密約內容雖未達軍事同盟程度，
　　　　聞含有如締約國之一方受第三國攻擊時，不予第三國以任何援助供
　　　　給，及相互謀軍需工業上之技術合作（空軍）等重要條款。大抵以協

---

[93]　「程天放致外交部第 345 號電」（1936 年 11 月 19 日），〈日德協定〉，《外交部檔案》，典藏號：020-010102-0165-0040。

[94]　「顧維鈞致外交部第 322 號電」（1936 年 11 月 19 日），〈日德協定〉，《外交部檔案》，典藏號：020-010102-0165-0041。

同防共為目的，避免反蘇字樣。除空軍技術合作外，為消極的不援敵國，而無積極的攻擊同盟之性質。故昨同盟社向歐洲放送謂：「近傳日德同盟，絕無其事。日本與任何國家均願保持友誼（指非反蘇），但第三國際欲破壞日本國家組織，故日本極力防範共產黨，如他國有防共合作，日本願意參加云云。」[95]

　　駐日使館也注意到前述日本外務省承認將與德國締結文化協定一事，直接推測此即為掩護德日密約之用。同時歸納多方的情報，認為密約性質尚未達到積極的軍事同盟程度，且以共同防共為目的，避免有以蘇聯為對象的文字。駐日使館的分析，除了文化協定的掩飾外，其他有關密約性質及防共名稱等情報，均已極為精確。

　　同一日，顧維鈞也來電表示，訪晤蘇聯駐法全權代表洽談遠東與歐洲時局，渠謂：「日昨蘇政府與駐日大使曾分向駐俄日使館及外務省詰問，日德抗共協定之範圍與用意。」有田答稱：「純係對內，求彼此警察之合作。」尤列涅夫則詰問：「日德相距甚遠，德警何能助日？」結果「有田語塞」，未有明確答覆。最後蘇聯駐法全權代表向顧維鈞透露，現蘇聯政府頗不滿意日本表示德日協定純係政治協定的說法。[96]

　　此事在次日的報紙則有更完整的報導，指出尤列涅夫於 19 日訪問有田，述明蘇聯政府的意見，「以為德政府乃需日本警察援助，而日政府亦需德警察援助，以鎮壓各該國內之共產主義，並需要締結國際協定以資實行，此種理由實難令人相信」。尤列涅夫並直言：「此項反共產主義協定，當不過係

---

[95] 「東京大使館致外交部第 658 號電」（1936 年 11 月 21 日），〈日德協定〉，《外交部檔案》，典藏號：020-010102-0165-0049。

[96] 「顧維鈞致外交部第 324 號電」（1936 年 11 月 21 日），〈日德協定〉，《外交部檔案》，典藏號：020-010102-0165-0052。

另一日德協定之假面具，而該協定將不被公佈，其目的乃係共同對待第三國。」最後聲明：「此項協定將嚴重妨害蘇日邦交。」有田對於蘇聯的聲明，「含混其辭，未作答復」。[97]

　　有田囁嚅其詞，恰好讓各國更加證實了德日以蘇聯為對象秘密締結協定的傳聞。不過，如此清楚的報導與蘇聯政府的意見，顯示此報導應似由蘇聯故意透露給新聞媒體。至於秘密「協定將不被公佈，其目的乃係共同對待第三國」的說法，更是再次間接證明蘇聯已完整探悉未公開的秘密附屬議定書內容。

　　外交部方面亦關注蘇聯對於德日聯合同盟的反應，在 11 月 21 日接獲駐日使館與顧維鈞來電後，即立即致電訓令莫斯科的駐蘇聯大使館：「近日盛傳，日德間締結防共協定，其目的當係對俄。蘇聯政府對此如何看法，並如何應付。仰設法密探電部。」[98] 翌日，駐蘇聯大使蔣廷黻（1895-1965）回電報告蘇聯相關報紙的評論，表示：「此間蘇聯政府機關報昨日社論，略謂：『此項協定已屬無疑，防共云云顯係掩飾。誰信德國在本國防共須求助於世界另一端之日本；誰信日本警察缺乏，因防共而須仰賴於德。其為對外侵略主義之結合，謀向第三國進攻，顯然可見。啜其威脅不僅對蘇，實含煽動世界大戰之陰謀，而為反抗英法之武器。』」真理報社論則指稱，德日同盟之說已非新奇，「最近階段，德軍事代表固曾於一九三五年秘密訪問日本，當擬定德日軍事談判大綱。本年日本軍事代表團赴柏林考察，嗣後由日本駐德武官擬定德國技術協助日本軍工業協定，談判進行極為秘密，雙方大使均不參與。據傳，日內將送交日本樞密院審查，內容雖尚不得知，據美國合眾社

---

[97] 〈德日協定事件　俄不滿日解釋　國內共產主義　何須他國鎮壓〉，《申報》，上海，1936 年 11 月 22 日，版 7。

[98] 「外交部致莫斯科大使館第 612 號電」（1936 年 11 月 21 日），〈日德協定〉，《外交部檔案》，典藏號：020-010102-0165-0046。

消息，共十八條，詳細規定雙方在與某國作戰時之共同行動。蘇聯對此並不驚愕，準備抵抗任何侵略企圖云云」。[99]

蔣廷黻的報告內容基本上與尤列涅夫向有田聲明蘇聯政府的態度差不多。但是，蘇聯報紙則進一步將德日協定宣傳成不僅在對付蘇聯，實則在反抗英法，意圖將該協定的對象擴大包含英法等國，除了減輕對蘇聯的威脅，亦在分化德日與英法等國的關係。

11 月 23 日，蔣廷黻再電外交部說明 19 日拜晤蘇聯外長李維諾夫洽談德日同盟的情形，表示：「據李維諾夫面告，確有其事。係日方主動，初由日本駐德武官與 Ribbentrop〔按：里賓特洛甫〕接洽，并不經兩國大使之手。最近始改由正式公開交涉。現已由駐德日使簽字。約有兩種：一公約將公布，內容僅定反對共產主義；一密約，內分兩款：（甲）兩國軍事協助，以對某第三國、（乙）兩國不與此第三國訂任何根本妥協條約云云。」外交部立即將此訊息電知駐日大使許世英（1873-1964），希其注意。[100] 翌日，駐日使館回覆外交部：「聞日樞密院將於明日開會，有田准出席。是否專討論此事，容設法探報。」[101]

李維諾夫有關德日的接觸與交涉過程，以及協定內容的說法均極為正確，兩條款所云「某第三國」或「此第三國」即意指蘇聯，顯示蘇聯的情報精確度甚高，也說明蘇聯亟為關注此事，並且直接證明蘇聯在德日公開締結

---

[99] 「蔣廷黻致外交部第 912 號電」（1936 年 11 月 22 日），〈日德協定〉，《外交部檔案》，典藏號：020-010102-0165-0055。

[100] 「蔣廷黻與李維諾夫談話記錄」（1936 年 11 月 19 日），〈駐蘇大使蔣廷黻與蘇聯外交官員會談紀錄〉，《民國檔案》，1989 年第 4 期（1989 年 12 月），頁 22；「外交部致許世英第 544 號電」（1936 年 11 月 23 日），〈日德協定〉，《外交部檔案》，典藏號：020-010102-0165-0057。1935 年 12 月，行政院改組，原駐日大使蔣作賓於 12 月 12 日回國任內政部長，由丁紹伋代理大使職務，至 1936 年 4 月改由許世英接任駐日大使一職。

[101] 「東京大使館致外交部第 661 號電」（1936 年 11 月 24 日），〈日德協定〉，《外交部檔案》，典藏號：020-010102-0165-0058。

協定前兩日已探得該兩國協議情形與協定內容，甚至包括未公開的秘密議定書大致條款。只是對於中國而言，仍難確認蘇聯提供的情報是否正確。事實上，密約內容至二戰結束後才被公諸於世。[102]

中國方面於 11 月 18 日原則上認為德日已經締結協定，改而探尋協定內容與性質之時，蔣中正也於 19 日預定電詢克蘭，責問「德倭共同宣言事」。之後在外交部接獲更多相關訊息後，蔣中正乃決定吩囑「電克蘭問日德聯盟之究竟，望以實告」。不過，蔣中正也自省表示：「德倭同盟事在意中，而平時不加注意，又失一著，是經驗不足、粗心大意之過，一生能有幾回可錯也。」[103] 顯示了蔣中正亦已認為德日將會締結同盟，但自責平常未加注意。

11 月 22 日，軍政部長何應欽（1890-1987）覆電蔣中正指出，據克蘭稱：「已得柏林私人電稱，日德事尚未成事實，但日方活動甚力。」並且表示克蘭在 18 日「曾有長電致白倫堡將軍〔按：柏龍白〕痛陳中德關係及聯日之非。此電本日晨由白轉呈希特拉〔按：希特勒〕，迫將作最後決定」。克蘭亦出示本日再致柏龍白電文，內容旨意略同。雙方並詳論此事原委，「良由德國民食艱難，我方供給愆期，日方由肆為活動，稱中國今年為大熟之歲，乃不能救濟德國，以此破壞中國信用，親日派遂有此舉」。克蘭藉此時機，出示戈林 17 日來電詢問：「華方本年內究竟能供給原料及農產品若干？何日可運？數量若干？明年□□各月能運出若干？」何應欽因此認為「似此日德事尚有挽救之方，即對貨物事望由鈞座確切親定辦法，免致財部與信託局互相推諉。如此可使白倫堡將軍在德作有力之主張，以固□□之功」。[104]

另外，資源委員會秘書長翁文灝（1889-1971）亦於 11 月 23 日覆電蔣中

---

[102] 程天放，〈德日反共條約——使德回憶之九〉，頁 20。

[103] 《蔣中正日記》，1936 年 11 月 19 日、20 日、21 日本週反省錄。

[104] 「何應欽致蔣中正養未電」（1936 年 11 月 22 日），〈特交文電－對英法德義關係（六）〉，《蔣中正總統文物》，典藏號：002-090103-00016-048。

正，表示已面詢克蘭有關德日協約事，就其所言：「（1）據彼所知，德國雖有一部份人主張親日防共，但迄今德國並未與日本簽定任何政治協定。昨日已電致柏林國防部，請勿簽約，並轉陳希脫拉繼續中德提攜之方針。俟有覆訊定當據實報告。（2）日人有德國頻作不利於中國之宣傳，彼極望中國政府能給彼華貨運德之可靠計畫，規定十二月底以前可運若干？明年三月終可運若干等等。俾彼可藉以在德國切實主張等語。」最後，翁文灝並囑其務必探明實告「德日是否已有協定」。[105]

　　克蘭答復何應欽與翁文灝的旨意大致相同，最後也利用此時中國方面憂慮德日協定問題的契機，將之歸因於其與德國國防部重視的華貨貿易問題，似乎企圖在協定一事公開之前確定德華貿易計畫。因為克蘭理應知道德日協定事由里賓特絡甫負責與日方交涉，德國外交部與國防部均被排除在外，亦難以施力，惟克蘭對何應欽等人的回應卻未據實以告。克蘭直至 11 月 25 日德日締約當天接獲德國國防部的電報，指示向中國方面解說該協定並不反對任何一個國家，[106] 才分別向何應欽與翁文灝說明，該協定「僅限于思想及文化方面之合作，專以對抗國際共產主義之總宣傳機關，絕無政治或軍事合作意義」，並請代為向蔣中正解釋一切。[107]

　　綜上所述，中國方面在 11 月 18 日確認德日已經締結條約，但之後兩週透過各駐外使節展開探查以及直接向克蘭探詢。但在難以核實蘇聯提供情報的真偽以及克蘭閃爍其辭的隱瞞下，均無法確認密約的內容與性質。最後，

---

[105] 「翁文灝致蔣中正梗申電」（1936 年 11 月 23 日），〈特交文電－對英法德義關係（六）〉，《蔣中正總統文物》，典藏號：002-090103-00016-047。

[106] 「德國國防部致克蘭電譯稿」（1936 年 11 月 25 日），中國第二歷史檔案館編，《中德外交密檔（1927 年 -1947 年）》（桂林：廣西師範大學出版社，1994 年），頁 50。

[107] 「何應欽致蔣中正徑未電」（1936 年 11 月 25 日）、「翁文灝致蔣中正有酉機電」（1936 年 11 月 25 日），〈特交文電－對英法德義關係（一）〉，《蔣中正總統文物》，典藏號：002-090103-00011-193、002-090103-00011-195。

克蘭在德日公布條約後對中國的說法僅為表面的外交辭令，對中國而言，在德日簽訂並公布「防共協定」後的當務之急應是立即評估並因應該協定對於中德關係與中日情勢的影響。[108]

六、結論

德日兩國於 1936 年 11 月簽訂「防共協定」之前，相關密約傳聞已在兩年前因海耶事件而瀰漫於國際之間。中國由於專注於探詢密約真實性以及內容與性質問題，卻忽略了德日兩國由接觸再進一步到交涉的機關或負責者。即使蔣廷黻依據李維諾夫面告德日同盟約略的交涉起源與經過情形，致電外交部指稱此事不經兩國大使，而係由駐德武官與里賓特洛里交涉，但此項情報似亦未被中國方面重視。而且蔣中正對於中德關係似亦過於自信，除了其自省平時未加注意德日同盟事外，其實蔣中正與德國之間的聯繫方式亦太過單一，即使到了認定德日已經締結同盟之時，卻仍然僅能透克蘭與德國國防部的管道探悉真實情況，忽略向納粹黨方面探尋的可能性，甚至輕忽了里賓特洛甫在德國外交事務的地位。大陸學者陳雁認為「國民政府時代駐外使領的地位與北京政府時期不可同日而語」，「他們降格為外交部長的代理人，其情報建議也變的無足輕重」。[109] 蔣廷黻雖然是蔣中正延攬出使蘇聯，但外交部對於其情報訊息似乎亦未特別重視與謹慎。

經由本案例可知，中國外交部方面獲悉有關類似德日的國際間各國關係的訊息，主要仍是透過駐外使節探查以及外電報導。此外，就中德關係而言，外交情報來源還有蔣中正自行掌控的克蘭與德國國防部管道。「大使館作為

---

[108] 有關中國方面評估德日「防共協定」對於中德與中日關係造成何種影響以及因應態度與措施，請參閱：蕭李居，〈國民政府對德日「防共協定」的因應〉，頁 73-110。

[109] 陳雁，《抗日戰爭時期中國外交制度研究》（上海：復旦大學出版社，2002 年），頁 167-168。

國家派駐國外的耳目」，「對該國發生的重大事件都要深入地了解並及時報告國內，提出自己的分析和建議」。[110] 就探查德日密約一事，各使館可謂充份盡其職責。

　　此外，一般認知 1930 年代中德關係相當密切，基本上應是指中國與德國之間除了一般經貿往來，國民政府透過軍火貿易與軍事顧問團在德國外交部與國防部等正常官方機關逐步建立起來的關係，卻從未注意到中國與納粹黨方面未曾有過真正親密以及直接的關係。就此點而言，透過本文可知大島浩身為日本駐德國使館武官，在推動與德國締結同盟構想時，初始即由納粹黨人且有德國「影子外長」之稱的里賓特洛甫著手，而非國防部或外交部。日本外務省在 1936 年 4-5 月間自陸軍方面接手與德國交涉防共協定時，有田八郎亦指示武者小路公共必須與德國外交部及納粹黨要人密切聯絡。這些現象說明日本觀察到德國自納粹黨執政後政治權力的轉移，也顯示了日本係以納粹黨為突破口，逐步與德國建立關係，並進一步於 1940 年 9 月締結「德義日三國同盟條約」，可以說日本與納粹德國關係極為密切。反觀中德關係卻因納粹黨的執政與擴權後而逐漸趨於平淡，最後因中日戰爭而結束多年來的軍備貿易關係，表明了中德關係的密切係建立在傳統官方機關，與納粹黨方面並無太多直接關係，同時也顯示中國對於德國內部權力結構快速變化的無知與輕忽。

---

[110] 楊公素，《外交理論與實踐》（重慶：四川大學出版社，1992 年），頁 174。

從英國史料看史迪威在東南亞指揮部的職權問題（1942-1944）*

羅國儲

國史館修纂處助修、國立政治大學歷史學系博士生

一、前言

美國陸軍上將史迪威（Joseph Stilwell, 1883 -1946），及環繞其二戰經歷產生的「史迪威事件」，幾乎從它爆發的 1944 年開始，就一直成為中、美政治和外交乃至於歷史學界的爭論焦點。其直接的政治影響，包括 1949 年美國國務院發布的《中美關係白皮書》與美援的暫時中斷，以及在美國政壇的爭議：「誰失去了中國？」（Who Lost China？）。美國新聞記者白修德（Theodore H. White, 1915-1986）使用史迪威個人日記與史料編著的《史迪威文件》（"Stilwell Papers", 1948）[1] 及大量引用前者的芭芭拉‧塔克曼（Barbara W. Tuchman, 1912-1989）贏得普立茲獎的名著《史迪威與美國在華經驗 1911-

---

* 本文承蒙兩位匿名審查委員提供寶貴修訂意見，特此誌謝。

[1] 白修德（Theodore H. White）編，《史迪威日記》（北京：世界知識出版社，1992 年）。

1945》（"Stilwell and the American Experience in China, 1911-1945", 1971），將史迪威塑造成一個悲劇英雄角色，並藉著史迪威自己的紀錄，批判當時的國民政府政軍當局。[2]

　　中華民國方面則有梁敬錞（1890-1984）的《史迪威事件》（1971。英文版名為"General Stilwell in China, 1942-1944: the full story", 1972）予以反擊。梁氏引用了大量當時並未對外開放的「大溪檔案」（即現由國史館典藏之《蔣中正總統文物》）為中方辯護，並且主張應該使用中美雙方史料來研究此事件，才不至於偏聽偏信。[3] 此書雖然譯成英文，但其影響力遠不如白修德與塔克曼。而英文學界一直要到方德萬（Hans van de Ven）的《中國的民族主義與戰爭》（"War and Nationalism in China: 1925–1945", 2003），才重新檢視了史迪威事件的歷史敘述。方德萬將《史迪威文件》及其所影響的敘述稱為「史迪威－白修德」模式，並澄清了因此模式產生的對於史實的誤解。[4] 而米德（Rana Mitter）對於二戰中國的通論性著作《被遺忘的盟友》（"Forgotten Ally", 2013）在論及史迪威的部分，也承繼了這種翻案立場，對史迪威在同古與密支那的指揮以及對中國戰區的負面影響予以批評。[5] 中文學界同時也有齊錫生的重量級著作《劍拔弩張的盟友：太平洋戰爭期間的中美軍事合作關係（1941-1945）》（2011。英文版名為"The Much Troubled Alliance: US-China Military Cooperation During the Pacific War, 1941-1945", 2015）對此著力甚深，以紮實的史料基礎，填補了自梁敬錞以後對史迪威事件研究的空白。該書對於抗戰時期的中美關係，尤其是核心的史迪威事件與準備反攻緬甸戰場的同盟

---

[2]　塔克曼（Barbara W. Tuchman），《史迪威與美國在華經驗 1911-1945》（重慶：新華出版社，1994 年）。

[3]　梁敬錞，《史迪威事件》（臺北：臺灣商務印書館，1971 年）。

[4]　方德萬（Hans van de Ven），《中國的民族主義和戰爭（1925-1945）》（北京：三聯書店，2007 年）。

[5]　芮納・米德（Rana Mitter），《被遺忘的盟友》（臺北：天下文化出版社，2014 年）。

國的策劃、討論、爭議都有詳實的論述。[6] 曾銳生的書評對此書公平與洞見的解釋予以正面評價，但也認為有時透過蔣中正的角度來觀察可能帶有偏見，對於美國方面的內部情形了解較為缺乏等等。[7] 中國社會科學院近代史研究所三位研究員汪朝光、黃道炫、王奇生，曾在一個文化沙龍的場合漫談此書。其中汪朝光認為齊著不可避免的仍然有民族主義色彩，雖然澄清了過去西方研究的許多錯誤，但是由於西方話語權的強大，並未譯成英文的本書〔按：以當時而言〕，能夠澄清多少過去西方的成見，仍有疑問。[8]

　　汪朝光在這裡將「西方」作為一個整體，實際上也有些問題。值得注意的是，首先帶起這波研究轉向的方德萬與後來的米德，兩人都不是美國人或在美國學界任職，而是英國兩所最頂尖學府：劍橋與牛津大學的學者。這就帶出了一個問題：對於史迪威事件，英國是否有與美國不一樣的觀點？英國長久以來對史迪威的評價如何？

　　英國研究以及英國方面史料，實際上是對於我們使用比較方法了解史迪威事件很好的一個側面。首先，英國在二戰緬甸戰場上有著不可被忽視的重要角色。事實上，長久以來雖然關於中國駐印軍的著作汗牛充棟，卻從未看到將駐印軍放在整個緬甸戰場的架構下討論。英軍不但面臨的日軍兵力更多（緬甸 10 個師團中，駐印軍與遠征軍共面對 2-3 個師團，英軍面對 7-8 個師團），而且在 1944 年英帕爾會戰對日軍取得的大勝，可以說相較於駐印軍的戰鬥對戰局更具有決定性。1945 年 5 月，英軍更發動迅速的反攻，占領了緬甸首府仰光。將英國觀點納入，有助於了解緬甸戰場的全局觀。

---

[6]　齊錫生，《劍拔弩張的盟友：太平洋戰爭期間的中美軍事合作關係（1941-1945）》（臺北：聯經出版事業公司，2001 年）。

[7]　曾銳生，〈齊錫生，《劍拔弩張的盟友：太平洋戰爭期間的中美軍事合作關係》（1941-1945）〉，《中央研究院近代史研究所集刊》，第 78 期（2012 年 12 月），頁 193-200。

[8]　〈中美關係成見源於西方話語權強大〉，《新浪新聞》，網址：http://news.sina.com.cn/o/2012-08-15/135824972890.shtml（2020 年 1 月 15 日點閱）。

　　再者，也可以跳脫對史迪威事件翻案研究是源於中國民族主義史觀的批評。史迪威對於中國國民政府的批判，往往站在了道德制高點上，認為國民政府與國軍貪污、腐敗、無能。因此中方對於史迪威的批判，也容易被認為是報復或是無能者的辯駁，而不是基於理性的批評。但是，如果是英國方面的評價，便可以有所不同。相較於中國而言，英國是與美國對等的盟友，可以參加聯合參謀長會議（Combined Chiefs of Staff）與軍火分配委員會（Combined Munitions Assignment Board），共同主導著同盟國的戰略方向。同時英國方面與史迪威來往者多為職業軍人，他們的觀點與（相較於中國）完善的軍事素養，比較可以從軍事專業的角度來看待。而不會像做為國家領袖的蔣中正處理史迪威問題時，必須顧及中美關係與美援的中斷。

　　由於整個緬甸戰場的時間、空間範圍都很大，故本文先以史迪威的職位與權限為例來進行探討。史迪威的職權不但是一個橫跨中國戰區與東南亞指揮部的問題，同時也是東南亞指揮部[9]內部的問題以及英美雙方高層的爭執焦點。

　　本文所掌握到英國方面的史料有：盟軍東南亞指揮部最高統帥（Supreme Allied Commander South East Asia）蒙巴頓（Louis Mountbatten, 1900-1979）、帝國總參謀長（Chief of the Imperial General Staff）布魯克（Alan Brooke, 1883-1963）兩人的日記；英國首相邱吉爾（Winston Churchill, 1874-1965）、第十四軍團軍團長史林（William Slim, 1891-1970）、指揮第一次緬甸戰役的亞歷山大（Harold Alexander,1891-1969）、首相駐華個人特使魏亞特（Adrian Carton de Wiart, 1880-1963）等人的回憶錄，以及柯比（Woodburn Kirby, 1895-1968）所主編的 5 卷英國對日官方戰史《War against Japan》。

---

[9]　中文史料、研究多譯做「東南亞戰區」，實際上英文名稱中並沒有「戰區」（Theater）。

二、多重職權的授予與權限合理性

1946 年，戰時擔任盟軍東南亞指揮部最高統帥（Supreme Allied Commander）的蒙巴頓在一次演講中回顧了他與史迪威的戰時關係：

> 〔史迪威〕除了指揮美國在中緬印的地面及空中武力之外，他還是中國戰區統帥蔣中正的參謀長。然後又被指派了第三個任務：東南亞指揮部的副最高統帥。正當我好奇他怎麼能解決兼任這三個高階職位的難題時，史迪威卻以他一如往常地出奇不意的態度解決了：這三個職位他都不親自履行，只指派了幾個副手〔去做〕，然後請求准許去做更貼近他內心所想的第四個工作，主要來說是去指揮北部戰鬥區域（Northern Combat Area）。我應該對他作為一個親臨前線的軍級，稍後是相當於軍團級的指揮官的貢獻致意。[10]

蒙巴頓這席話雖然在最後有點語帶諷刺，但實際上這個批判可以說是相當中肯的。中文研究，尤其是梁敬錞的《史迪威事件》中，一再批判史迪威不履行他身為中國戰區參謀長的責任。[11] 可是，對於史迪威是否有履行他另一兼職東南亞指揮部副司令的職責？並未深入探討。從蒙巴頓的發言我們得知史迪威也並沒有想履行此職，而是一心一意的只想做一個前線指揮官。在進一步的討論其兼職的問題之前，我們必須要先了解這些兼職的來源。

1942 年蔣中正同意擔任同盟國中國戰區統帥後，向美國要求一位高級

---

[10] Jonathan Templin Ritter, *Stilwell and Mountbatten in Burma: Allies at War, 1943-1944* (Texas: University of North Texas Press, kindle edition, 2017), Location 2807.

[11] 梁敬錞，《史迪威事件》，頁 78-99、195-202。

將領擔任戰區的參謀長。[12] 美國派了史迪威擔任此職，但同時也任命他為美國陸軍在中國戰區及印度、緬甸的指揮官 [13] 及其他包括美國總統在重慶代表、租借法案物資分配者等權限。[14] 史迪威到了中國後，受蔣中正的任命，指揮派往緬甸協防的遠征軍。[15] 蔣一開始是希望由史迪威統一指揮緬甸中英兩軍，[16] 但最後事與願違。第一次緬甸戰役失敗後，中國遠征軍分為遠征軍及駐印軍兩部份。史迪威再被中國任命為藍伽教練營長官及駐印軍總指揮。[17] 而美軍則於 6 月 22 日擴張史迪威的總部使其成為一個美軍中緬印戰區（China-Burma-India Theater），史迪威為指揮官。[18]

之後反攻緬甸的計畫因中英美三國的歧見幾經波折。1943 年盟軍在華盛頓召開「三叉戟」會議，邱吉爾提議在印度新成立一個東南亞指揮部以指揮印度方面的盟軍部隊，英美兩國後決定由蒙巴頓擔任最高統帥，史迪威擔任副最高統帥。對於這項任命，美英官方戰史的記載有些分歧。美國認為羅斯福總統「同意」（agreed）而非「提議」史迪威擔任副統帥。[19] 但是英國戰史

---

[12] 「蔣中正電宋子文請羅斯福遴選高級將領為中國戰區聯軍參謀長」（1942 年 1 月 4 日），〈革命文獻－同盟國聯合作戰：重要協商 （一）〉，《蔣中正總統文物》，國史館藏，數位典藏號：002-020300-00016-037。

[13] Riley Sunderland and Charles Romanus, *Stillwell's Mission to China* (Washington: Center of Military History United States Army, 1987), p74.

[14] Riley Sunderland and Charles Romanus, *Stillwell's Mission to China*, p87.

[15] 「蔣中正與史迪威談話紀錄：第五第六軍歸史指揮緬甸中英軍隊統一指揮」，〈革命文獻－同盟國聯合作戰：遠征軍入緬 （一）〉，《蔣中正總統文物》，數位典藏號：002-020300-00019-016。

[16] 「蔣中正電宋子文緬甸作戰中英兩軍必須歸史迪威指揮」，〈革命文獻－同盟國聯合作戰：重要協商 （一）〉，《蔣中正總統文物》，數位典藏號：002-020300-00016-050。

[17] 《總統蔣公大事長編》（1942 年 8 月 26 日、1943 年 10 月 24 日），中央研究院近代史研究所近代春秋 TIS 資訊系統（2020 年 1 月 15 日閱覽）。

[18] 「中緬印戰區」（China-Burma-India Theater）與「中國戰區」（China Theater）兩者並不相同，前者是美軍單位，後者是盟軍單位。而史迪威離職後中緬印戰區又再分為印緬戰區（India-Burma Theater）與中國戰區，兩者也都是美軍單位，但由於後者與盟軍單位重疊，因此可能會造成混淆。

[19] Riley Sunderland and Charles Romanus, *Stillwell's Mission to China*, p356.

卻認為是羅斯福於 6 月 30 日提議，邱吉爾與英軍參謀長們對史迪威多重兼職的任命表示懷疑，但選擇相信最高統帥在遇到困難時可以做出必要的調整。[20]

　　而後又在東南亞指揮部直屬下，新成立一個北部戰鬥區域指揮部（Northern Combat Area Command）〔按：兵力與層級約相當於集團軍〕，史迪威再兼任指揮官。[21] 至此，史迪威總共兼任五個盟軍高級將領職位。我們將這些職位逐一分析來看，總共有三個不同層級（美軍戰區級、集團軍級、軍級）單位的指揮職，一個盟軍戰區的參謀長職、一個盟軍指揮部的副職。這種程度的兼職恐怕是世界戰爭史上空前絕後的。（詳細指揮鍊見圖 1）

圖 1、1943-1944 年史迪威兼任職務示意（加粗框者）

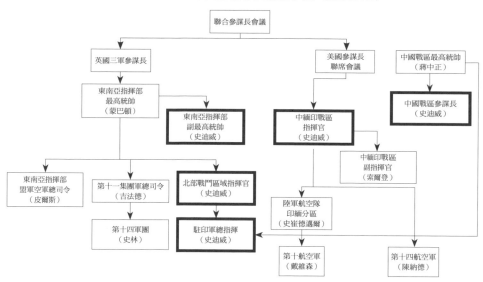

資料來源：作者改繪自 Riley Sunderland and Charles Romanus. Stillwell's Command Problem, p6. 原圖標題為「在中緬印戰區的指揮鍊中的史迪威，1943 年 12 月至 1944 年 6 月」。

[20] Kirby, Woodburn. The War Against Japan Volume II: India's Most Dangerous Hour (London: H.M.S.O., 1961), p424.

[21] Riley Sunderland and Charles Romanus. Stillwell's Command Problem (Washington: Center of Military History United States Army, 1987), p138.

　　史迪威的權限高度是否合理？我們可以與諾曼第登陸前的盟軍指揮鍊做對照：盟軍遠征軍最高統帥是美國的艾森豪（Dwight D. Eisenhower, 1890-1969），副手是英國的泰德（Arthur W. Tedder, 1890-1967）。海軍、陸軍、空軍的總司令都是英國人：藍姆齊（Bertram Ramsay, 1883-1945）、蒙哥馬利（Bernard Montgomery, 1887-1976）、馬洛里（Trafford Leigh-Mollory, 1892-1944）。海軍總司令下轄兩個特遣艦隊：一英一美。陸軍總司令下轄 3 個軍團，合計有英軍 4 個軍、美軍 4 個軍、加拿大軍 1 個軍及其他獨立部隊。總體來說，美軍與英聯邦軍（含加拿大）兵力大致相同，指揮體系與戰鬥單位也是在兩國間取得相當平衡。再由英美聯合的高級指揮部，統籌指揮各軍種的英美部隊。[22] 因此一個正常的盟軍指揮體系，其將領的指揮權限應該要與本國兵力相當。

　　美軍在緬甸戰場的兵力配置與將領權限則大不相同。首先，美軍在此幾乎沒有地面戰鬥兵力，主要的第五三〇七臨時混合支隊（5307th Composite Unit (Provisional)）[23] 只有 3,000 人相當於團級。[24] 在兵力上無法與英軍第十四軍團的 13 個師（前後總計）[25]、中國駐印軍的 2 到 5 個師相提並論。而緬甸戰場相當長的時間中，美軍只有這支地面部隊。同時美軍的空中部隊（第十航空軍），也只有 10 個中隊（Squadron）約相當於 1 個聯隊（Wing），而英軍則有 68 個中隊組成 7 個聯隊（Group）。[26] 所以從美軍在東南亞指揮

---

[22] Forrest Pogue. United States Army in World War II European Theater of Operations The Supreme Command (Washington: Center of Military History United States Army, 1989), p159.

[23] 又因其指揮官得名「梅利爾掠奪者」（Merrill's Marauders），並有梅利爾支隊、加拉哈德部隊（GALAHAD）等稱呼。

[24] Riley Sunderland and Charles Romanus. Stillwell's Command Problem, p34.

[25] James Luto, Fighting with the Fourteenth Army in Burma: Original War Summaries of the Battle Against Japan 1943–1945 (Barnsley: Pen and Sword Military, 2014), Appendix I.

[26] 英美航空部隊的大隊與聯隊名稱正好相反。Christopher Shores, Air War for Burma: The Allied

部中的戰鬥力量（陸軍 1 個團、航空 1 個聯隊）來看，實際上是不需要史迪威這樣的高級將領（初為中將、而後上將）來指揮的。當然，後勤部隊以及相關物資是美軍提供較多，但這與作戰及指揮鍊並無直接關係。因此史迪威在東南亞指揮部的副最高統帥一職，還是源自於其在中國戰區參謀長以及依據此職受蔣中正命令指揮的中國駐印軍上。[27] 可是，諷刺的是因中國戰區參謀長層級而取得的兼職，反而使得史迪威無法（或者本就無意）履行其原有職位應負的責任。

三、兼職帶來的角色衝突

關於史迪威在中國戰區方面的職務履行與否，包括中國戰區參謀長所負擔的租借法案分配人等多項職務的衝突，長久以來中文學界已研究相當透徹，梁著與齊著皆對此著力甚深，故本文不再就此贅述。

我們在此把史迪威的兼職分成兩大類來看，第一類是盟軍戰區級將領的三個職位：中國戰區參謀長、東南亞指揮部副統帥、中緬印戰區指揮官，這些職位其實是彼此衝突的。英國官方戰史認為：

> 所有給在印度的美國部隊的命令，包括第 10 航空軍，都必須要透過做為中緬印戰區指揮官的史迪威〔轉達〕……作為副統帥，史迪威必須服從蒙巴頓，並在後者不在戰區時，直接透過英軍參謀長，向英美聯合參謀長會議負責。但是，作為中緬印戰區指揮官，他也直接向美國參謀長聯席會議負責，而作為中國戰區參謀長，他也必須向蔣中正

Air Forces Fight Back in South-East Asia 1942-1945(London: Grub Street, Kindle edition, 2014), location 8540.

[27] 梁敬錞與齊錫生已提出過類似的看法。

負責。後者他不但要考慮到中國的利益，並且還要接受並推動蔣的觀點，即使這些觀點是不同於東南亞指揮部的。而作為東南亞指揮部副統帥，他同樣需要推動蒙巴頓的觀點給蔣。史迪威因此被置於一個最異常的位置上。這點英國人已經在四分儀會議中指出……。[28]

　　這三個兼職其實分別代表三個不同國家的利益與立場，也會因此提出不同的戰略方案，一個人是不可能兼顧的。當然，史迪威的作法通常是與蔣中正衝突，強迫其接受美方的戰略立場（遠征軍出兵滇西、中國軍隊指揮權）。但英軍對這種在東南亞指揮部內部不一致的結構顯然無法接受，因此才向美國提出抗議。美方戰史也並非沒有認知到這種兼職造成的影響，其作者也認為當中美兩方戰略一致則矣，不一致時，兼職的史迪威便會陷入兩難，[29] 但並未對此狀況提出批評或提及美方有任何改進的意圖。而塔克曼卻以同情史迪威的立場，將其說成是這個指揮結構的受害者。[30]

　　第二類是東南亞指揮部內的三個職位：東南亞指揮部副統帥、北部戰鬥區域指揮官、駐印軍總指揮。我們一樣可以看到史迪威對兼職的履行方式，實際上造成東南亞指揮部很大的困難與混亂。

　　東南亞指揮部內部組織結構與國籍分配是：最高統帥蒙巴頓（英）、副統帥史迪威（美），下轄陸、海、空軍三個總司令。三位都是英國人，分別是第十一集團軍總司令吉法德（George Giffard, 1886-1964）、薩默維爾（James Somerville, 1882-1949）、皮爾斯（Richard Peirse, 1892-1970）。至此和盟軍歐洲遠征軍大致相同，但陸軍下轄單位兩者便有區別。由史迪威指揮的北部戰

---

[28] Woodburn Kirby, *The War Against Japan Volume III. The Decisive Battles* (London: H.M.S.O., Kindle edition, 1961), Location 1041-1051.

[29] Riley Sunderland and Charles Romanus, *Stillwell's Mission to China*, p87, 89.

[30] 塔克曼（Barbara W. Tuchman），《史迪威與美國在華經驗 1911-1945》，頁 502。

鬥區域，獨立於陸軍總司令吉法德，而直接隸屬於東南亞指揮部。但又接受吉法德的下屬、第十四軍團軍團長史林的作戰指揮。

為何會出現此情形？其原因居然是史迪威不願被第十一集團軍總司令吉法德指揮。美軍官方戰史記載：「雖然史迪威對於蒙巴頓的第一印象良好，但卻對吉法德將軍沒有信心，並且拒絕他在指揮架構中扮演任何可以控制史迪威的作戰的角色。取而代之，史迪威提議在史林之下做一個軍長，他對其有著最大的信賴與尊重。」[31] 官方戰史的作者同時承認這是一個非常複雜的指揮系統，但並沒有對史迪威的不合理要求做出評價。

史林對此回憶，史迪威當時指揮的部隊約等於一個軍，而後擴張到相當於一個軍團。加上史林自己的第十四軍團，則吉法德麾下便有兩個很平衡的軍團在他的集團軍裡。「這是符合邏輯而且軍事上確實的指揮架構」，但史迪威拒絕了。史迪威拿出蔣中正當擋箭牌，說他必須遵照蔣的命令，將這些部隊保持在他個人指揮之下，只接受蒙巴頓的直接控制。史迪威又以美軍中緬印戰區指揮官的角色說，吉法德不是盟軍而只是英軍的總司令，因此作為一個美國將軍，他無權將他的部隊置於英國指揮官之下。在爭論不休後，史迪威又「換了帽子，重新以不同的角色出現」，他以副最高統帥的身份說他高於任何集團軍總司令，因此不能也無法被吉法德指揮。[32]

史林接著寫到，正當眾人等待蒙巴頓的最終決定時，「史迪威又震驚了所有人，說：『我準備在史林將軍之下接受作戰控制，直到我到達加邁！』」[33] 這就造成了指揮鍊的錯亂與矛盾。因為史迪威同時兼任上下職務，導致史迪威在職位上既是吉法德的部下也是長官；既接受史林的指揮，又有權力指揮史林。而垂直來看，東南亞指揮部副最高統帥——北部戰鬥區域指揮官——

---

[31] Riley Sunderland and Charles Romanus. Stillwell's Command Problem, p28.

[32] William Slim. *Defeat into Victory* (New York: D. McKay, 1961), p178.

[33] William Slim. *Defeat into Victory*, p179.

駐印軍總指揮，這三個職位並不是一般的軍事組織金字塔式的層層節制，而是割裂了東南亞指揮部指揮鍊的完整性，讓史迪威有自行其是的空間。副最高統帥一職雖然不是出於史迪威的要求，可是他卻利用這個職位破壞正常的指揮鍊。史迪威自行其是的表現，最著名的就是在發動對密支那進攻時並未事前告知他的直屬上司蒙巴頓。而當攻擊一度陷入困境時，又拒絕英軍第三十六師的支援。[34] 史迪威在密支那戰役中酷使他的部隊，再加上之前的一次對媒體透漏戰略的洩密事件，使得蒙巴頓也和蔣中正一樣，曾二度要求史迪威離職。[35]

1944 年 9 月 12 日，蒙巴頓從無線電得知，原本應該要在前線指揮的史迪威，已經動身前往魁北克。他在日記中寫下：「不敢相信他沒事先通知我，就這樣走了（後來我發現他已經去了重慶）！」[36] 作為副統帥離開崗位前竟不知會最高統帥，顯然史迪威完全沒有把蒙巴頓當作長官看待。

四、對其兼職的批評與離職後的人事安排

對於史迪威這種不合理的兼職情況，在英國方面最早注意到的可能是帝國總參謀長布魯克，他的職位與美國的馬歇爾（George C. Marshall, 1880-1959，陸軍參謀長）相當。布魯克第一次在日記中提到史迪威是在 1943 年 5 月 14 日在華盛頓舉行的「三叉戟」會議時。他對史迪威的評價是：「他是個沒有戰略概念的小人物」，並且認為史迪威對緬甸戰略議題只有造成更多

---

[34] Jonathan Templin Ritter, *Stilwell and Mountbatten in Burma: Allies at War, 1943-1944*, Location 1915,1942-1956. 此議題的文獻回顧可見 Location 3724.

[35] 方德萬（Hans van de Ven），《中國的民族主義和戰爭（1925-1945）》，頁 52-53、55。

[36] Louis Mountbatten, *Personal Diary of Admiral the Lord Louis Mountbatten Supreme Allied Commander, South-East Asia, 1943-1946*(London: William Collins & Sons Ltd, 1990), p133.

的混亂，甚至論點自相矛盾。[37] 史迪威依此會議決議被任命為東南亞指揮部副最高統帥後，布魯克很快就在 1943 年 8 月 18 日在魁北克舉辦的「四分儀」會議提出質疑：「我們對史迪威問題進行了可觀的討論，以及他究竟要如何履行他多重的職責！」[38]。然而，史迪威的兼職問題並未解決，1944 年 5 月 31 日，在一次參謀長會議中，布魯克也批評了蒙巴頓，認為他「太不負責任，而且對任何人都不想得罪，行不通的！他必須面對事實：史迪威無法繼續再擔任他現在的三重職位下去，而這點越早讓美國人認清越好」。[39] 對緬甸戰場與史迪威兼職的不滿，終於讓布魯克與馬歇爾在 6 月 15 日起了衝突：

> 在午餐後與美國參謀長們再度會談，這次討論緬甸。在聽到馬歇爾提出的論點與問題後，非常明顯的他甚至直到現在都還沒有掌握緬甸戰役的實況！在會議後，我跟馬歇爾討論了史迪威的現況，他是不可能同時做好三個不同的地點的三個工作的，主要來說：〔按：東南亞指揮部〕副最高統帥、中國駐印軍總指揮、以及蔣中正的參謀長！馬歇爾火大了，說史迪威是個「鬥士」，這就是把他放在那裡的原因，而且正當我們〔按：應指英國〕有一群沒有戰鬥本能的指揮官！主要來說是吉法德、皮爾斯和薩默維爾，據他所說都是軟弱且無用的等等。我發現再繼續跟他爭執是沒有意義的。[40]

布魯克日後補充：

---

[37] Alan Brooke, *War Diaries, 1939-1945: Field Marshall Lord Alanbrooke* (London: Weidenfeld & Nicolson, Kindle edition, 2015), Location 9417.

[38] Alan Brooke, *War Diaries, 1939-1945: Field Marshall Lord Alanbrooke*, Location 10320.

[39] Alan Brooke, *War Diaries, 1939-1945: Field Marshall Lord Alanbrooke*, Location 12589.

[40] Alan Brooke, *War Diaries, 1939-1945: Field Marshall Lord Alanbrooke*, Location 12741.

> 馬歇爾原先要我們接受史迪威的布署當作給他一個人情，顯然他沒有
> 任何適合的人選來填補空缺。我認為要求他中止這種不可靠的布署是
> 很正當的。我並沒有預期他會那樣的生氣，而且開始指控我們的指揮
> 官缺乏戰鬥能力，特別是他僅僅是將他的意見立基於他從史迪威那收
> 到的報告，不可能有機會親自判斷這點。[41]

　　由這個史料我們可以看出，被史迪威或美方指責「無能」的，並不只限
於國軍，東南亞指揮部的陸海空軍三個英國總司令全部被其批評。因此值得
思考的是，「無能」究竟是史迪威出於理性判斷對於中、英將領精準的批評？
還是他出於情緒性的漫罵？無論如何，這種貶人揚己的說法很難有說服力。
而馬歇爾面對布魯克合理的質疑，居然轉移話題，以攻擊英國將領的方式搪
塞過去而不正面回答，實在有失風度，有護短之嫌。

　　史迪威最終並非因兼職問題而離開中國，而是由於「史迪威事件」。在
此事件中，他更進一步的想要獲得所有中國軍隊的指揮權。史迪威離開之
後，他所兼的職位竟然需要三個人接手：中緬印戰區分割為中國戰區及印緬
戰區，魏德邁繼任中國戰區參謀長、美軍中國戰區指揮官；索爾登接掌北部
戰鬥區域指揮部、擔任美軍印緬戰區指揮官；惠勒則繼任東南亞指揮部副最
高統帥。[42] 顯然美方終於知道這樣的兼職與授權是行不通的。

　　1944 年 10 月 26 日，蒙巴頓收到美軍戰區分割的消息，他認為較之此
前複雜的設置，是個具邏輯性的進步。但他對於魏德邁要離開東南亞指揮部
「感到最大的衝擊」，他在魏德邁的告別午餐會上提到，他不認為艾森豪與

---

[41] Alan Brooke, *War Diaries, 1939-1945: Field Marshall Lord Alanbrooke*, Location 12751.

[42] Riley Sunderland and Charles Romanus. Stillwell's Command Problem, p382, 469.

麥克阿瑟能有一位像魏德邁這樣忠實的幫手、〔對統帥〕有重大意義的英國下屬。[43] 這是對魏德邁的工作能力相當高的評價。

魏德邁繼任中國戰區參謀長後的作為受到蔣中正以及後世研究者的好評。當然其本人的能力與負責的態度是一個關鍵，但另一個層面也是由於長久以來史迪威對中國戰區的無視，以至於這個職位的工作從來沒有被好好履行過。

美軍高層對於史迪威採取委任甚至放任的態度，試圖以史迪威一人就想解決所有在東南亞及中國的問題，而授予他不可能兼顧的權位。如果史迪威兢兢業業的試圖在多個職位中找到平衡也罷，但他卻放著盟軍高層職位不管，自甘擔任一個野戰指揮官。他不直接處理，而任命副手代管的行為，是從美軍或盟軍高層劫持了這些職位的人事權。使得這些職位實際上是由未達這個層級或可能不適任的軍官負責。而在野戰指揮的層面，更由於史迪威的權限太大，造成指揮鍊本身的分立及不統一。

從這個角度來看，史迪威離職前向中華民國提出指揮全部國軍要求，更是非常的荒謬。其不合理性不僅僅在於中文學界過往討論的史迪威個人能力或中國自主性；而是史迪威已在過度兼職的情況下，又要將數百萬中國軍隊置於其指揮之下，結果可能會是災難性的。

五、結論

如果從戰略與人事的角度要用一句話來說明史迪威在東南亞指揮部的職權問題的話，「職位過高、權限太專、兼職太多、一意孤行」應該是很恰當

---

[43] Louis Mountbatten, *Personal Diary of Admiral the Lord Louis Mountbatten Supreme Allied Commander, South-East Asia, 1943-1946*, pp147-148.

的形容。史迪威的高階職位層級與美軍少量軍力不符，而且他也無意待在高階職位，只願意做軍長至軍團長等級的指揮工作。美國賦予他的權限完全是委任式的，中英兩國盟軍最高統帥都無法制衡。而美方高層對於史迪威的過度信任與偏聽偏信，使得盟國對他的批評毫無改進作用。史迪威兼任的這些職位，已經到了一人無法兼顧的程度，因此自然有部分工作乏人執行，對盟軍戰略與行政造成不良影響。史迪威更常藉著自己的高階職位來打壓低階將領或是要求獨立的指揮權，從這點可以看出，不管是這個高階職位是中國戰區參謀長或東南亞指揮部副最高統帥都是一樣的。英軍第十一集團軍總司令吉法德被架空便是一個鮮明的例子。

　　中方史料及根據中、美史料做出的研究，可能僅止於史迪威對於中國戰區參謀長一職毫不在意。而對於史迪威擔任美軍中緬印戰區的指揮以及東南亞指揮部副總司令的情形，則缺乏了解。從這個角度引進英國方面的觀點，我們可以補足過去中文研究的盲區。亦即史迪威不管在中國戰區或在東南亞指揮部也好，從頭至尾都沒有身為一個高階將領的自覺。蔣中正的「遙制」常常被批評，但另一方面史迪威這種把司令部及其他兼職放諸腦後，自己親臨前線的指揮方式，也不是一個高階將領所應為。無怪乎他被譏為「陸軍最傑出的四星營長」（Best damned four-star battalion commander in the Army）。

　　最近研究對於史迪威評價的轉向，相當程度來自於中文史料的引用。兩相對照後不難看出「史迪威－白修德」模式的偏見。可是如果根據中文研究較少引用英國方面的史料來看，史迪威早在戰時就是已經相當飽受英國方面批評的一個人物，而且這類的批評大多都相當的合理並且從軍事的角度出發。

　　史迪威的職權問題，僅是引進英國觀點下可以討論的其中一例，對照英國方面的史料我們已可了解當時圍繞其兼職與職權所產生的問題，有助於澄清或者發現一些過去的研究所忽略的問題。而日後研究如果要全面性的了解

緬甸戰役，可能不只要多使用英國方面的史料，敵對的日本方面史料也很重要。甚至不應該只包括中美英日，還要加入參與這場戰爭的印度（含日方的印度國民軍）、泰國、緬甸（包含緬人、克欽、華僑等各族群）、甚至是（參加英軍第十四軍團的）東非、西非部隊等各種不同國家、殖民地的立場。以此來看整個緬甸戰役將對亞洲史有重要意義，也許是學界未來可注意的方向。

附表、本論文軍語譯名對照

英文原名	中文史料曾譯名	本文譯名
South East Asia Command	東南亞戰區、東南亞司令部	東南亞指揮部
Northern Combat Area	緬北戰區	北部戰鬥區域
Army Group	集團軍群	集團軍
Army	軍團、軍、集團軍	軍團
Corp	軍團	軍
Supreme Allied Commander South East Asia	東南亞戰區總司令	盟軍東南亞指揮部最高統帥
Commanding General	總司令	指揮官

資料來源：作者整理。

知識分子從政的理念實踐及其困境：
以翁文灝為例（1931-1937）[*]

袁經緯

國立政治大學歷史學系博士生

一、前言

　　1930 年代知識分子從政是民國史研究的熱門課題，大致可以分成三種研究取向：（1）九一八事變以來社會普遍瀰漫的民族主義氛圍，民間要求積極抵禦日本侵略，建立強而有力的中央政府，一定程度消弭了政府和知識分子之間的歧見，成為知識分子從政的契機；[1]（2）歐美國家興起專家政治論（Technocracy）傳入中國後的迴響，一方面引起學界熱烈的探討，另一方面

---

[*]　本文曾以〈從知識分子到技術官僚：以翁文灝為中心（1931-1937）〉、〈戰前翁文灝的人才培育思想（1931-1937）〉為題，先後宣讀於「國立政治大學歷史學系暨東京大學總合文化研究科學術交流會」（2019 年 11 月 8 日）及「第八屆政治大學數位史料與研究論壇」（2019 年 12 月 13 日），感謝評論人國立政治大學歷史學系劉維開教授和與會人士提供諸多建議，以及兩位匿名審查委員提供寶貴修訂意見。

[1]　李雲漢，〈抗戰前中國知識分子的救國運動〉，收入張玉法主編，《中國現代史論輯》，第八輯（臺北：聯經出版事業公司，1982 年），頁 337-363。

結合統制經濟和法西斯主義，為建立集權政府提供理論基礎，受到主政者的重視。具備各種專家身分的知識分子，被延攬進入政府部門；[2]（3）探討黨政領袖如何建立其幕僚班底，主要根據時人的日記、年譜或回憶錄等，討論蔣中正（1887-1975）如何延攬知識分子為己所用。[3] 以上三種研究取徑，知識分子透過複雜的人際網絡加入政府，其中翁文灝（1889-1971）的歷練，可以視為國民政府第一代技術官僚的典型。[4]

　　1932 年 11 月，國防設計委員會成立，翁文灝擔任秘書長一職。此時他所扮演的角色，主要配合該會調查統計、規劃及研擬政策的性質，以專家學者的身分提出建議供政府參考。舉例而言，人才培育一直以來都是政治界和教育界共同關切的課題，在 1930 年代帶有濃厚的實用色彩，以配合國家政策的需要。國防設計委員會編制有專門人才調查組，為了掌握各方面人才的情況，先後向全國文化、經濟等機關團體和公、私營工廠發放調查表格，根據收回的調查資料，編纂礦冶和機械專門人才報告，抗戰期間擴充為《中國工程人名錄》一書。[5]

[2] 鄧麗蘭，《域外觀念與本土政制變遷——20 世紀二三十年代中國知識界的政制設計與參政》（北京：中國人民大學出版社，2003 年），頁 242-302。

[3] 金以林，〈蔣介石的 1932 年〉，收入汪朝光主編，《蔣介石的人際網絡》（北京：社會科學文獻出版社，2011 年），頁 137-163；張瑞德，《無聲的要角：蔣介石的侍從室與戰時中國》（新北：臺灣商務印書館，2017 年），頁 35-70。

[4] 西方學界較早注意 1949 年以前中國技術官僚發展的歷史學者為柯偉林（William C. Kirby），相關著作請參閱：William C. Kirby, *Germany and republican China* (Stanford, Calif. : Stanford University Press, 1984), pp.76-101; William C. Kirby, " Technocratic Organization and Technological Development in China: The Nationalist Experience and Legacy, 1928-1953" in Denis Fred Simon and Merle Goldman, ed., *Science and technology in post-Mao China* (Cambridge, Mass. : Council on East Asian Studies, Harvard University : Distributed by Harvard University Press, 1989), pp.23-43; William C. Kirby, " Engineering China: Birth of the Developmental State, 1928-1937 " in Wen-hsin Yen ed., *Becoming Chinese : passages to modernity and beyond* (Berkeley : University of California Press, 2000), pp.137-160.

[5] 鄭友揆等著，《舊中國的資源委員會（1932-1949）——史實與評價》（上海：上海社會科學出版社，1991 年），頁 15；薛毅，《國民政府資源委員會研究》（北京：社會科學文獻出版社，2005 年），頁 81-83。

翁文灝在《中國工程人名錄》序言中提到：「建設事業者之基礎，最重要者為資源與人才；而人才尤為推進一切事業之動力。世界先進各國，對於各種人才之培養訓練與儲備，均有縝密宏遠之計劃與管理，視為國家莫大之要政。」[6]

1935 年 4 月，國防設計委員會與軍事委員會兵工署資源司合併為資源委員會，隸屬於軍事委員會。至 1938 年 1 月為簡化戰時行政機構，資委會改隸經濟部，此時經濟部部長為翁文灝。觀察 1930 年代翁文灝的從政軌跡，與同時期其他從政的知識分子相比，更接近決策的核心。在其擔任行政院秘書長期間，與其他官員合作推動行政改革，是轉向行政官僚的重要階段。

目前學界有關翁文灝的思想探究，除了《中國工程人名錄》的序言，還有在經濟部長任內的公開言論，主要論述其工業化理念及政策實踐。[7]戰前的言論較少為研究者注意，亦缺乏深入的討論。本文擬以戰前翁文灝的經歷進行分析，首先，爬梳對人才培育和行政改革的看法，這些言論反映其思想上的變化，和他不同階段的經歷有密切關聯。其次，則以翁文灝擔任行政院秘書長的經歷為例，利用檔案分析知識分子從政後如何實踐其政治理念，及其所面臨的困境。

二、掌學復議政

（一）代理清華大學校長

翁文灝作為一名學成歸國的知識分子，1912 年取得比利時魯汶大學礦物

---

[6] 資源委員會編，《中國工程人名錄》（香港：商務印書館，1941 年），序。出版地或作長沙，此處據吳福元之說更改。請參閱：吳福元，〈資源委員會的人事管理制度〉，收入全國政協文史資料研究委員會工商經濟組編，《回憶國民黨政府資源委員會》（北京：中國文史出版社，1988 年），頁 199。

[7] 請參閱：李學通，《幻滅的夢——翁文灝與中國早期工業化》（天津：天津古籍出版社，2005 年）。

學博士學位，不久便進入地質調查所服務，於 1926 年 6 月繼丁文江（1887-1936）之後出任所長，曾在北京高等師範學校、北京大學、清華大學等校授課。藉由教學和主持校務的經驗，翁文灝注意到國內大學生面臨著艱困的就業情況，同時也發現學生思想上的盲點。1929 年翁文灝受清華大學校長羅家倫（1897-1969）邀請，創辦該校地理學系，並兼任系主任。按照清華的體制，系主任掌管該系教授選聘、經費使用、課程設置等業務，甚至編制課程表、批准學生選課以及擴充實驗室、圖書設備等，都由系主任一人決定。1930 年 11 月，翁文灝認為地理系已打下基礎，便辭去系主任一職，但校方仍請其擔任名譽系主任和名譽教授。[8] 1930 年 5 月，《清華週刊》刊登〈回頭看與向前看〉一文，為翁文灝應地理系學生所作，可以看出他做學問的務實態度：「一種學問的目的並不是要搭起空架子做成崇拜偶像的宮殿，它的實在價值是在用精密的方法、清楚的論理去觀察它所要研究的對象，以增加我們的知識。」[9]

　　1931 年 6 月，因繼任校長吳南軒（1893-1980）治校手段不當，引發師生間的「驅吳」風潮。7 月 3 日，教育部任命翁文灝暫行代理清華校務，指示應查明鼓動風潮的學生，視情節輕重予以懲戒，並解散校內一切非法組織。翁文灝代理清華校長期間，因身兼地質調查所所長，無法全心投入學校的工作。他一方面請求教育部准予辭職，另一方面仍盡力整治校務。首先徵詢校內教授的意見，聘定教務長、秘書長及學院院長等職，並與各院長商討延聘教授事宜，召集校務會議及評議會，討論重要事務。按照教育部頒定的校務大綱，指示注重理工發展，計劃擴充化學館、工學館、水利實驗室等建築。[10] 可見翁文灝在能力許可範圍之內，盡力維持校務的運轉。

8　李學通，《翁文灝年譜》（濟南：山東教育出版社，2005 年），頁 64-65、69。

9　翁文灝，〈回頭看與向前看〉，《清華週刊》，第 33 卷第 11 期（1930 年），頁 8。

10　清華大學校史研究室編，《清華大學史料選編》，第二卷上（北京：清華大學出版社，1991 年），

　　觀察翁文灝的著述，在此之前主要集中在個人的專業領域地質學，[11] 此後開始陸續發表對大學教育以及畢業生就業問題的言論。1931 年 4 月，翁文灝在《國立清華大學二十周年紀念刊》發表〈中國大學教育之一問題〉一文，強調應該破除國外留學生素質較好的迷思，不要以留學與否評價一個人的專業能力。同時翁文灝希望矯正學生將國內求學視為跳板，待畢業後即出國留學的錯誤觀念。學生畢業以後，可以留在國內進一步深造：

> 畢業之後在二三年乃至四五年之內（即等於出國留學的時期）不要過求速達，但須在國內挑選與所學適合可以繼續研究或練習之地，努力工作，留心本行上在中國之實際問題及其解決辦法，切實做去。[12]

　　此番議論和清華大學前身為留美預備學校的背景有關。翁文灝肯定大學生畢業後擁有一定的專業能力，在此基礎上應留在國內的適當環境繼續深造。翁文灝重視實用精神，鼓勵學生努力向學，以備有一技之長，此一想法在 1931 年 9 月清華大學開學典禮的發言中，有清楚的闡述：

> 我要勸青年學生，趁此四年難得的光陰真正的努力用功，你們不要懷疑，怕學了沒用。真正的學問是決沒有用不著的。一方面我們也許嘆息畢業的人找事的困難，但是另一方面我們需要承認只要真有一技之能，一善可取，在中國取得名譽與社會上尊重的地位，甚至弄得此搶彼拉，不得開交，這樣的成功比國外同等能力的人似乎還容易的多

頁 130-131。

[11] 請參閱：李學通，《翁文灝年譜》，頁 408-413。

[12] 翁文灝，〈中國大學教育之一問題〉，《國立清華大學二十周年紀念刊》，收入張研、孫燕京主編，《民國史料叢刊》，第 1069 冊，文教‧高等教育（鄭州：大象出版社，2009 年），頁 120。

了。你們更不必灰心，說不學的也可以成功，除了自欺欺人不能長久
的假事業之外，真正的成績，是決不能假冒的。中國現在各種事業都
是在人才缺乏的時候，你們只管勇往向前學，這功夫是絕不會白費
的。[13]

　　文章一方面提到畢業生就業困難，另一方面也指出當前中國各項建設事
業缺乏人才，看似相違背的現象，用意是提醒學生，把握求學期間培養專業
能力。值得注意的是，此時翁文灝並未特別要求學生應該選擇哪一門學科。
等到日後進入政府服務，轉而強調發展理工學科，配合資委會的重工業發展
計畫。

　　1931 年 9 月 15 日，翁文灝為地質調查所事進京，致電教育部由理學院
院長葉企孫（1898-1977）代理校務，即未再到校。10 月 1 日，葉企孫以「國
難方殷，校務繁劇」為由，請教育部催請翁文灝銷假視事。[14] 事實上，翁文
灝的事業重心仍在地質調查所。10 月 2 日由他本人擬定的「各區地質調查
工作標準」獲實業部核准，同日翁文灝發函教育部常務次長錢昌照（1899-
1988），請該部任命葉企孫代理清華大學校長。此時翁文灝欲推薦梅貽琦
（1889-1962）擔任校長，正待其返國。10 月 13 日，教育部第 1710 號訓令
指示由梅貽琦繼任校長，在未到任以前，仍由翁文灝代理校務。[15] 1931 年 12
月 3 日，翁文灝出席清華全體學生集會，介紹新校長梅貽琦到任，並發表告
別演講。他提到：「本人於今日臨行之際，有兩種善意的希望，願意奉獻給
清華。一種是希望清華以後要保持安靜的空氣；一種是希望清華要具有進步

---

[13]　清華大學校史研究室編，《清華大學史料選編》，第二卷上，頁 211。

[14]　清華大學校史研究室編，《清華大學史料選編》，第二卷上，頁 132-133。

[15]　李學通，《翁文灝年譜》，頁 75。

的精神。」[16] 總結翁文灝協助創辦地理學系，並且臨危授命掌理清大校務期間，對於當時大學生面臨的問題有更深入的理解，日後從政時對於培育專業人才的看法，可以追溯到清華的實務經驗。

（二）《獨立評論》撰文

1932 年 5 月，《獨立評論》創刊，翁文灝身為發起人之一，使用本名及字號「詠霓」、筆名「君達」，發表文章共計 39 篇（參見表 1）。若配合翁文灝的經歷進一步觀察，早期發表的文章較少涉及政治課題，至 1932 年 11 月出任國防設計委員會秘書長涉足政治以後，情況有所改變。10 月 30 日發表〈輿論〉一文，可以看出其心態上的變化。在此之後，翁文灝文章所使用的署名交互運用，可以看出大致的原則：當涉及政治、經濟議題且內容較具批判性的時候，翁文灝多使用「君達」筆名發表；至於有關科學、教育等課題，則多使用本名或字號「詠霓」發表。一方面呼應翁文灝嚴謹的個性，另一方面也符合胡適（1891-1962）的說法。[17]

表 1、翁文灝在《獨立評論》發表的文章

出刊號數	出版日期	文章名稱	作者署名
1	1932-05-22	日本人如何取得鐵礦砂的供給	翁文灝
3	1932-06-05	中國人口分布與土地利用	翁文灝
4	1932-06-12	中國人口分布與土地利用（續第三期）	翁文灝
5	1932-06-19	建設與計畫	詠霓
10	1932-07-24	一個打破煩悶的方法—答復幾位青年的來信	翁文灝
15	1932-08-28	我的意見不過如此	翁文灝
17	1932-09-11	中國地下富源的估計	翁文灝

---

[16] 李學通，《翁文灝年譜》，頁 76。

[17] 根據胡適的轉述，翁文灝認為不滿意的文章就用字號發表；更不滿意的文章則用筆名。請參閱：胡適，〈編輯後記〉，《獨立評論》，第 82 號（1933 年 10 月），頁 22。

23	1932-10-23	中國煤礦業的厄運—經濟戰的一個例	翁文灝
24	1932-10-30	輿論	君達
24	1932-10-30	中國的燃料問題	翁文灝
25	1932-11-06	行政機關改革的必要	達
34	1933-01-08	中國的科學工作	翁文灝
37	1933-02-12	中國大學生的成績與缺點	詠霓
40	1933-03-05	如何開發西北	詠霓
47	1933-04-23	我們還有別的路麼	詠霓
52-53	1933-06-04	中國的學術中心就此完了麼	詠霓
54	1933-06-11	從反省中求出路	詠霓
57	1933-07-02	答覆青年朋友的幾段通信	詠霓
63	1933-08-13	中國應如何應付當前的危局	君達
63	1933-08-13	經濟建設與技術合作	君達
65	1933-08-27	黃河的警告	詠霓
65	1933-08-27	聽聽人家罵我們的話	君達
69	1933-09-24	經濟建設中幾個重要問題	君達
72	1933-10-15	討論青年求學的問題	詠霓
73	1933-10-22	一個日本人才的統計	君達
82	1933-12-24	工程師的任務	詠霓
87	1934-01-28	政府應以一種新精神領導全國	君達
124	1934-10-28	怎樣建設內地	翁文灝
125	1934-11-04	中國的土壤與其相關的人生問題	翁文灝
136	1935-01-20	日本學者在中國東北的科學工作	翁文灝
144	1935-03-31	大家應該努力的要事：提倡國貨	翁文灝
151	1935-05-19	地震瑣記	翁文灝
158	1935-07-07	整頓內政之必要	翁文灝
161	1935-07-28	整頓內政的途徑	翁文灝
164	1935-08-18	中國應如何挽救國難	君達
167	1935-09-08	全國捐薪建設的提議	君達
171	1935-10-06	再為說明捐薪建設的意思	君達
180	1935-12-08	我們應努力維護統一	翁文灝
188	1936-02-16	對於丁在君先生的追憶	翁文灝

資料來源：筆者整理自《獨立評論》各期目錄。

　　教育問題是《獨立評論》最受關注的領域之一，反映當時教育改革的急迫性。翁文灝發表的不少文章都涉及教育問題，例如〈一個打破煩悶的方法〉討論青年就業，指出青年的失業問題和其心態有關，一方面取得文憑以後便待價而沽，不主動爭取工作機會；另一方面大多數學生不能學以致用，甚至輕視所學，導致最後失去應用的時機。[18]〈我的意見不過如此〉則是一篇自剖性質相當濃厚的文章，不同於以往站在勉勵學生的角度，立場較為嚴厲。文章開頭，翁文灝說明撰寫此文的動機：

　　　　第一是朋友之中有許多人受內憂外患的刺激，組織各種的集會或其他
　　　　共同努力的團體，承他們不棄，邀我加入，甚且還要簽名，還要起誓。
　　　　這就使我不能不想一想自己的立腳點和良心的見解究竟是怎麼的。第
　　　　二是有若干青年學生感到思想的彷徨，出路的煩悶，急得沒法，好
　　　　像向瞎子問路似的也往往寫信來問我的意見。我如果只勸他們努力用
　　　　功，他們往往認為答非所問。[19]

　　此篇文章有兩點值得注意：（1）從長遠的眼光思考中日關係。當時抵制日貨運動如火如荼之際，翁文灝肯定運動背後的愛國動機，但著眼於未來中日關係仍有變化的可能，不應該終生仇日。因此他主張抵制運動「不必求時間上縱的長久，但必須力求空間上橫的擴充與實際上進行的猛烈」。[20]由此可見，翁文灝對民族主義下的愛國情緒有所反思。（2）比較中國與其他

---

[18] 翁文灝，〈一個打破煩悶的方法——答復幾位青年的來信〉，《獨立評論》，第10號（1932年7月），
　　 頁2-5。
[19] 翁文灝，〈我的意見不過如此〉，《獨立評論》，第15號（1932年8月），頁2。
[20] 翁文灝，〈我的意見不過如此〉，頁3。

國家的建設歷程，指出歐美富強是至少三百年的努力結果，日本也經過六十年的勵精圖治，當前蘇聯的建設工作急起直追，對比中國走上富強之路，還需要各方面的配合。翁文灝藉此點出目前多數學生仍不夠努力：

> 我真感覺我們青年還欠努力。我所知道最多的是大學的教員和學生，學術機關和行政機關的職員，真正努力的固然也有（這是中華民族的好現象唯一的安慰），但大多數還似乎懶洋洋的，不十分起勁。我在地質調查所有時督促工作得嚴一些，還曾經被人罵為壓迫青年。[21]

他以自身在地質調查所和大學授課的經驗，提醒整個教育界的危機意識不足，甚至還提到一旦中國亡國，最倒楣的便是大學畢業生。大致而言，翁文灝關切的問題與《獨立評論》其他撰文者有所區別，例如丁文江和胡適對於民主與獨裁的爭論，引起了大篇幅的討論，翁文灝更多是關切教育方面的問題，主張從解決實際問題入手。[22]

1932 年 11 月，國防設計委員會成立，翁文灝幾經推卻後仍出任秘書長一職。此時翁文灝內心的想法，可以從 10 月 30 日發表〈輿論〉一文加以分析。文章開頭引用南宋陸游（1125-1210）〈送芮國器司業〉一詩，反映當下的心境：「去歲淮邊寇未歸，諸生上疏論危機。人才消失方當慮，士論崢嶸未可非。萬事不如公論久，諸公莫與眾心違。」[23] 事實上，他認為當局過度

---

[21] 翁文灝，〈我的意見不過如此〉，頁 5。

[22] 李學通，《幻滅的夢—翁文灝與中國早期工業化》，頁 64-65；李學通，《翁文灝年譜》，頁 79。

[23] 君達，〈輿論〉，《獨立評論》，第 24 號（1932 年 10 月），頁 7。翁文灝所引詩中字句與原詩略有出入，但並不影響全詩意涵。茲引原詩如下：「往歲淮邊虜未歸，諸生合疏論危機。人才衰靡方當慮，士氣崢嶸未可非。萬事不如公論久，諸賢莫與眾心違。還朝此段宜先及，豈獨遺經賴發揮。」此詩為乾道六年（1170）陸游為友人國子監司業芮曄（字國器）所作。首聯典故為隆興二年（1164）金兵入侵，太學生張觀、宋鼎、葛用中等七十二人聯名上書，將主和派湯思退、王之望、尹穡等人

重視輿論引發的迴響，但輿論的目標與實際的政策手段並不能相提並論。進一步而言，輿論內容具有簡單並且真摯的特點，易受感情所刺激，圖一時痛快。然而解決問題的途徑與方法，政府必須從長遠的眼光考察，衡量利弊得失後做出決策。翁文灝列舉出幾種當局者面對輿論可能會有的情況，例如追求空名反受輿論束縛、缺乏勇氣堅持自身主張，企求輿論的諒解，或者是故意提出比輿論更高的空調，都會產生不良的後果。文章末尾，翁文灝提醒當局者必須拿捏面對輿論的分寸：「公論固然應該尊重，但大政治家對於公論，並不是消極的聽從，而且應該積極的領導。士論崢嶸原不可非，而眾心是非，應使之得所指導，有所依歸，如此方是尊重輿論的正道。」[24] 此番言論某種程度上可視為一名剛涉及政治事務的知識分子，勉勵自己肩負起指導輿論的責任，並構思從解決現實的政治弊端著手。

　　在此之後，翁文灝對於解決青年就業問題，開始有不同於以往的看法。最明顯的例子，是 1932 年 11 月〈行政機關改革的必要〉一文。文章指出政府無論是組織架構或是人事任用，都還保有舊式的官僚精神。具體而言，行政機關的缺點包括政務和事務不分、事務分配不能切合實際、預算隨意更動，無法按照既定計畫進行、處理事務流於行文等。面對當時輿論主張政府介入重要事業經營的呼聲，前提在於行政機關能否兼顧輔助、監督私營事業的同時，勝任國營事業的經營。[25] 翁文灝認為為政在人，行政機關久病沉痾，

斬首，任用主戰派。請參閱：錢仲聯、馬亞中主編，《陸游全集校注》，第一冊（杭州：浙江教育出版社，2011 年），頁 102。

[24] 君達，〈輿論〉，頁 7-8。

[25] 達，〈行政機關改革的必要〉，《獨立評論》，第 25 號（1932 年 11 月），頁 10-15。翁文灝在《獨立評論》主要使用本名以及「詠霓」、「君達」兩個筆名，此篇文章署名「達」，屬於特例。《翁文灝年譜》附有「翁文灝著述目錄」，並未收錄此文，但在《科學與工業化——翁文灝文存》書中卻有收錄。分別參閱：李學通，《翁文灝年譜》，頁 414；翁文灝著，李學通選編，《科學與工業化：翁文灝文存》（北京：中華書局，2009 年），頁 227-235。筆者根據內容判斷，認為此文應為翁文灝所作，主要有以下兩點考慮：（1）文章一開頭談到任何主義和制度的推行，都必須要有行

官僚要負一定的責任。然而，本來嚴厲的口吻突然話鋒一轉，開始糾正青年對官僚的刻板印象：

> 現在有一班青年喜歡說打倒官僚，其實官僚也是社會上必不可少的分子。我們目前的苦處是只有舊的伺候趨承（甚至於營私舞弊）的官僚，而尚未養成自盡職責努力工作新的官僚。現在受過大學教育的青年，大多數的出路還是直接間接去做政界的職務，但大多數心理卻認定做官是不甚清高不甚有價值的職業，我以為這是一個極矛盾的而即危險的錯誤。如果好人不做官，國家的事怎麼會好。[26]

此段用意自然是希望優秀人才能夠加入政府，與過去鼓勵青年學子畢業後繼續深造的言論相比較，無形中替學生預設出路，希望藉此完成淘汰舊式官僚的目的：「舊的官僚既已腐化惡化到絕無希望，只有盼望新的分子覺悟自己責任的重大，養成能力，抱定宗旨來改革與建設中國的行政。」[27] 上述帶有使命感的議論，將教育培養的專業能力與改革行政機關進一步連結，可以看出翁文灝開始將眼光放到政府部門的行政改革。

翁文灝希望青年參與改革的想法並非一時興起，在此之後，他又接連發表了幾篇關於青年學習和就業問題的文章。例如〈中國大學生的成績與缺點〉文中提到：「大學畢業有了專門學問的人，能夠得到一個專門機關，有專家的指導，有專門的設備，從事研究有所貢獻，這固然極好。但一國之內

政機關的推動，符合其一貫主張的實用精神，並與〈我的意見不過如此〉一文內容呼應，兩篇文章發表的時間相距不到三個月；（2）文章以地質調查所為例，說明行政機關內部組織不宜強立名目。由行文推斷，作者熟悉該所的業務運作。

[26] 達，〈行政機關改革的必要〉，頁15。

[27] 達，〈行政機關改革的必要〉，頁16。

也不著太多的調查所或研究所，即使調查研究的結果，也希望有人能拿去實用。要試驗大學生的真正能力，最好的方法是放他在地廣人稀的西北地方，看他能組織起什麼事業來。也可以放他在黑暗混沌的衙門內（現在還有的是），看他能不能有正確的見解，與做事的效率。」[28] 翁文灝認為研究工作固然重要，但畢竟無法立即看出成效，不如從事更為迫切的工作。他提出試驗青年的兩個方法，第一個選擇是前往西北，事實上反映了他長期關注西北的開發；[29] 第二個選擇是進入政府機關，一名有能力的大學畢業生，足以勝任行政機關的工作。至於青年學生參與政治的方式，也可以表現在對時局的關心。〈討論青年的求學問題〉一文提到過去十餘年內政與外交上的錯誤，軍閥和政客固然難辭其咎，但知識階級必須擔負思想態度上的責任。青年作為知識階級中的群體，「即使沒有興味從事政治工作，但對於國家大事明白認識與公平論斷的義務與權利，都是不能推脫的」。[30]

翁文灝對青年出路態度的轉變，同時反映了時局的變化。華北的局面日益艱困，引起社會上普遍瀰漫的焦慮氛圍，《獨立評論》成員之間經常交換意見，外交問題是其中討論的核心。就翁文灝個人而言，加入國防設計委員會是人生中的一個轉捩點，日後並深獲主政者的賞識。1932 年蔣中正便曾在日記中寫到：「今年得劉健群、錢昌照、俞大維、翁文灝、王陸一、羅貢華諸士，而翁最有閱歷，亦有能力，可喜也。」[31] 翁文灝逐步進入決策核心，蔣中正一路提攜是重要的關鍵。但是翁文灝實際接觸政治事務以後，發現包括行政改革和工業建設等問題，並非短期內就能改善，因此需要優秀人才的

---

[28] 詠霓，〈中國大學生的成績與缺點〉，《獨立評論》，第 37 號（1933 年 2 月），頁 11。

[29] 翁文灝，〈中國人口分布與土地利用〉，《獨立評論》，第 3 號（1932 年 6 月），頁 9-12；翁文灝〈中國人口分布與土地利用（續第三期）〉，《獨立評論》，第 4 號（1932 年 6 月），頁 10-13。

[30] 詠霓，〈討論青年的求學問題〉，《獨立評論》，第 72 號（1933 年 10 月），頁 6。

[31] 呂芳上主編，《蔣中正先生年譜長編》，第三冊（臺北：國史館，2014 年），頁 688。

投入。他期許青年人能夠積極參與政治工作，改革當前行政的弊端，蘊含著知識階層在國家危急時刻共同承擔責任的想法。

三、行政院秘書長時期的人才培育與行政改革

（一）扮演居間協調的角色

　　翁文灝投入政治事務時正值蔣中正和汪兆銘（1883-1944）合作期間。兩人在責任分工上，蔣中正擔任軍事委員會委員長，汪兆銘擔任行政院院長兼中央政治會議主席。汪兆銘一向受到知識分子所推崇，被視為汪系人馬的顧孟餘（1888-1972）是汪兆銘聯絡知識分子的重要橋樑；[32] 蔣中正也有培養幕僚班底的想法，錢昌照便是他聯繫知識分子的其中一個管道。[33] 上述情況擴大了知識分子參政的可能。

　　1932 年 11 月 2 日，行政院副院長宋子文（1894-1971）致電請翁文灝赴南京就任教育部長；11 月 5 日，翁文灝致函錢昌照，談請辭教育部長及國防設計委員會工作事；11 月 9 日，因繼母病故在家守孝，又致函錢昌照，請其代向蔣中正辭教育部長職，信中提到：「實以此時於整理教育毫無可以貢獻，不如專心學術，以振作士氣及學風，或反可有間接之效也。」[34] 11 月 12 日，翁文灝再次致函錢昌照，堅辭教育部長職務，並提到此事似已鬧僵，未見宋子文對其辭職書信有所回覆，但翁文灝仍堅持不赴任。1933 年 4 月 21 日，翁文灝被正式免去教育部長職務，由王世杰（1891-1981）接任。[35] 事實上，

---

[32] 周德偉，《落筆驚風雨：我的一生與國民黨的點滴》（臺北：遠流出版事業公司，2011 年），頁 332-333、336-337。

[33] 錢昌照，《錢昌照回憶錄》，頁 34-39。

[34] 李學通，《翁文灝年譜》，頁 82。

[35] 李學通，《翁文灝年譜》，頁 82-83。

此時翁文灝已參與國防設計委員會，但該會屬於幕僚機關，而教育部則屬於正式部會。由此可見，此時翁文灝願意提供一己之見獻策於政府，卻不想擔任實際的政治職務。

1934 年 2 月 16 日，翁文灝在浙江長興調查石油資源時，遭遇嚴重車禍，蔣中正聞訊後下令全力搶救，除了指派浙江省主席魯滌平（1887-1935）前往探視，並召集國內名醫進行會診。最終翁文灝轉危為安，對蔣中正的感情至此由知遇之恩提升為救命之恩，[36] 一定程度影響了日後的人事安排。1935 年 11 月 1 日，中國國民黨召開四屆六中全會，行政院院長汪兆銘遇刺，黨政關係隨之進行調整。12 月 12 日，中央政治委員會通過行政院各部會的新人事案，決議由蔣中正擔任行政院院長，翁文灝接任行政院秘書長，此後翁文灝將更多心力投入於政治事務。

行政院秘書處和政務處屬於幕僚機關，秘書處設有秘書長一人，政務處設有政務處長一人，其下設有秘書及參事若干人。就職掌而言，政務處掌理院會議事、行政計畫及工作報告、調查設計編譯等事項；秘書處則掌理文書收發分配保管、職員任免遷調、印信典守、出納庶務等事項，但上述分工並未嚴格遵守。[37] 舉例來說，「行政院組織法」規定會議相關事宜由政務處負責，但據政務處處長蔣廷黻（1895-1965）回憶，一般是由翁文灝負責安排會議議程，使重要議案能夠獲得適當的討論。除此之外，秘書處和政務處的人員在一起辦公，做決定時不僅要顧及程序和法令，而且要能互相配合，以免產生不利於對方的政治後果。[38]

1936 年修正「行政院組織法」，秘書長改為特任，政務處長仍為簡任。

---

[36] 薛毅，《國民政府資源委員會研究》，頁 64。

[37] 陳之邁，《中國政府》（上海：上海人民出版社，2012 年），頁 182。

[38] 蔣廷黻英文口述，謝鍾璉譯，《蔣廷黻回憶錄》（臺北：傳記文學出版社，1979 年），頁 172-173。

5 月 22 日，翁文灝被正式任命為特任行政院秘書長，開秘書長職務之先例。此後秘書長在官階上不僅較政務處長高，權力亦擴大，打破了從前的分工辦法，一切事務均經過政務處長與秘書長二人，除了送請院長和副院長呈閱的重要公事，次要公事的決定權便在秘書長的手中。[39] 蔣廷黻自承雖然他與翁文灝在公事上平行往來，但無論就經驗和聲望來說，翁文灝都高出一籌，儼然是行政院中秘書人員的首領。在他們兩人手中處理的公文，僅有五分之一需要上呈院長核奪。[40]

　　行政院秘書長最重要的任務，是協調行政院和各部會之間的聯繫。行政院會議是聯絡各部會的主要機關，但初步的規劃工作是由秘書處和政務處辦理。由此可見，秘書處和政務處在政府的行政運作上有相當的重要性。就實際的運作情形來說，會議上討論各部會的議案時，翁文灝和蔣廷黻的意見或條陳，具有一定的影響力。[41] 釐清行政院秘書長的工作內容，便能理解翁文灝擔任秘書長一職的意義，是能夠掌握政府各項政策執行的進度，有利於落實關於人才培育和行政改革的理念。

（二）修訂「技術人員任用條例」、「行政院組織法」

　　此處以 1936 年間修訂「技術人員任用條例」以及「行政院組織法」的過程進行說明。訓政前期的立法權，多數情況由國民黨中政會決定立法原則，立法院負責訂定法律，遇到緊急案件時，才會由中政會直接立法，一面交付行政單位執行，一面通知立法院追認。[42] 關於「技術人員任用條例」

---

[39] 陳之邁，《中國政府》，頁 182-183。

[40] 蔣廷黻英文口述，謝鍾璉譯，《蔣廷黻回憶錄》，頁 173、184-185。

[41] 陳之邁，《中國政府》，頁 183；蔣廷黻英文口述，謝鍾璉譯，《蔣廷黻回憶錄》，頁 188-189。

[42] 劉維開，〈訓政前期的黨政關係（1928-1937）──以中央政治會議為中心的探討〉，《國立政治大學歷史學報》，第 24 期（2005 年 11 月），頁 105-106。

的立法過程，1935 年 3 月 27 日，中政會第 450 次會議討論考試院呈送「技術官任用條例」草案，決議交由立法院審查。立法院隨即由胡宣明（1887-1965）、徐元誥（1876-1955）、趙琛（1899-1969）等人進行初步審查，在法制委員會第 4 屆第 16 次會議上提出討論。因該案與「公務員任用條例」修正案有關，當經議決由兩案審查委員合併審查後，再於法制委員會第 26 次會議提出討論。此次會議依照審查意見將名稱改為「技術人員任用條例」，並通過修正條文，提請大會公決。10 月 25 日立法院第四屆第 35 次大會通過立法，11 月 6 日呈送國民政府鑒核並公布施行。11 月 8 日，國民政府正式公布「技術人員任用條例」。[43]

「技術人員任用條例」公布後不久，行政院隨即改組，與任用技術人員較為相關的實業、交通、鐵道等部，部會首長均有更動。1936 年 1 月 28 日，行政院第 247 次會議，實業部部長吳鼎昌（1884-1950）提案修訂條例，指出各部會技術人員與普通行政人員按照規定受相同待遇，初任者給薪必須從最低級俸敘起，導致具有資歷學識的專門人才不願加入政府。[44] 吳鼎昌以各部會實際遭遇的情況說明：「現交通、鐵道兩部及建設委員會，對於郵政、鐵路、電氣機關，均不正式制定官制，而另定各該機關人員薪級表，以期不受文官官等官俸之拘束，洵亦感斯困難，不得不出於補救一途。本部所屬機關需用技術人才較多，因均定有官制，毫無通融餘地，致受拘束，難得適當專

---

[43] 「立法院呈國民政府為本院會議通過技術人員任用條例請鑒核公布施行」（1935 年 11 月 6 日），〈專門技術公營事業人員任用條例〉，《國民政府檔案》，國史館藏，典藏號：001-012043-00024-001；中國第二歷史檔案館編，《國民政府立法院會議錄》，第 12 冊（桂林：廣西師範大學出版社，2004 年），頁 51-53。

[44] 翁文灝著，李學通、劉萍、翁心鈞整理，《翁文灝日記》（北京：中華書局，2010 年），頁 11；〈調整技術人員待遇　行政院會通過吳鼎昌提案　內政等四部長今日商辦法〉，《大公報》，天津，1936 年 2 月 3 日，4 版。

才，於各種建設甚受影響。」[45] 經會議議決，將此案交由秘書長翁文灝會同實業、內政、交通、鐵道四部部長進行審查。2月3日召開審查會議，出席者包括翁文灝、行政院秘書劉泳闓（1885-1944）、政務處處長蔣廷黻、實業部部長吳鼎昌、內政部總務司司長楊在春（1892-？）、交通部技監韋以黻（1885-？）等人。從會議出席人員觀察，除實業部以外，其他相關部會僅由部長指派代表出席。由此推斷，會議應由翁文灝和吳鼎昌主導。審查意見大致遵循吳鼎昌的建議，值得注意的是，政府提供給技術人員的待遇遠不及民間，是修訂條例的主要動機。審議意見提到：

> 技術人才在社會方面服務，往往由學校或工廠供給住宅，或另給以養老金，並得按年分派紅利，此等報酬均不得計入薪給之內。一旦改任政府機關職員，即比照原日在社會方面服務時所支薪給敘俸，實際上已將待遇大為減低。刻值國家銳意建設，需用技術人才至切，擬由院指派實業部吳部長與考試院商洽，會同本院呈請國府將暫行文官官等官俸表說明第八條先行修正，將技術人員除外，以救目前之急，一面由考試院在立法院未制定公務員俸給法以前，將暫行文官官等官俸表予以修正，對於技術人員官俸等級及敘等程序，加以特殊規定。[46]

　　吳鼎昌指出實業部求才受到文官官等官俸待遇的限制，未嘗不可仿效其他部會採取變通辦法，但卻選擇循修法途徑解決。儘管檔案中翁文灝的角色

---

[45]　「考試院行政院會呈國民政府為實業部部長提議調整技術人員待遇一案現經銓敘部擬具意見及補救辦法查核尚屬周詳呈報備案」（1936年4月13日），〈專職人員敘級法規〉，《國民政府檔案》，典藏號：001-012044-00007-010。

[46]　「考試院行政院會呈國民政府為實業部部長提議調整技術人員待遇一案現經銓敘部擬具意見及補救辦法查核尚屬周詳呈報備案」（1936年4月13日），〈專職人員敘級法規〉，《國民政府檔案》，典藏號：001-012044-00007-010。

並不明顯，但從院會指示參與審查，以及他期望透過吸收專業人才推動行政改革的言論，翁文灝支持吳鼎昌的意見應無疑義，而提出正式的解決方案取代變通辦法，也符合新內閣的意向。2 月 4 日，行政院第 248 次會議決議通過審查意見，隨後吳鼎昌與考試院院長戴傳賢（1891-1949）商議，戴傳賢表示贊同。[47]

然而，1936 年 4 月 13 日，考試院呈送國民政府關於銓敘部擬定的補救辦法，係在不修改「暫行文官官等官俸表」和「技術人員任用條例」的前提下，提升技術人員的待遇，[48]並沒有達到翁文灝和吳鼎昌希望從制度層面改革的初衷。其實銓敘部早在「技術人員任用條例」未公布以前，就注意到了技術人員年資延續的問題。1935 年 8 月，考試院呈給國民政府的公文，通過銓敘部擬定：「凡初任技術人員，除依法試署外，其曾在國營事業機關服務，或在國內外經官廳認可之著名實業場廠擔任技術職務，積有年資，能提出證件者，得按其曾支薪額，酌敘級俸。」[49]可見銓敘部預見可能產生疑義的狀況，提出補救辦法。在回覆實業部提案的意見中，可以進一步理解銓敘部的立場：

> 暫行文官官等官俸表經本部訂定草案費時二年有餘，幾經討論磋商，

---

[47] 「考試院行政院會呈國民政府為實業部部長提議調整技術人員待遇一案現經銓敘部擬具意見及補救辦法查核尚屬周詳呈報備案」（1936 年 4 月 13 日），〈專職人員敘級法規〉，《國民政府檔案》，典藏號：001-012044-00007-010；〈技術人員提高待遇 吳戴商談可望實現〉，《大公報》，天津，1936 年 2 月 10 日，3 版。

[48] 「考試院行政院會呈國民政府為實業部部長提議調整技術人員待遇一案現經銓敘部擬具意見及補救辦法查核尚屬周詳呈報備案」（1936 年 4 月 13 日），〈專職人員敘級法規〉，《國民政府檔案》，典藏號：001-012044-00007-010。

[49] 「考試院呈國民政府為據銓敘部呈為在技術官任用條例未經公布以前凡初任技術人員曾在國營事業機關服務或在國內外經官廳認可之著名實業廠擔任技術職務積有年資能提出證件者擬予變通得按其曾支薪額酌敘級俸請鑒核轉呈備案查核所擬尚屬可行似應照辦轉呈鑒核賜准備案」（1935 年 8 月 12 日），〈專職人員敘級法規〉，《國民政府檔案》，典藏號：001-012044-00007-008。

始呈院轉呈國府發交各機關簽註意見，最後復參照各機關意見加以修
正，始呈由國府公布施行。現實行已二年有餘，除少數確係擔任技術
人員，誠如原提案所舉，不免間有發生困難，應加以補救外，其餘名
為技士技佐而實際或擔任普通工作者，尚不在少數。依照暫行文官官
等官俸表之規定，似尚無何等問題。若一律予以特殊規定提高待遇，
似不免有牽動預算之虞。況今日各機關所用人員俱須有相當專門學
識，倘令一律要求提高待遇，則國庫每年損失甚大，恐非國難時期之
財政所能擔任。[50]

　　銓敘部修訂「暫行文官官等官俸表」費時兩年，期間經過各部會磋商，
但翁文灝和吳鼎昌未曾參與，造成雙方認知上的差距，是引起實業部提出修
訂「技術人員任用條例」的重要原因。就結果而言，技術人員的待遇確實獲
得提升，但包括「暫行文官官等官俸表」不能反映實際的需要、政府提供技
術人員的待遇遠低於民間等根本原因，並沒有真正獲得解決。透過檔案爬疏
可以發現，基本上銓敘部能秉持專業立場，就事論事；同時也反映知識分子
投入政制改革往往無法一次到位，而具有階段性，尤其涉及到不同部會之間
的立場。

　　另一個例子則是 1936 年 3 月 17 日，行政院第 254 次會議討論修正「行
政院組織法」。會後將擬定的修正草案及說明送交中政會秘書處，並於 4 月
1 日第 11 次會議上提出討論，中政會決議刪除草案原則最後一點「行政院
因事務上之必要，得酌用雇員」，其餘原則連同草案一併送交立法院審議。

---

[50]　「考試院行政院會呈國民政府為實業部部長提議調整技術人員待遇一案現經銓敘部擬具意見及補救
　　辦法查核尚屬周詳呈報備案」（1936 年 4 月 13 日），〈專職人員敘級法規〉，《國民政府檔案》，
　　典藏號：001-012044-00007-010。

4 月 30 日，立法院第四屆 58 次會議，通過修正「行政院組織法」草案。[51]「行政院組織法」主要的規範對象是秘書處和政務處，行政院提出的修訂說明中提到：「本院近因接管軍事委員會委員長行營所管行政事務，院務更較繁重……事實上事務繁多，又非分科處理不可，為實行分科辦事，以專責成起見，擬設科長八人至十六人。」[52] 此次修正組織法考量到合併軍事委員會的行政業務，因此擴大了秘書處和政務處的編制。此時蔣中正身兼軍事委員會委員長和行政院長，侍從室和秘書處是他擬定決策的兩個重要單位。

　　除此之外，修訂說明中提到行政院附設的行政效率研究會為延攬專門人才，擬聘用專門委員，人數以三人為限。[53] 此段期間翁文灝參與由內政部政務次長甘乃光（1897-1956）為首所推動的行政改革，最初是以改良公文與中央機關行政改良試驗為起點。1934 年 12 月，成立行政效率研究會，創辦機關刊物《行政效率》。1934 年至 1936 年間，該會陸續發表許多討論行政效率以及行政改革的文章，召開各種會議，並起草改革政府檔案工作、各省行政以及地方稅務等計畫。[54]《行政效率》日後更名為《行政研究》，兩項刊物具有延續性，但所刊登的文章性質有些許調整，《行政效率》偏向實務探討，《行政研究》則較重視理論。[55]

　　在為《獨立評論》撰文期間，翁文灝便十分關切行政改革，將整頓內政的方向分做地方治安、財政支出、行政管理以及整體經濟建設方案四點。針

---

[51] 翁文灝著，李學通、劉萍、翁心鈞整理，《翁文灝日記》，頁 27-28；〈修正行政院組織法草案〉（1935 年 2 月），《政治檔案》，黨史館藏，館藏號：政 11/1.3；中國第二歷史檔案館編，《國民政府立法院會議錄》，第 12 冊，頁 443-447。立法院通過的修正審查案第十二條有「行政院因事務上之必要得酌用雇員」之文字，應為考量實際運作時的彈性。

[52] 〈修正行政院組織法草案〉（1935 年 2 月），《政治檔案》，館藏號：政 11/1.3。

[53] 〈修正行政院組織法草案〉（1935 年 2 月），《政治檔案》，館藏號：政 11/1.3。

[54] 甘乃光，《中國行政新論》（重慶：商務印書館，1943 年），頁 47。

[55] 此點承蒙劉維開教授提示，僅致謝忱。

對行政管理上因循怠惰的風氣，並舉實例說明：「某上級機關令行某機關，轉令其所屬某局長辦理某事。某機關當即電復，謂已電令遵辦。但其令某局長文內則說仰即妥擬辦法。」[56] 由此歸納出各機關管理方法有欠嚴密，導致行政效率低落。1936 年 10 月，《行政研究》創刊號上刊載翁文灝〈行政研究刊行的意義〉一文，提出結合學校教育與行政改革的觀點：

> 中國社會事業尚未發達，大學畢業生大多數要到政府機關服務，所以學校教育對於行政系統與法令要義必須格外重視，使學生學能致用。即使社會事業很發達了，也需要許多有行政能力的人去組織管理。有許多事業的失敗，並不是因狹義的技術不夠精明，而往往盡為事務上辦理紊亂得太不成話，因此學校出身的人士實有努力考察實際行政的必要。[57]

　　綜合翁文灝從政前的公開言論和從政後的實踐工作，對於行政改革秉持一貫的理念，從解決實際的問題著手，並且與人才培育問題一併考慮，大學生畢業以後進入政府部門工作，是他所認定的主要出路。學生必須將專業能力與行政管理能力並重，參照 1930 年代流行的公共行政理論，行政管理應該視為另一門專業，是秉持政治干預，實行科學化統治的重要基礎。[58] 日後抗戰期間資委會經營國營事業，強調專業人才與管理人才並重，皆可在 1930 年代翁文灝所參與的行政改革當中找到線索。

---

[56] 翁文灝，〈整頓內政的途徑〉，頁 4。

[57] 翁文灝，〈行政研究刊行的意義〉，《行政研究》，創刊號（1936 年 10 月），頁 2-3。

[58] 汪正晟，〈中央政治學校公共行政教育的困境與出路〉，《中央研究院近代史研究所集刊》，第 102 期（2018 年 12 月），頁 37-82。

（三）同儕間對翁文灝的看法

　　1930 年代的國難危機，增強了知識階層擁護政府的信念，進一步提出不同的改革方案。其中大部分的知識階層抱持著入世立場，重視專業人才投入政制改革。例如丁文江認為實行統制經濟必須具備下列三點：（1）統一的政府；（2）收回租界，取消不平等條約；（3）行政制度的現代化，包括要有廉潔的官吏、健全的行政組織以及專門的科學技術人才，並且提到：「無論制度如何完善，運用不得人，一切都是死的。」[59]

　　當時的知識階層除了公開言論上的互動，私下的人際網絡相當複雜。有學者以「胡適派學人群」的概念，指涉以胡適為核心的一群自由主義知識分子，主要以《獨立評論》為言論陣地。[60] 胡適派學人群中有不少人陸續投入政治工作，翁文灝即為一例。然而，翁文灝擔任行政院秘書長以後，秉持按部就班的處事原則，並未得到群體內部其他人的一致認同。1936 年 2 月 26 日，蔣廷黻給胡適的信件中，提到各部部長非常尊崇翁文灝，雖然他不大表示意見，但是一說話便很有份量，連帶影響行政院會提案品質的提升。儘管如此，蔣廷黻形容翁文灝的從政風格，偏向費邊式的改革，不能應付當時的政局：「他幹政治很像他辦地質調查所，於不露聲色當中，先責己後責人，準備費十年、二十年的功夫，在艱難困苦之中求成績，所以他不願大刀闊斧幹。然而現在的局面不大幹不能成功，小幹是無濟於事的。」[61]

　　除了蔣廷黻認為國難時期應大破大立，朋友之間亦有更深的期許。胡適在翁文灝、蔣廷黻、吳景超（1901-1968）加入政府後不久，便致信勉勵三人：

59　丁文江，〈實行統制經濟制度的條件〉，《大公報》，天津，1934 年 7 月 1 日，2 版。
60　章清，《「胡適派學人群」與現代中國自由主義（全新修訂版）》（上海：上海三聯書店，2015 年）。
61　中國社會科學院近代史研究所中華民國史研究室編，《胡適往來書信選》，中冊（香港：中華書局，1983 年），頁 304。

　　私意總覺得此時更需要的是一班「面對廷爭」的諍友諍臣，故私意總
　　期望諸兄要努力做 educate the chief〔教育領袖〕的事業，鍥而不捨，
　　終有效果。行政院的兩處應該變成一個「幕府」，兄等皆當以賓師自
　　處，遇事要敢言，不得已時以去就爭之，莫令楊誠齋笑人也。[62]

　　解讀胡適的信件，可以進一步思考知識分子投入政治改革所需要的協調
能力。胡適將行政院秘書處和政務處比喻為幕府，期許翁文灝等人肩負起教
育領袖的責任，實際上超出了他們所任職務被賦予的權力。對此，翁文灝甚
感困難。1936 年 3 月 12 日，翁文灝讀林語堂（1895-1976）《吾國與吾民》
一書，對該書內容相當讚賞，在日記中寫到：「結論言，願打破中國的 Face,
Fate, Fawn, 只望有一 Great Executor, 誅盡惡官，維持公道。言之雖覺痛快，其
如事實難能何！」[63] 翁文灝曾經告訴竺可楨（1890-1974）他對蔣中正的觀察，
認為「其事無鉅細，務必躬親，對於所用之人，蓋不十分信任」。[64] 可見其
擔任協調者的難處。

　　更重要的是，翁文灝始終未能下定決心，將從政視為一生的志業。儘管
深受蔣中正器重，職務不斷提升，但仍抱有回到學術界或者是投入實業經營
的想法。1937 年 3 月，蔣中正指派翁文灝參加中國慶賀英王喬治六世加冕典
禮使團，並藉此機會與各國接洽經濟合作事宜。對翁文灝而言，除了完成交
辦的任務，此次訪歐讓他有沉澱的機會，思考未來的打算。4 月 17 日，翁文
灝致函胡適，談及自身的從政感想、中華教育文化基金會（以下簡稱：中基
會）的方針以及未來的工作選擇。信中提到缺乏專業人才是中國教育的一大

---

[62] 中國社會科學院近代史研究所中華民國史研究室編，《胡適往來書信選》，中冊，頁 302-303。信
　　中提到的楊誠齋為南宋士人楊萬里（1127-1206），以正直敢言聞名。

[63] 翁文灝著，李學通、劉萍、翁心鈞整理，《翁文灝日記》，頁 26。

[64] 李學通，《翁文灝年譜》，頁 112。

問題，直指「教育如不能供給國家所需要的人才，則教育為虛設」，建議未來中基會補助留學生應「指示有志青年以適當進行之方向」。[65] 5 月 17 日，胡適的回信，則提出不同的看法。胡適認為對國家所需人才的解釋不宜太過狹隘，除了工業人才以外，還要注意純粹科學理論及領袖人才等方面，反映兩人對於發展重點學科方向的不同看法。[66]

　　透過翁文灝與胡適的書信往返，提醒研究者注意知識分子從政後產生的換位思考問題，甚至有可能進一步在政治壓力之下，被迫執行和個人理念相違背的政策。部分觀點認為知識分子往往被迫捲入政治鬥爭的漩渦，而忽略了其為實踐理想主動回應的一面。經由本文對戰前翁文灝相關言論的爬梳，以及從政後的實際作為，則能夠證明其思想的一貫性。

　　1938 年 1 月，翁文灝出任經濟部部長兼資委會主委，同時擔任中基會董事，因手中握有行政資源，他所主張的人才培育思想，有更多實踐的機會。1938 年 6 月，經濟部頒布「抗戰建國經濟建設實施方案」，做為戰時經濟建設之準繩。1940 年翁文灝曾對中基會科學研究補助金提出以下建議：

> 甲、科學研究補助金改為科學研究及技術訓練補助金，其用意在於學理研究之外兼重應用的技術訓練，凡農礦工醫等應用技術皆屬之，審查章程酌為修改以符此旨。
>
> 乙、受科學研究及技術訓練補助金者可往外國專修，亦可在國內專門學校機關廠礦確有專長之前輩可任指導之處所參加工作，在國內工作者以前補助款數太少，以後宜酌為增加，使足敷開支。[67]

---

[65] 中國社會科學院近代史研究所中華民國史研究室編，《胡適往來書信選》，中冊，頁 354-356。

[66] 中國社會科學院近代史研究所中華民國史研究室編，《胡適往來書信選》，中冊，頁 357-360；楊翠華，《中基會對科學的贊助》（臺北：中央研究院近代史研究所，1991 年），頁 104-105。

[67] 「中基會工作方針芻議」。轉引自楊翠華，《中基會對科學的贊助》，頁 178-179。

此一建議符合國家重點政策的發展方向，並與其他管道的獎勵方案並行不悖。例如抗戰期間資委會制定大學三年級學生暑期實習辦法，適用對象包括該會委託各大學遴選受領獎學金的學生。除此之外，成績優良的學生亦能獲選，能夠前往資委會及其附屬事業實習，並提供薪水。[68]

翁文灝擔任經濟部部長推動工業建設時的政治角力，此時已從協調者的角色轉變為部會領導人，無論是制定決策或編列預算，各部會難免站在自身的本位立場。尤其是戰爭期間行政資源緊縮，同時還要抵抗國民黨內部派系如 CC 系的杯葛，[69] 其從政生涯進入另一個可以討論的範圍。

從翁文灝個案解析知識分子從政所面臨的困境，可以分作兩個層面，首先投入政治意味著放棄了學術研究，成為第一道難以抉擇的關卡；待加入政府一定時間以後，個人情感所產生的依附作用，內心即出現角力：面對政權本身以及與領導者個人之間的情感紐帶，如何和專業化判斷之間取得平衡。以上構成民國時期知識分子從政面對的兩道難題。

四、結論

本文不同於先行研究關注翁文灝的工業化理念，而是聚焦於有關人才培育和行政改革的思想，配合他逐步踏入政壇的經歷，總結為以下兩點：

一是既有研究肯定資委會培育人才的成果，本文在此基礎上，探討戰前

---

[68] 「吳兆洪呈擬訂選用大學畢業生暫行辦法草案經訓令各附屬機關為求適應需要特制定該辦法且明令公布遵照並規定將所需用之大學畢業生於三十二年四月底前列表呈會彙辦，資源委員會訓令各附屬機關將修正訂定之本會所屬廠礦遴選大學三年級學生暑期實習辦法公布施行經教育部函覆已將該辦法分別令知有關各校並請將洽定實習人數函部備查經資源委員會電告各附屬機關將所需實習人數報會轉函該部備查等」（1943 年 3 月 23 日至 1947 年 8 月 5 日），〈資源委員會選用大學畢業生暫行辦法案〉，《資源委員會檔案》，國史館藏，典藏號：003-010101-0065。

[69] 吳兆洪，〈我所知道的資源委員會〉，頁 77；錢昌照，《錢昌照回憶錄》，頁 84。

翁文灝思想上的轉折。從 1931 年代理清華校長接觸校務運作以後，翁文灝開始關注畢業學生的出路。1932 年 5 月，《獨立評論》創刊，教育改革是其中一項重要的議題，翁文灝透過朋友之間的交流和自己的實務經驗，陸續發表對青年問題的看法，勉勵青年持續深造。1932 年 11 月，國防設計委員會成立，翁文灝擔任該會秘書長，想法上有了轉變。在涉足政治事務以後，翁文灝察覺到行政機關的弊病，希望藉由引進青年人才推動行政改革，革除舊式的官僚習氣。他認為青年學生有承擔政治改革的義務，近似於傳統中國「學而優則仕」的想法。由此可見，抗戰期間資委會強調為國家建設培育人才的主張，除了追求工業建國的理念，還必須追溯至 1930 年代知識分子對教育和行政改革的看法，才能有更完整的理解。

　　二是 1935 年底蔣中正組閣，翁文灝擔任行政院秘書長，正式踏入政壇，扮演政治協調者的角色。將近兩年的時間，翁文灝的心情在學術與政治之間擺盪，藉由翁文灝這段經歷，可以理解知識分子從政所面臨的困境。首先是難以忘懷對學術的熱忱，無論是主動卸下職務回歸學術圈，或是在從政到了一個階段急流勇退，重拾研究，甚至是不願意參與政治而堅守在學術領域，都有非常多的個案，構成民國時期知識分子的鮮明意象。其次是在黨政體制的結構性因素和中國長期戰亂的外在環境之下，提高了知識分子對政權的依附性，無形中可能影響其專業判斷。

　　翁文灝的務實態度，一定程度反映了他的從政理念。包括事實求是、政治中立及理性規劃等觀念，有研究者認為這些特質是技術官僚普遍懷抱的政治價值。[70] 然而，當前學界並未對技術官僚有清楚的定義，是日後可以進一步深化的課題。總之，研究國民政府時期知識分子從政的歷史脈絡，除了必

---

[70] 張國暉，〈國族渴望的巨靈——臺灣科技官僚治理的中國脈絡〉，《國家發展研究》，第 12 卷第 2 期（2013 年 6 月），頁 76。

須對黨政關係有深入的理解，還要考慮諸多變因，包括中國民族主義思潮興起的背景、專家政治的學理討論和落實情況，以及政治與學術之間的人際網絡等因素。本文以翁文灝擔任行政院秘書長期間推動的政策，配合相關言論和書信進行分析，可以發現他的內心始終游移在學術與政治、理想與現實之間，無法獲得一個滿意的解決之道。

軍事情報

國民政府情報組織的誕生與分化 (1928-1938)[*]

范育誠

國立政治大學歷史學系博士生

一、前言

　　情報組織，可以泛指一切與情報搜集分析有關之機構，能說有政府以來即存在各種廣義的情報組織，但真正符合現今概念的狹義情報組織，卻是相當晚近才出現。以英國秘密情報局（Secret Intelligence Service，簡稱 SIS，或常稱為 Military Intelligence, Section 6，簡稱 MI6）即誕生於 1909 年；美國聯邦調查局（Federal Bureau of Investigation，簡稱 FBI）起源於 1908 年，而美國中央情報局的前身情報協調局（Office Of the Coordinator Of Information），則是晚到 1941 年才誕生。[1] 至於國民政府的情報組織，一般所熟知的軍事委

---

[*]　本文承蒙兩位匿名審查委員提供寶貴修訂意見，特此誌謝。

[1]　Secret Intelligence Service, "Our-History" (https://www.sis.gov.uk/our-history.html)（2020 年 1 月 5 日點閱）；Federal Bureau of Investigation, "A Brief History" (https://www.fbi.gov/

員會調查統計局（簡稱軍統局）與中國國民黨中央執行委員會調查統計局（簡稱中統局），則大約於 1920 年代末期至 1930 年代初期逐漸分別誕生。[2]兩者一度在 1930 年代合併，但於 1938 年又再度分化為兩個獨立體系，成為我們所熟知的軍統局與中統局。

　　這段發展過去一般多受限於史料的缺乏，而多僅能藉由當事人回憶拼湊，學界難以深入探討，致使相關課題的研究稀少甚至付之闕如，少有的研究成果則多屬人物研究且為傳記性質。這種狀況造成目前對國民政府情報組織的認識，往往是這些機構的首長而非單位本身，而情報組織的演變，則多被視為個人勢力的擴張。以軍統局過去的研究成果為例，基本上皆以軍統局的領導人戴笠（1897-1946）為主題，作者多曾為軍統局成員，而其差異主要是受到臺海兩岸政治立場影響分成兩派。當中唯一例外為美國學者重要中國史學者魏斐德（Frederic Wakeman, Jr.）所著 *Spymaster: Dai Li and the Chinese Secret Service*（《特工教父：戴笠和他的祕勤組織》）。[3]全書 650 頁，其中 152 頁為註釋，參考書目達過 164 種，可堪稱戴笠資料集大成者。其他類似的研究，以張霈芝所著《戴笠與抗戰》最為重要。[4]該書作者雖也是軍統人，但由於最初為香港珠海大學博士論文，因此在學術標準要求下，內容與其他傳記相比，多出不少檔案作為依據，再加上國史館出版前曾重新修訂，使得其可信度遠高於其他同性質作品。

---

history/brief-history)（2020 年 1 月 5 日點閱）；Central Intelligence Agency, "History of the CIA" (https://www.cia.gov/about-cia/history-of-the-cia)（2020 年 1 月 5 日點閱）。

[2]　情報機構的概念隨定義不同，所涉及的組織範圍亦有所差異，在篇幅有限的情況下，本文將國民政府情報組織範圍限縮在此業務上最具影響力的機構，亦即軍統局與中統局兩者。

[3]　魏斐德（Frederic Wakeman Jr.）著，梁禾譯，《特工教父：戴笠和他的祕勤組織》（臺北：時英出版社，2004 年）。按：中國大陸的譯本為：《間諜王：戴笠與中國特工》（南京：江蘇人民出版社，2007 年）。

[4]　張霈芝，《戴笠與抗戰》（臺北：國史館，1999 年）。

　　除此之外，由於軍統局戰後改編為國防部保密局，到臺灣後又改為國防部情報局。這樣的歷史淵源，使得情報局於 1962 年出版《國防部情報局史要彙編》，以紀念機構歷史緬懷過去犧牲先烈，並供內部人員瞭解過往發展，是少數以機構為主體的研究成果。[5]《國防部情報局史要彙編》，全書三冊分別介紹組織沿革部署、工作成果、訓練班狀況與人員的忠烈事蹟，內容豐富且全面，可視為軍統局系統的官史。不過也由於這種官方與內部刊物性質性質，導致學界一般多懷疑內容含有美化成分，使用者有限。

　　中國大陸方面的研究，目前則以中國第二歷史檔案館館長馬振犢所著一系列關於國民政府時期秘密機構的專著為代表，如《國民黨特務活動史》、《戴笠傳》、《軍統特務活動史》、《中統特務活動史》等。[6] 不過由於其他著作內容多與《國民黨特務活動史》一致，因此應以《國民黨特務活動史》為代表作。該書特別之處，是使用《英國特別作戰執行部（Special Operations Executive, SOE）檔案》、史丹佛大學胡佛研究所藏《宋子文檔案》、《蔣中正日記》等，並盡可能地使用臺灣所藏檔案，也是少數研究範圍同時橫跨軍統局與中統局的研究成果。然而，由於成書時間較早，因此同樣受限於主要檔案尚未開放的影響，引用資料仍多為回憶性質，突破之處不多。

　　中統局方面的研究，與軍統局相比可謂更為稀少，除馬振犢的研究成果以外，仍是當事人回憶錄為主，不過與軍統局方面較不同的是中統局方面主要為領導人自己回憶而非部屬。以陳立夫（1900-2001）為例，即有英文回憶錄《撥雲霧而見青天》與中文回憶錄《成敗之鑑》，而徐恩曾（1896-1985）

5　國防部情報局，《國防部情報局史要彙編》（臺北：國防部情報局，1962 年）。
6　馬振犢，《國民黨特務活動史》（北京：九州出版社，2012 年）；馬振犢、邢燁，《戴笠傳》（杭州：浙江大學出版社，2013 年）；馬振犢、邢燁，《軍統特務活動史》（北京：金城出版社，2016 年）；馬振犢、林建英，《中統特務活動史》（北京：金城出版社，2016 年）。

亦有《我和共黨鬥爭底回憶》等。[7] 類似性質者尚有由傳記文學就相關回憶彙編而成的《細說中統軍統》，名義上是中統、軍統兩者兼具，但內容大部分仍以中統局重要人物的回憶為主。[8] 這些由於都屬於當事人回憶，所以都有嚴重的美化，甚至較為關鍵之處，多有輕描淡寫寥寥數語帶過的情況，對於瞭解具體發展的幫助並不大，再加上中統局的檔案與軍統局一樣，都難以閱覽使用，因此學者對相關研究自然多難有成果。

　　不過這種缺乏檔案的情況，到 2011 年時開始出現變化。受到國防部軍事情報局將該局前身軍統局局長戴笠的相關檔案移交至國史館，並將大陸時期檔案移轉至國家發展委員會檔案管理局的影響下，讓以往被視為神秘機構的軍統局相關檔案大量出現，並促使許多新研究出現。當中最重要者，屬國史館所出版《不可忽視的戰場──抗戰時期的軍統局》。[9] 書中包含三位國史館修纂人員與七位學者根據國史館新開放檔案所得之研究成果，雖然該書性質更接近論文集而非全面性研究專書，但仍是目前最具參考價值的作品。其中，蕭李居所著〈戴笠與特務處情報工作組織的開展〉，更是少數著重在軍統局早期發展的研究成果。[10] 不過，由於時間範圍限定在特務處與其業務拓展，因此往後的組織變化多未觸及，仍難藉此認識中統局與軍統局兩者合併與分立的過程。

　　而中統局方面的檔案，也許是受到近年來國家檔案開放風氣的影響，也

---

[7]　《撥雲霧而見青天》後亦有中譯本。陳立夫著，卜大中譯，《撥雲霧而見青天：陳立夫英文回憶錄》（臺北：近代中國出版社，2005 年）；陳立夫，《成敗之鑑：陳立夫回憶錄》（臺北：正中書局，1994 年）；徐恩曾，《我和共黨鬥爭底回憶》（臺北：未載明出版社，1953 年）。

[8]　徐恩曾等，《細說中統軍統》（臺北：傳記文學出版社，1992 年）。

[9]　吳淑鳳、張世瑛、蕭李居編輯，《不可忽視的戰場──抗戰時期的軍統局》（臺北：國史館，2012 年）。

[10]　蕭李居，〈戴笠與特務處情報工作組織的開展〉，收入吳淑鳳、張世瑛、蕭李居編輯，《不可忽視的戰場──抗戰時期的軍統局》，頁 1-34。

開始有學者成功向法務部調查局申請調閱檔案材料，而漸漸出現新的研究成果。如賴彥儒所著〈徐恩曾與中統局興衰之研究（1926-1945）〉，與林威杰的〈特務、叛變與轉變：國共鬥爭下的顧順章案〉即為代表，兩者都是難得一見的新研究成果。[11] 其中〈徐恩曾與中統局興衰之研究（1926-1945）〉雖仍不脫人物研究，但卻是難得涉及到中統局誕生的研究，且因作者爬梳出不少深藏於國民黨黨史館的檔案，所以仍相當具有參考價值。不過由於作者較著重徐恩曾與戴笠之間的鬥爭，是以對組織變化方面的討論並不多，殊為可惜。

　　綜觀以上研究成果，都顯示至今學界對於國民政府情報組織的誕生與演變，尤其是分割轉化為兩大系統的發展，其實仍舊相當模糊。這除顯示目前對國民政府情報組織的認識不足外，也影響相關研究的可信度。因此，筆者希望能藉由本文，透過國史館、檔案管理局與國民黨黨史館所藏檔案，結合過往材料和研究成果，試圖從中統局與軍統局兩者前身的誕生，到兩個機構隨發展而合併，最後又走向分裂的過程與原因。並藉由這個過程，能稍微歸納出國民政府情報組織的特性。期待藉此對中統局與軍統局的發展有更清楚認識，以作為未來更深入研究的基石。

二、國民政府情報組織的誕生

（一）黨務調查科與特務處的出現

　　國民政府情報組織的誕生，追溯起來是異常困難，甚至可說剪不斷理還亂。這個階段對軍統與中統而言，可簡化為一個從非政府機構轉型進入政府

---

[11] 賴彥儒，〈徐恩曾與中統局興衰之研究（1926-1945）〉（桃園：國立中央大學歷史研究所碩士論文，2017 年）；林威杰，〈特務、叛變與轉變：國共鬥爭下的顧順章案〉，《政大史粹》，第 32 期（2017 年 9 月），頁 57-107。

組織的過程。由於兩者起初並非政府組織，加上秘密機構的特性，使得機構源頭難以像正常機構一般清晰。在兩者分別從黨與秘密社團逐漸脫離，並且合併為「軍事委員會調查統計局」後，此時的「軍事委員會調查統計局」，卻又不是一般所稱的「軍統局」。這種複雜的組織變化，造成許多混淆與錯誤，甚至有時難以釐清對錯。

　　中統局系統的誕生較軍統局早，根據最新的研究成果顯示，應自 1928 年 2 月 3 日國民黨第二屆中央執行委員會第四次全體會議。[12] 會議提案「改組中央黨部之建議案」中再次出現調查科，且根據往後對陳立夫的頭銜，基本可以肯定這時「黨務調查科」確實是一個有運作的組織。[13] 此外，1928 年 3 月 10 日國民黨中央常務委員會第 121 次會議通過的「中央組織部組織條例」，在調查科下設情報股，顯示調查科確實逐漸發展成情報組織。[14]

　　這段時期的有關資料並不多，學者馬振犢基本上就全部採用陳立夫的回憶作為介紹，說明當時黨務調查科發展與擴張的順利。[15] 不過陳立夫這方面的回憶其實頗為可疑，且無法排除粉飾與誇大的可能性，尤其在調查科主任時常換人的情況下，似乎隱約透露出此時黨務調查科運作的不穩定。自 1928 年 3 月陳立夫擔任主任後，此一職位先後曾由張道藩（1897-1968）代理，經吳大鈞（1902-？）兼任，再換成葉秀峰（1900-1990）接任，直到 1930 年 1 月才改由徐恩曾長期執掌。[16] 在這段短時間內，主事者如此頻繁調動，恐怕不可能不影響組織的運作與發展，因此更合理的解釋應該是狀況恐怕並不順利，而且真正快速發展要到徐恩曾接掌主任才開始。

12　賴彥儒，〈徐恩曾與中統局興衰之研究（1926-1945）〉，頁 20。
13　賴彥儒，〈徐恩曾與中統局興衰之研究（1926-1945）〉，頁 20。
14　賴彥儒，〈徐恩曾與中統局興衰之研究（1926-1945）〉，頁 20-21。
15　馬振犢，《國民黨特務活動史》，頁 24-26。
16　賴彥儒，〈徐恩曾與中統局興衰之研究（1926-1945）〉，頁 21。

　　黨務調查科最初僅有情報與編造兩股，各設總幹事 1 名與一些幹事、助理幹事等，組織非常簡單。[17] 中統局系統的快速發展，目前學界認為還得益於 1931 年顧順章案。[18] 透過顧順章（1904-1935）提供的情資，黨務調查科成功逮捕並處決同為中共特務領導人的向忠發（1879-1931），掃除黨務調查科內的中共特務，將中共特務系統幾乎瓦解，且不斷破獲中共中央與各省市組織，成果豐碩。[19] 除提供各種情資外，顧順章對黨務調查科更重要的影響是各種特務訓練與知識，透過數本由他編寫的講義，以及親自講授的課程等，不止引進俄國 KGB 相關特務知識，更讓黨務調查科學到中共實際操作的特務手法。[20] 這對還在起步階段的黨務調查科自然助益不小，而且影響範圍可能還擴及到戴笠的軍統局系統，學者馬振犢就在書中提到顧順章曾被戴笠「借用」，以培訓軍統特務人員。[21] 不過文中未有註釋標明資料來源，加上軍統方面的資料亦未提及，且中統是否會如此大方的「出借」令人懷疑。

　　軍統局方面，以國防部情報局出版的官方正史來說，軍統局起自 1932 年 4 月 1 日戴笠於南京徐府巷建立的特務處，同年 9 月軍事委員會調查統計局成立，特務處就被納入成為軍事委員會調查統計局第二處。[22] 而在理解這段被納入政府機關的過程前，首先則要回到「特務處」這個名稱。特務處原名應稱為力行社特務處，但受到力行社特殊的秘密社團組織架構影響，對外也被稱作中華民族復興社特務處，因此各種研究中甚至檔案，才會同時有這

---

[17]　賴彥儒，〈徐恩曾與中統局興衰之研究（1926-1945）〉，頁 21。

[18]　賴彥儒，〈徐恩曾與中統局興衰之研究（1926-1945）〉，頁 42-50；馬振犢，《國民黨特務活動史》，72-85；林威杰，〈特務、叛變與轉變：國共鬥爭下的顧順章案〉，頁 57-107。

[19]　賴彥儒，〈徐恩曾與中統局興衰之研究（1926-1945）〉，頁 43、46。

[20]　賴彥儒，〈徐恩曾與中統局興衰之研究（1926-1945）〉，頁 48-50；馬振犢，《國民黨特務活動史》，頁 81-84。

[21]　馬振犢，《國民黨特務活動史》，頁 84。

[22]　國防部情報局，《國防部情報局史要彙編》，頁 1。

兩種名字讓人混淆，不過更讓人混亂階段，其實是特務處成為軍統局第二處之後。或許是為區分的緣故，「特務處」仍舊出現在各種檔案中，而這個狀況一直到中統遷出「軍統局」之後才完全結束。

力行社特務處的第一任處長，其實並非戴笠而是桂永清（1901-1954），但桂永清自認情報並非所長而旋即辭職，這才讓蔣中正（1887-1975）在姑且一試的心情下，改以戴笠擔任處長，以戴笠為首軍統局系統即由此開始發展擴張。[23] 1932 年 4 月特務處成立後的組織，僅處長下設偵查與執行兩科與書記、會計，其中偵查的部分另設有直屬偵查員，架構相當簡單。員額按照戴笠的設計為處長 1 名、科長 2 名、書記、會計各 1 名、譯電員 2 名、組長 12 名、偵查員 52、直屬偵查員 17、執行員 15 名，共計 103 名。[24] 以情報機構的角度來看，這種規模與組織可說非常精簡，甚至能用簡陋形容。

特務處這時部署的偵查組為南京、京滬、武漢、廣州、北平、汴洛以及上海、天津與香港三個特別偵查組，直屬偵查員則分布在太原、石莊、西安、濟南、青島、徐海、淮揚、杭州、蚌埠、安慶、南昌、吉安、湖南、重慶、成都、福州、梧州。執行組的部分，則僅上海、天津與香港三地設置，系統能涵蓋的範圍相當有限。[25] 此外，由於沒有自己的電訊系統，使情報傳遞的方式僅專員傳遞與用假名至規定受信處收發郵電兩種，相當原始。[26] 不過，許多被視為軍統背景的人物此時已在特務處任職，如往後三巨頭的鄭介民擔

---

[23] 吳淑鳳、張世瑛、蕭李居編輯，《不可忽視的戰場——抗戰時期的軍統局》，頁 15-16。

[24] 此文件本身未有日期，僅能以全卷目錄和內容大致推測判斷。「特務處組織大綱組織系統表」（1932 年 7 月 7 日），〈特務處組織工作開展〉，《軍情局檔案》，國史館藏，典藏號：148-010200-0007。

[25] 「特務處組織大綱組織系統表」（1932 年 7 月 7 日），〈特務處組織工作開展〉，《軍情局檔案》，典藏號：148-010200-0007。

[26] 「特務處工作計劃」（1932 年 7 月 7 日），〈特務處組織工作開展〉，《軍情局檔案》，典藏號：148-010200-0007。

任偵查科長，而唐縱（1905-1981）則擔任書記。[27]

（二）「兩統」的合併

　　1932 年 9 月，國民黨中央組織部黨務調查科與力行社特務處合併，成為國民政府軍事委員會調查統計局。[28] 就目前所有研究、檔案甚至官方出版品來看，其實找不到任何蔣中正忽然下此決定的原因與理由。現在檔案上可以找到的蛛絲馬跡是 1932 年 8 月 30 日，蔣曾指示軍委會辦公廳副主任林蔚（1890-1955）成立總情報局。[29] 此時該局的設計為三處一室，分別為情報處、訓練處、總務處與化學室，由朱紹良（1891-1963）擔任局長，林蔚為副局長兼任情報處長，戴笠擔任訓練處副處長，徐恩曾為總務處處長，顧順章為化學室主任。[30] 不過這個組織辦法與人選並不完整，蔣同時指示林蔚與各處正副首長在十日內詳細商定再報。[31] 接著再有與「情報局」有關的文件，是 9 月 16 日蔣指示林蔚「情報局秘書或黨政股總幹事毛慶祥秘書回京時可留一職擔任」，以及隔年 2 月蔣要求陳立夫任情報局副局長不可推諉。[32] 從 9 月短短一段話與要求陳立夫接任副局長，至少可以推測出這個「情報局」的組織架構，恐怕與蔣最初設計已有所不同。

　　按照陳立夫本人的回憶，稱：「在民國二十四年蔣公要我主持一個『調

---

[27] 國防部情報局，《國防部情報局史要彙編》，頁 13。

[28] 徐恩曾等著，《細說中統軍統》，頁 1；國防部情報局，《國防部情報局史要彙編》，頁 1。

[29] 「蔣中正電示林蔚」（1932 年 8 月 30 日），〈籌筆－統一時期（七十）〉，《蔣中正總統文物》，國史館藏，典藏號：002-010200-00070-101。

[30] 「蔣中正電示林蔚」（1932 年 8 月 30 日），〈籌筆－統一時期（七十）〉，《蔣中正總統文物》，典藏號：002-010200-00070-101。

[31] 「蔣中正電示林蔚」（1932 年 8 月 30 日），〈籌筆－統一時期（七十）〉，《蔣中正總統文物》，典藏號：002-010200-00070-101。

[32] 「蔣中正電示林蔚」（1932 年 9 月 16 日），〈籌筆－統一時期（七十一）〉，《蔣中正總統文物》，典藏號：002-010200-00071-025；「蔣中正電陳立夫」（1933 年 2 月 1 日），〈親批文件－民國二十二年二月至民國二十二年二月〉，《蔣中正總統文物》，典藏號：002-070100-00030-044。

統會報』，屬於軍事方面的，由陳空如先生（陳焯，1898-1950）協助我。遂正式派徐恩曾為該會報之第一組主任（注重共黨在社會之活動），戴笠為第二組主任（注重共黨在軍事方面之活動），並派丁默邨（1901-1947）為第三組主任（掌理會報方面之總務事宜）。」[33] 由於這段說法與各種紀錄頗有扞格，加上陳立夫受訪時已 92 歲高齡，因此訪問者於後面特別解釋，1932 年下半在陳立夫「仰體上意」下，建議設立軍事委員會調查統計局，並由陳立夫擔任局長，而為使調查統計工作重歸統一指揮，重心仍為「調統會報」。[34] 顯然訪問者也注意到這段回憶的不合理之處，並試著讓陳立夫的記憶「說得通」。不過根據 1933 年 2 月陳立夫試圖推辭擔任情報局副局長的呈文內容來看，陳立夫的回憶如果沒有其他更深層原因，恐怕就是時間錯置與名詞混淆。[35] 而在公文中陳立夫以「經與空如先生詳商，由原任人繼續辦理」婉拒擔任副局長，但在蔣中正批示的堅持下，推測陳立夫應該難再推辭。[36] 值得注意的是陳焯在蔣下令組情報局時，即被指派為情報處副處長，並於往後擔任調查統計局副局長一職，顯示他在當中的角色並不一般。[37]

　　綜合來看，兩個機關整併進入政府的原因，較合理的解釋或許依舊是經費問題。以特務處為例，最初規劃的員額為 103 名，但 1932 年實際參與工作人數其實就遠超過最初規劃達到 145 名，而隔年更暴增到 672 名，經費支

---

[33] 徐恩曾等著，《細說中統軍統》，頁 9。

[34] 徐恩曾等著，《細說中統軍統》，頁 15。

[35] 本文對陳立夫先生的回憶尚有其他看法，詳細將於下節論述情報機構的統合分析討論。

[36] 「蔣中正電陳立夫」（1933 年 2 月 1 日），〈親批文件－民國二十二年二月至民國二十二年二月〉，《蔣中正總統文物》，典藏號：002-070100-00030-044。

[37] 為避免名詞混亂，除有必要採用機關全稱之處外，文中將 1932 至 1938 年改組前的軍事委員會調查統計局，簡稱為調查統計局，特此說明。「蔣中正電示林蔚」（1932 年 8 月 30 日），〈籌筆－統一時期 （七十）〉，《蔣中正總統文物》，典藏號：002-010200-00070-101；「國民政府主席林森令」（1935 年 5 月 4 日），〈軍事委員會官員任免 （四）〉，《國民政府檔案》，國史館藏，典藏號：001-032107-00031-019。

出的成長勢必非一個秘密社團可以承擔，類似的狀況推測應該也發生在黨務調查科身上。[38] 面對這種情況，考慮將兩個機關整合放進政府組織當中，似乎就是一個自然而然的思考方向。至於檔案中「情報局」這個神秘且不知道從何而來的機構，雖然依照大部分的檔案來看，比較可能的解釋是「情報局」即調查統計局，而名詞混亂所顯示的應該是機構改組尚未定型。這種推論還可藉由最初人事的不斷調動，以及 1933 年與「情報局」有關各種檔案都是戴笠與徐恩曾、軍需署等對經費撥發的爭執而得出。[39]

　　然而，根據戴笠在 1938 年 6 月 6 日所呈的檔案來看，卻又顯示情報局與調查統計局是兩個不同的撥款科目。就此來看，「情報局」確實存在過，只不過不管是透過現今留存的檔案、各種當事人回憶與研究成果等各方面，

---

[38] 國防部情報局，《國防部情報局史要彙編》，頁 9。

[39] 「戴笠電蔣中正」（1933 年 2 月 3 日），〈戴公遺墨－經理類（第 4 卷）〉，《戴笠史料》，國史館藏，典藏號：144-010111-0004-056；「朱孔陽電蔣中正」（1933 年 7 月 22 日），〈一般資料－民國二十二年（三十八）〉，《蔣中正總統文物》，典藏號：002-080200-00108-079；「蔣中正電陳立夫」（1933 年 7 月 28 日），〈籌筆－統一時期（八十八）〉，《蔣中正總統文物》，典藏號：002-010200-00088-079；「徐恩曾電蔣中正」（1933 年 7 月 29 日），〈一般資料－民國二十二年（四十）〉，《蔣中正總統文物》，典藏號：002-080200-00110-067；「蔣中正電令朱孔陽」（1933 年 8 月 8 日），〈籌筆－統一時期（八十九）〉，《蔣中正總統文物》，典藏號：002-010200-00089-036；「戴笠電蔣中正」（1933 年 8 月 10 日），〈一般資料－民國二十二年（四十三）〉，《蔣中正總統文物》，典藏號：002-080200-00113-051；「蔣中正電令朱孔陽」（1933 年 8 月 11 日），〈籌筆－統一時期（九十）〉，《蔣中正總統文物》，典藏號：002-010200-00090-013；「朱孔陽電蔣中正」（1933 年 8 月 12 日），〈一般資料－民國二十二年（四十三）〉，《蔣中正總統文物》，典藏號：002-080200-00113-172；「徐恩曾電蔣中正」（1933 年 8 月 20 日），〈一般資料－民國二十二年（四十五）〉，《蔣中正總統文物》，典藏號：002-080200-00115-037；「戴笠電蔣中正」（1933 年 9 月 24 日），〈一般資料－民國二十二年（五十三）〉，《蔣中正總統文物》，典藏號：002-080200-00123-071；「戴笠電蔣中正」（1933 年 10 月 1 日），〈一般資料－民國二十二年（五十五）〉，《蔣中正總統文物》，典藏號：002-080200-00125-037；「徐恩曾電蔣中正」（1933 年 10 月 7 日），〈領袖指示補編（九）〉，《蔣中正總統文物》，典藏號：002-090106-00009-327；「戴笠電蔣中正」（1933 年 12 月 13 日），〈一般資料－民國二十二年（六十八）〉，《蔣中正總統文物》，典藏號：002-080200-00138-105；「戴笠電蔣中正」（1933 年 12 月 23 日），〈戴公遺墨－經理類（第 4 卷）〉，《戴笠史料》，典藏號：144-010111-0004-054。

都很難察覺且幾乎無法分辨它與調查統計局的差別，特別是檔案所呈現的狀況，確實也符合最初軍統勢力較中統薄弱的樣貌。[40] 而在目前沒有材料得以具體勾勒出「情報局」的情況下，僅能暫時將它的存在，作為中統軍統間鬥爭、組織運作不順以及制度未定的反映，並透過現今僅存的檔案，證明在「兩統」合併初期，確實是由中統占據主導的地位。

三、情報系統的分化

（一）分化的起源

　　中統與軍統合併的軍事委員會調查統計局，似乎在 1935 年才大致定型，這點可藉由關防官章請領與組織條例審核通過的檔案佐證。透過簽呈內容可以得知，調查統計局辦公日期為 4 月 1 日，簽准發出則遲至 4 月 25 日。[41] 與此同時，調查統計局組織條例也在經過軍事委員會第 119 次常會的審議後，由蔣中正 4 月 19 日手諭核可，并於 25 日發出。[42] 這時所通過的組織條例，第三處的業務似乎還不是郵電檢查，而是「統計登記編纂及不屬他處事宜」。[43] 此項業務在 8 月陳立夫請求蔣明令將全國郵電檢查業務劃歸調查統計局指揮後，於 8 月 28 日獲得批准，一般所知的下設三處樣貌從而明確出現。[44] 不過這個在 1935 年 4 月正式浮出檯面，由兩系統合併而成的調查統計

[40] 「戴笠呈蔣中正」（1938 年 6 月 6 日），〈特交檔案－特交情報：軍統（一）〉，《蔣中正總統文物》，典藏號：002-080102-00034-003。

[41] 「蔣中正令陳立夫」（1935 年 4 月 19 日），〈調查統計局組織職掌編制案〉，《國防部史政編譯局檔案》，檔案管理局藏，檔號：B5018230601/0024/029/0762。

[42] 「蔣中正令陳立夫」（1935 年 4 月 19 日），〈調查統計局組織職掌編制案〉，《國防部史政編譯局檔案》，檔號：B5018230601/0024/029/0762。

[43] 「國民政府軍事委員會調查統計局組織條例編制表」（1935 年 4 月 18 日），〈調查統計局組織職掌編制案〉，《國防部史政編譯局檔案》，檔號：B5018230601/0024/029/0762。

[44] 「陳立夫電蔣中正」（1935 年 8 月 12 日），〈內政事務（一）〉，《國民政府檔案》，典藏號：

局，上路短短三年就再度分割改組，形成軍事委員會調查統計局與國民黨中央執行委員會調查統計局分立的「兩統」局面。

　　一般對「兩統」的成形，都指向 1938 年 3 月 29 日召開的國民黨臨時全國代表大會，並多以戰爭的情報需求擴張來解釋，軍統局官方說法即為代表，然而藉由檔案與蔣中正日記來看，實情恐非如此。[45] 根據日記的內容，蔣在 1937 年就已將「整頓特務及組織」作為當年對內方針，並列「整理力行社與特務機關」為當年政策，顯示調查統計局改組的開端早於戰爭爆發，只不過在蔣開始著手不久就遇上盧溝橋事變，使得組織改革被迫延宕。[46] 1937 年 6 月 21 日的日記中，蔣寫下預定「令陳、徐、戴來商諜報工作」，而陳立夫 23 日的電文也證實 21 日確有命令要求調查統計局提出改進計畫。[47] 對此，陳立夫於文中稱將於「下月初面呈，屆時並當遵命帶同各主要人員來盧聆訓」。[48] 30 日，蔣再度於日記的注意事項中，寫下「統計局之組織」，並於 7 月的本月大事預定表中列出「特務會議」，顯見蔣此時對調查統計局改革的重視。[49] 透過日記，可以推測這場討論調查統計局改進計畫的「特務會議」確實有在盧山舉行，不過時間點就剛好在 7 月 8 日上午。[50] 此時，即便受電報時間差影響尚未接到盧溝橋消息，而依照原訂議程討論調查統計局

001-050000-00011-001。

[45] 魏斐德（Frederic Wakeman Jr.）著，梁禾譯，《特工教父：戴笠和他的祕勤組織》，頁 545；馬振犢，《國民黨特務活動史》，頁 162；國防部情報局，《國防部情報局史要彙編》，頁 27。

[46] 文中所引用日記，取自抗戰歷史文獻研究會所抄錄的蔣中正日記。該會為紀念抗戰勝利七十週年，特將美國史丹佛大學胡佛研究所藏 1937 至 1945 年蔣中正日記完整謄打編整成冊，並以光碟形式無償供學界研究使用，特此說明與致謝。《蔣中正日記》，1937 年 1 月本年對內方鍼與本年政策。

[47] 《蔣中正日記》，1937 年 6 月 21 日；「陳立夫電蔣中正」（1937 年 6 月 23 日），〈各地軍情（五）〉，《國民政府檔案》，典藏號：001-070004-00005-009。

[48] 「陳立夫電蔣中正」（1937 年 6 月 23 日），〈各地軍情（五）〉，《國民政府檔案》，典藏號：001-070004-00005-009。

[49] 《蔣中正日記》，1937 年 6 月 30 日、1937 年 7 月本月大事預定表。

[50] 《蔣中正日記》，1937 年 7 月 8 日。

的組織，但在當日下午戴笠接到情報後，狀況顯然也大為改觀。[51] 接下來戴笠所呈的電文大量集中在盧溝橋，且沒有任何與組織有關計畫，甚至隨著局勢升溫而改赴前線。[52] 另一方面，蔣日記中也不再有相關文字紀錄，調查統計局改進一事應該可說無形暫緩，直到 1938 年 3 月。

　　由於缺乏檔案與堅實的材料，因此無法得知蔣中正 1937 年起心動念要「整頓」調查統計局的具體原因，也找不到這時可能的改組方向，但藉由 1938 年組織計畫的發展過程，則多少可以得知此時的動機。根據蔣日記的內容來看，在 3 月 29 日國民黨臨時全國代表大會之前，蔣其實沒特別重視情報機構的擴編或改組，唯二沾上邊的是 3 月 25、26 兩日，蔣於注意事項中列出「黨監察網人選與組織」以及「各部隊之密查與各戰區之監察」。[53] 而黨監察網的想法，則可能與 2 月 18 日所提到的「完成全國政治監察網」有關，顯示此時蔣所關注的焦點其實並不在軍事情報。[54] 在這種情況下，就能理解蔣為何於 3 月 19 日仍然按照舊有組織架構，核定變更第三處職掌並增設總務處，因為此時根本就還沒有要分割情報機構的想法。[55] 值得一提的是，蔣「整頓」調查統計局的念頭，依照日記來看要到 4 月 15 日才再度出現，所以臨時全國代表大會似乎只能算是改組的開端，且不論對中統還是軍統而言，組織設計至少都到 8 月才算定案，是以過去許多研究成果的時間斷限其實都頗待商榷。[56]

---

[51] 「戴笠電蔣中正」（1937 年 7 月 9 日），吳淑鳳等編，《戴笠先生與抗戰史料彙編：軍情戰報》（臺北：國史館，2011 年），頁 91-94。

[52] 關於戴笠在盧溝橋事件中所傳遞之情報與角色，請參閱：范育誠，〈對日抗戰的序幕盧溝橋事件──蔣中正的和戰選擇〉，《新北大史學》，第 8 期（2010 年 10 月），頁 209-219。

[53] 《蔣中正日記》，1938 年 3 月 25、26 日。

[54] 《蔣中正日記》，1938 年 2 月 18 日。

[55] 「陳立夫等呈蔣中正」（1938 年 3 月 18 日），〈調查統計局組織職掌編制案〉，《國防部史政編譯局檔案》，檔號：B5018230601/0024/029/0762。

[56] 《蔣中正日記》，1938 年 4 月 15 日；國防部情報局，《國防部情報局史要彙編》，頁 29；「朱

（二）1938 年的組織改革

　　1938 年 4 月 15 日對調查統計局來說，應該可以算是一個關鍵的時間點，這天蔣中正在日記中預定要「整頓統計局」並列出「統計局編制」。[57] 引人注意的是 14 日，蔣先預定要接見戴笠，並將「特警教育」與「令侍從參謀參加情報」一併列入。[58] 看起來蔣在思考組織設計時，很可能事先詢問過戴笠，只不過無法得知具體情況。4 月 21 日，蔣電示國民黨中央黨部秘書長朱家驊（1893-1963），指示研議在秘書處或調查統計局下設意見科，以審查黨員意見與對黨員不法活動的檢舉，暗示蔣對原本黨務調查科一系的安排，確實是走向黨監察網。[59] 此舉自然讓徐恩曾覺得危機重重，25 日就趕緊向蔣自陳九年來執掌特務與諜報工作的成果，並希望能「予以工作之機會」。[60]

　　引人注意的是，徐恩曾報告最後還寫到：「值茲改進黨務與調整黨政關係之際，今後本黨特務工作究應如何進行，敬乞鈞座明白指示，俾有遵循，并祈指定設立本黨特務工作之總領導機關，確定在黨內之地位。」[61] 這首先顯示中統局的成立，這時都還未定案，朱家驊在 29 日呈蔣的回覆也印證這點，稱：「調查統計局組織規程及工作計畫正在草擬。」再者，設立中統局可能是出於原本黨務調查科一系的期望，不過這似乎也是在不得已的情況下

　　家驊呈蔣中正」（1938 年 8 月 13 日），〈上總裁報告中央第 88 次常會議決要案〉，《特種檔案》，中國國民黨黨史館藏，館藏號：特 27/17。

[57]　《蔣中正日記》，1938 年 4 月 15 日。

[58]　《蔣中正日記》，1938 年 4 月 14 日。

[59]　「蔣中正電朱家驊」（1938 年 4 月 21 日），〈籌筆－抗戰時期（十一）〉，《蔣中正總統文物》，典藏號：002-010300-00011-058。

[60]　「徐恩曾呈蔣中正」（1938 年 4 月 25 日），〈特交檔案（黨務）－各黨派動態（第○五三卷）〉，《蔣中正總統文物》，典藏號：002-080300-00059-004。

[61]　「徐恩曾呈蔣中正」（1938 年 4 月 25 日），〈特交檔案（黨務）－各黨派動態（第○五三卷）〉，《蔣中正總統文物》，典藏號：002-080300-00059-004。

才自行提出；最後，調查統計局分割的原因，恐怕並非基於軍事理由，而是出於黨政關係的調整，目前的解釋似有必要調整。[62]

時間到 5 月開始，可算是蔣最密切關心調查統計局組織的時期，除日記不斷出現相關內容外，在 1 日先將「調查統計局之組織」列為本月工作的第五項，接著從 2 日就密集安排和研究統計調查局的組織規劃與人選，足見其重視程度。[63] 此時，蔣先是著重在特務系統的監察與隔離，預備禁止特務參與任何組織與黨部，也不准與政府有「應酬關係」，更不許舉薦人士。[64] 接著預定要在侍從室增設相對應的組，並從特務系統的分科分地、組織方案與人選著手處理，之後在 7、9 兩日召開「特務工作會議」。[65] 由於這兩日的會議都被列在預定項目上，因此無法確定舉行時間是當日或隔日，甚至是否確實召開。雖然無法得知會議內容，但從蔣於 10 日就在預訂項目上寫下「特工組織會議分軍政與黨務二部」來看，顯示蔣大約在這時密集召開的會議中，決定將原本黨務調查科的部分遷回黨，確立以「分割」作為未來組織改造的方向。[66]

10 日確立政策方向後，蔣就轉而關注其他方面，直到 5 月底才又將心力放在「特務改組」與「統計局人選」上。不過，這並不代表中間就風平浪靜，實際的情形似乎完全相反，此時可能是「兩統」的代表人物在不斷運作，試圖取得有利位置的關鍵期。當時的情況，或許可透過戴笠與其他軍統系人物間的電報內容略知一二。其中提到：「徐之放棄特工赴西北事已成過去，徐最近曾謁委座一次，委座并無令其離去特工之表示，且立夫始終不肯放棄特

---

[62]　「朱家驊呈蔣中正」（1938 年 4 月 29 日），〈朱家驊上總裁簽呈〉，《特種檔案》，館藏號：特 27/5。

[63]　《蔣中正日記》，1938 年 5 月 1、2 日。

[64]　《蔣中正日記》，1938 年 5 月 2 日。

[65]　《蔣中正日記》，民國 27 年 5 月 3、4、7、9 日。

[66]　《蔣中正日記》，民國 27 年 5 月 10 日。

工，據弟推測彼方最近或更有趨于積極之情勢，因若輩始終自以為對共黨對文化有辦法也」。[67] 這呈現出軍統方面對陳立夫與徐恩曾的認識，以及如何看待當時的局勢，其中引人注意的是似乎一度傳出徐恩曾將改赴西北。雖然無法得知戴笠怎麼會得到這樣的風聲，但突顯出當時局勢的混亂，以及中統方面可能曾居於弱勢。同則電文還有一點讓人注意，是戴笠具體提到「吾人不圖今日特工之統一」，意謂表面上戴笠雖然持續企圖藉此機會統一掌控情報系統，但自己恐怕也心理有數不抱太大希望，所以在與「自己人」交換意見時就透露出這種訊息。[68]

　　隨著 5 月 10 日確立兩統分割原則後，讓蔣決定將特務處擴張為軍統局的時間點落在戴笠 6 月 6 日的呈文。內容具體建議撤銷調查統計局一二處名稱，重新按照內勤工作性質分科，中統則「純為考核黨員、整頓黨紀之機構」，避免重複磨擦。軍統局以林蔚或賀耀組（1889-1961）為局長，戴笠任副局長，徐恩曾則接中統局長等。[69] 雖然蔣並未在文件上有任何批示，但後續發展顯示大部分建議確實獲得採納，而戴笠的影響力則超越徐恩曾，隱然是國民政府抗戰時期情報系統最重大改組的關鍵人物。值得一提的是，這份報告一併揭露不少當時國民政府情報系統的狀況，甚至能隱約勾勒出中統「落敗」的原因。文中提到：

　　第一處之除奸工作成績如何，及其每日送呈之情報數量與質量如何，
　　早在鈞座洞鑒之中，推其原因，則以第一處工作同志，過去以自新

---

[67] 「戴笠電王新衡」（1933 年 5 月 21 日），〈戴公遺墨－一般指示類（第 3 卷）〉，《戴笠史料》，典藏號：144-010113-0003-070。

[68] 「戴笠電王新衡」（1933 年 5 月 21 日），〈戴公遺墨－一般指示類（第 3 卷）〉，《戴笠史料》，典藏號：144-010113-0003-070。

[69] 「戴笠呈蔣中正」（1938 年 6 月 6 日），〈特交檔案－特種情報：軍統（一）〉，《蔣中正總統文物》，典藏號：002-080102-00034-003。

分子，及各省縣黨部委員為基幹，在政權範圍之內固可收權力制裁之用，迨該區淪陷權力喪失，其組織即渙散崩潰……自新分子，不乏才智之士，然苟不能心誠悅服情感溝通而以權力領導則亦難免復歸共黨或竟轉為漢奸。[70]

雖然，戴笠最後都將原因導向為「領導者缺乏熱力鼓盪之必然結果」，而讓這些內容看起來像是對徐恩曾的攻擊，但若換個角度來看似乎就能得出不同畫面。[71] 首先中統在當時的運作狀況與成績恐怕都相當惡劣，且已是糟到戴笠敢直接在報告中提出，再者這種情況似乎是來自中統組織的崩解。當然，實際原因自然不是徐恩曾「缺乏熱力鼓盪」，真正深層的理由目前還有待進一步研究，但這些似乎就已經足夠讓軍統崛起取代中統原本的地位。

四、國民政府情報組織的特性

透過對中統與軍統起源、合併與分割過程的整理與探討，雖然仍不足以完整分析，但仍可對國民政府情報組織進行初步的歸納，並能發現幾個明顯的特性，即對內性、秘密性與個人化，而這三種特性環環相扣且似乎長期影響著政府情報系統的發展。首先從對內性而來談，以中統的誕生為例，依照陳立夫的回憶即與清黨有關，文中稱：「十六年清黨之後蔣公就要我在他所任部長的組織部之下，組織成立調查科，其主要任務為對付共產黨的活動而

---

[70]　「戴笠呈蔣中正」（1938 年 6 月 6 日），〈特交檔案－特種情報：軍統（一）〉，《蔣中正總統文物》，典藏號：002-080102-00034-003。

[71]　「戴笠呈蔣中正」（1938 年 6 月 6 日），〈特交檔案－特種情報：軍統（一）〉，《蔣中正總統文物》，典藏號：002-080102-00034-003。

制裁之。」[72] 說明中統最初成立的目的，就是為徹底清除中共，避免國民黨再受滲透。而軍統最初的起源也是類似情況，依據目前研究成果，蔣成立力行社並在組織中設立情報機構，原因雖然與二次下野以及一二八事變等日本侵略都有明顯關聯，但其主要任務仍是反制「反三民主義革命的惡勢力」，狀況與中統有極高的相似處，其實都是針對國內的敵對勢力。[73] 當然，情報機構的任務本就不一定是針對他國，但由於兩者的對內性，導致往後即便任務改變，或者目標轉而對外，但真正著力較多的部分仍是國內，或原本的業務範圍，甚至有學者在分析侍從室所經手的情報之後，認為軍統局在抗戰時期多「不務本業」。[74]

這種獨特的對內性，造就兩統的第二個特性——秘密性。情報機構由於其業務性質，多會追求保持秘密，這點不論任何一個國家皆有這種情況，但對兩統來說狀況卻更為「特別」。可能是由於兩者最初任務的合法性，似乎都有非常大的討論空間，使得兩者某種程度上不只是行動、任務秘密，連機構本身的存在都必須秘密。從中統最早隱身在黨，到軍統藏在秘密社團，都呈現出隱藏機構的企圖。這種狀況雖然到兩者合併進入政府之後稍有改善，至少機構本身浮出檯面，但實際上仍試圖透過各種方式讓組織躲在黑暗中，導致機關的變革、其中的隸屬與關係都異常複雜，甚至在運作上也有各種特殊情形或者困難。同時，為維持這種秘密性，使得兩者在執行業務時，往往需要套上一個合法名義，而兼任就成為主要的解決方式。這種處理方法，某種程度上確實能達到保持秘密的目標，但從另一個角度來看，卻成了對其他機構的滲透，並帶出了第三個特性——個人化。

---

[72] 徐恩曾等著，《細說中統軍統》，頁 8。

[73] 吳淑鳳、張世瑛、蕭李居編輯，《不可忽視的戰場——抗戰時期的軍統局》，頁 10-12。

[74] 張瑞德，《無聲的要角：蔣介石的侍從室與戰時中國》（臺北：臺灣商務印書館，2017 年），頁 76。

　　個人化特性同時展現在不同的面向上，由組織的起源與發展切入更為明顯。不論中統或軍統，其實都高度仰賴某個領袖人物，以中統來說自然是徐恩曾，而軍統則是戴笠。兩人基本上就等於各自的情報機構，代表性甚至大於機關本身，兩人職位的變化或增加，幾乎就是情報系統的變動或擴張，導致不論是描述或者研究上，幾乎無法將人與機關本身分離的狀況。換個面向來看，由於這種人與機構的高度結合，再加上對秘密的要求，自然使得機構的運作高度仰賴人際關係或個人魅力。不過也許是出於領導人的個人喜好，這點軍統可說遠比中統明顯。不論是對「熱力鼓盪」的重視，到各種與部屬間各種電文的用詞來看，戴笠明顯是以「個人」而非職位「權力」的方式來運行機構，再加上各種「兼任」，都使得軍統局的範圍往往難以釐清，影響力也很難估計，甚至具體運作都難以完全確定，因而無法用一般行政或軍事機構的角度來衡量。[75]

　　由於主要任務在針對國內敵對勢力，因此對機構的存在力求隱藏保密，進一步導致機關的運轉與設計，往往仰賴「人」而非法律上的權利義務關係。換個角度來說，也因為蔣最初是將任務交由一個「人」來包辦，秘密成立組織執行任務，方能擔負這種正當性、合法性存疑的對內工作。又只有採取祕密組織的設計，蔣才可以在不管法律或體制的情況下，委以一個「人」針對國內敵對勢力進行反制，三者可說環環相扣，無法單獨切開來談。不過需要注意的一點，是當時對法律的認知、理解或實踐，都無法以現在的角度來評量，因此蔣的這些作為，究竟是經過嚴密的思考，抑或是單純無意識以過去「人治」的方式便宜行事，確實仍有進一步研究與討論的空間。以另一個角度來說，不論蔣最初是有意或無意為之，這三種特性長期影響著國民政府情

---

[75]　「戴笠呈蔣中正」（1938年6月6日），〈特交檔案－特種情報：軍統（一）〉，《蔣中正總統文物》，典藏號：002-080102-00034-003。

報組織的發展與運作，甚至可能是造成情報機構在計劃改編進入行憲政府時，往往仍企圖保有與一般行政系統概念頗有扞格設計與特性的原因。

五、結論

　　本文以組織的角度出發，重新審視國民政府情報機構的誕生與分化。從第一節由兩統前身的黨務調查科與特務處出現談起，到兩者合併為「軍事委員會調查統計局」的過程。接著，於第二節仔細討論國民政府情報組織分化的過程，由抗戰前就曾被提起卻旋即因盧溝橋事變而停滯，後至 1938 年 3 月才在蔣中正的主導下重新開始。最後，再透過國民政府情報組織的發展歷程，歸納並分析國民政府情報組織的特性。

　　國民政府情報組織的出現，根據目前最新的研究成果來看，以中統局系統較早出現，應源自 1928 年 2 月 3 日國民黨第二屆中央執行委員會第四次全體會議。由於這段時期的資料不多所知有限，但推測黨務調查科成立初期的運作與發展並不順利，直到徐恩曾接掌主任後才開始快速發展。而軍統局系統方面，目前官方認定源自 1932 年 4 月 1 日由戴笠於南京徐府巷建立的特務處，並從相當簡單的架構與規模，開始發展情報組織。1932 年 9 月，國民黨中央組織部黨務調查科與力行社特務處合併，成為國民政府軍事委員會調查統計局。而會有這樣的轉折，較合理的解釋或為解決經費來源。另外，在調查統計局成立的同時，尚有一個難以察覺且幾乎無法分辨差異的「情報局」曾經存在，為此時兩統間鬥爭、組織運作不順、制度未定以及由中統占據主導地位的例證。

　　中統與軍統合併的軍事委員會調查統計局，直至 1935 年方大致定型，一般所知下設三處的樣貌明確出現。不過，這個組織上路短短三年就再度分割改組，形成軍事委員會調查統計局與國民黨中央執行委員會調查統計局分

立的「兩統」局面。兩統分割的開端，其實早在 1937 年就出現在蔣的日記中，因此盧溝橋事變的爆發，反是延宕組織改革的原因而非動力。最後，由於黨政關係調整的緣故，蔣於 1938 年 5 月開始密集召開會議，確立兩統分割的政策方向。原則確立後，蔣採納戴笠大部分的建議，將特務處擴張為軍統局，限縮中統局為「考核黨員、整頓黨紀之機構」。由於中統的職權與組織受到限縮，使軍統得以順勢崛起，進而取代中統原本的地位。

綜觀整個中統與軍統起源、合併與分割的過程，可對國民政府情報組織進行初步歸納分析，並得出對內性、秘密性與個人化，三個環環相扣且似乎長期影響著政府情報系統發展的特性。不論中統或軍統的誕生，其實都是針對國內敵對勢力，這導致往後即便任務改變，或者目標轉而對外，組織真正著力較多的部分仍是國內，或原本的業務範圍。這種對內性讓兩者最初任務的合法性都有可議之處，從而造就兩統連機構存在都必須秘密的秘密性。為維持這種秘密性，使得兩者在執行業務時，又往往需要套上一個合法名義，而兼任就成為主要的解決方式。藉由兼任來掩飾的做法，雖然解決名義的問題，但卻成了對其他機構的滲透，並讓機構的運作高度仰賴人際關係或個人魅力，並產生出個人化的特性。

透過回顧與分析國民政府情報組織的誕生與分化，顯示整個發展的過程，似乎不同於現有認識而呈現出一個不同的圖像。「兩統」從兩個非政府機構合併轉型進入政府，到再度分化為兩個執掌、規模甚至屬性不同的系統，目前的研究多以兩組人馬間勢力消漲與鬥爭的角度切入，且蔣中正的角色往往相對被動。然而，這種觀點其實多忽略現代情報組織此時多處萌芽階段，機構的成立多待戰爭爆發後才緊急或臨時設立。國民政府對情報組織的設計，在沒有對照組的情況下，「戰功」大者對制度規劃的影響力自然較強。一旦競爭激化，很容易就被觀察者視為鬥爭，使得其他因素都被「鬥爭」所掩蓋。

　　根據上述考察，筆者以為國民政府情報組織兩大系統的誕生，實際上皆是為滿足需要，並非如陳立夫所說的互相查對，或基於鬥爭觀點出發的相互監視，而調查統計局的分化，除與工作績效有關外，則可能是蔣在通盤考量抗戰黨政關係時，基於專長所做的調整。以兩統的誕生來看，若按照過去的理解，「兩統」的勢力理應均等發展，但整個過程中卻難見蔣刻意保持兩者均衡發展的舉動，使得軍統最後遠大於中統，根本無從相互制衡與查對。此外，蔣在特務處成立前，亦曾於自我檢討的紀錄上寫下「無幹部、無組織、無情報」，可這時黨務調查科早已成立，足見當時在蔣心中，黨務調查科根本就不成氣候，而既然「無情報」又怎麼會想到要牽制與查對。[76] 在調查統計局分化為兩統上，則要回頭看徐恩曾與戴笠在此之前的「戰績」來看。徐恩曾與中統一系，在分割以前最輝煌的成績，可謂透過顧順章破獲大量共黨組織一案。相較之下，戴笠則是憑著電訊系統從兩廣事件開始，就在軍事方面屢屢建功。因此，即便兩者工作範圍多有重疊，但在蔣的心中，恐怕難免出現一個兩者專長不同的印象。若從這個角度來看，蔣在中統一系工作績效不佳的情況下，選擇將徐恩曾等人遷回黨執掌黨務調查業務，就顯得較有脈絡可尋且合理。所以影響蔣對兩統規劃的因素，除可能與當時中統的成績有關外，專長可能也是背後重要的因素之一。

　　藉由本文的研究可知現今學界對於國民政府情報組織的誕生與演變，尤其是分割轉化為兩大系統的發展，認識其實仍舊相當模糊。這除顯示目前對國民政府情報組織的瞭解不足外，還連帶影響相關研究的可信度。筆者透過國史館、檔案管理局與國民黨黨史館所藏檔案，結合過往材料和研究成果，試圖從中統局與軍統局兩者前身的誕生，到兩個機構隨發展而合併，最後又走向分裂的過程與原因，並以此稍微歸納出國民政府情報組織的特性。期待

---

[76] 吳淑鳳、張世瑛、蕭李居編輯，《不可忽視的戰場——抗戰時期的軍統局》，頁 7-9。

通過這樣的爬梳與分析，能對中統局與軍統局的發展有更清楚認識，以作為未來學界更深入研究的基石。

圖 1、國民政府情報組織變化圖

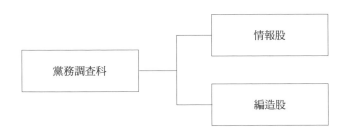

圖 2、1928 年黨務調查科組織圖

資料來源：根據賴彥儒，〈徐恩曾與中統局興衰之研究（1926-1945）〉中所引張起厚，《中統英烈編年紀要》，筆者曾試圖於法務部調查局兩岸情勢研析處調閱此書，但該單位表示雖目錄載有此書惟架上遍尋不著，因此僅能依照前所見資料引用。賴彥儒，〈徐恩曾與中統局興衰之研究（1926-1945）〉（桃園：國立中央大學歷史研究所碩士論文，2017 年），頁 21。

圖 3、1932 年特務處組織圖

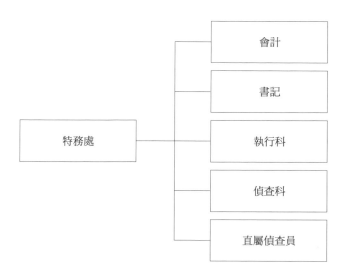

資料來源：國防部情報局，《國防部情報局史要彙編》（臺北：國防部情報局，1962 年），頁 12。

圖 4、1935 年軍事委員會調查統計局組織圖

圖 5、1938 年軍事委員會調查統計局組織圖

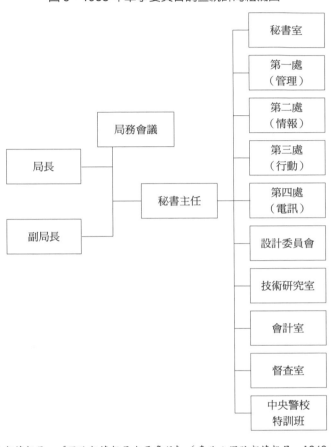

資料來源：國防部情報局，《國防部情報局史要彙編》（臺北：國防部情報局，1962 年），頁 27。

圖 6、1938 年中國國民黨中央執行委員會調查統計局組織圖

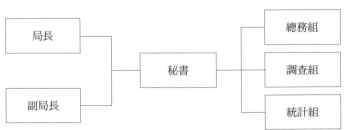

資料來源：「徐恩曾呈蔣中正」（1938 年 5 月 2 日），〈特交檔案（黨務）－各黨派動態（第〇五三卷）〉，《蔣中正總統文物》，國史館藏，典藏號：002-080300-00059-005。

抗戰時期國軍的戰場衛勤運送與支援*

楊善堯

國立政治大學歷史學系博士候選人、大學講師、喆閎人文工作室創辦人

一、前言

衛勤，乃衛生勤務，屬於軍隊後方勤務三大工作（交通運輸、生產補給、醫療衛生）的其中一環。而在醫療衛生的後方勤務方面，亦包含了戰場救護、傷患轉運、榮軍照護等方面。然在後方勤務（亦可簡稱為後勤）與作戰不可分離的原則之下，戰場的衛生相關支援勤務須在戰爭開始之前做好規劃與部署，方能在戰爭發生當下與之後發揮其作用，亦可謂「後勤即為先勤」的概念。

然有句軍事古語云：「大軍未動，糧草先行」，亦指軍隊作戰在後方勤務部署上占有決定性的關鍵地位，而此處的糧草先行，亦未僅止於概念中的軍用物資補充，廣義而言，亦包含了與衛生勤務相關的運輸轉運與醫療救

---

* 本文承蒙兩位匿名審查委員提供寶貴修訂意見，特此誌謝。

護。戰後時任參謀總長的陳誠（1898-1965），在國防部成立週年的紀念大會上，曾公開表示：「一般人責備剿匪緩慢，都是不知道實際狀況。士兵打仗要吃飯，雇民伕也要吃飯，糧秣的困難，是使軍事緩慢的原因。」[1]由陳誠的此番言論，可以窺知以陳誠當時所任軍事職務之高度，竟說出如此之言，可見後方勤務工作之重要性。但由於後方勤務所涵蓋範圍廣泛，上至交通運補、醫療衛生、武器裝備等規劃部署，下至軍用衣服、棉被、紗布、藥品等微小之物，皆包含在所謂「後方勤務」的範圍內，可謂無所不包。又過往在研究軍事史，研究者多注意在戰爭序列與結果或戰時體制等較為明確的軍事主題上。因此關於後方勤務方面的研究，就成為研究者較為忽略與注意的領域。但對於一場戰役甚至整體戰爭而言，後方勤務所含括的工作，卻足以左右軍事行動的成敗結果。

後方勤務所包含的，不僅只有軍政層面的建設，因為除了軍隊後方勤務制度的建立外，更重要的是要如何在制度建立後，有效地在軍事戰略上取得所需的後方勤務補給資源，兩個部分相加起來，才是完整的軍隊後方勤務。在抗戰爆發之前的中國，由於國民政府經歷過一段「較為」穩定的建設期，因此在關於如何配合後方勤務建設的相關規劃、運作、產業經濟上，均有初步的規模，方得以因應後來突發的對日抗戰。

由於國軍自黃埔建軍後，僅歷經短短的十餘年時間，就面臨了歷時八年的全面性對日戰爭，且在盧溝橋事件爆發之前，國軍一方面在進行軍事整備的同時，另一方面在國內的軍事行動亦未中斷，在整訓上可謂且戰且走的狀態。因此，到了 1937 年爆發的對日抗戰，不論是在規模或時間上，都是近代中國以降最為龐大的一場持久消耗性戰爭，因此後方勤務的運作成效更顯得重要。

---

[1] 「樹立制度提高效率——於國防部成立週年紀念講」（1947 年 6 月 1 日），〈石叟叢書－言論第二十集（民國三十六年至三十七年）〉，《陳誠副總統文物》，國史館藏，典藏號：008-010102-00020-011。

　　目前有關抗戰時期國軍的衛生勤務或傷兵運輸等相關議題之研究，最為全面性的一部史料彙編為國防部史政編譯局自 1987 年逐步編輯出版之《國軍後勤史》（一至六冊），[2] 該叢書完整地將國軍從黃埔軍校建軍後至 1949 年國軍來臺初期之整體後方勤務規劃，作了較為系列性的介紹。如，第一冊部分主要介紹國軍在黃埔軍校成立前後以及兩次東征戰役的後方勤務整備狀況；第二冊部分主要為介紹國軍在北伐時期四個階段歷次戰役的後方勤務支援情況；第三冊部分主要為國軍在剿共期間的後方勤務支援情況；第四冊分為上、下兩冊，主要詳細地介紹抗日戰爭期間前、中、後三期抗戰階段歷次會戰及大型戰役的後方勤務支援情況；第五冊主要為介紹國軍在戰後國共內戰的後方勤務情況；第六冊則為介紹遷臺初期（1950-1955 年）[3]，國軍三軍部隊在臺灣的後方勤務組織、聯勤制度、後方勤務整訓體系以及遷臺初期臺灣的經濟概況等。

　　在較早以前，亦有數本由國軍將領所撰寫之國防與後方勤務相關專著，旨在從後方勤務理論層面來看後方勤務相關議題。例如李先庚之《國防後勤論》、[4] 張載宇之《國防後勤概論》、[5] 李啟明之《中國後勤體制》。[6] 在兵站相關部分僅見陳長河之〈1926-1945 年國民政府的兵站組織〉、[7]〈抗戰期間國民黨政府的兵站組織〉、[8]〈抗戰時期的第二戰區兵站總監部〉等專文。[9]

---

[2]　國防部史政編譯局編，《國軍後勤史》，第一至第六冊（臺北：國防部史政編譯局，1987-1992 年）。

[3]　《國軍後勤史》第六冊部分，僅介紹國軍來臺初期自 1950 年至 1955 年，陸、海、空三軍的後方勤務情況，1955 年之後的國軍後方勤務發展，國軍史政單位即無以統一性的史料彙編進行編纂，而是由聯勤以及各軍種自行編纂的建軍史中，方可窺知。

[4]　李先庚，《國防後勤論》（臺北．臺灣提拔書局，1958 年）。

[5]　張載宇，《國防後勤概論》（臺北：國防研究院，1969 年）。

[6]　李啟明，《中國後勤體制》（臺北：中央文物供應社，1982 年）。

[7]　陳長河，〈1926-1945 年國民政府的兵站組織〉，《軍事歷史研究》，第 2 期（1993 年 7 月），頁 64-60。

[8]　陳長河，〈抗戰期間國民黨政府的兵站組織〉，《歷史檔案》，第 3 期（1993 年 10 月），頁 123-125。

[9]　陳長河，〈抗戰時期的第二戰區兵站總監部〉，《軍事歷史研究》，第 3 期（1994 年 8 月），頁

在傷兵運輸相關部分，則有李常寶之《抗戰時期正面戰場榮譽軍人研究》、[10]
楊善堯之《抗戰時期的中國軍醫》[11]等專書部分提出相關討論。

　　上述相關研究為全面性或為主題性的單獨討論關於國軍後方勤務、衛勤
兵站或傷兵運輸之相關議題，較無軍隊衛生勤務與支援的討論，因此給予了
本文相當大的討論空間。而有關軍隊後方勤務，概略包含了交通運輸、醫療
衛勤、補給保修等三個部分，在討論區域上若要更加細分，亦可以戰時的某
一陣營統治區、某一戰區或某一戰役等進行更細部的探討，然如此並非單一
文章可全面概括之。因此本文僅就抗戰時期國軍在戰場上的衛生勤務概況與
支援運輸等相互配合的衛勤問題上，以國軍後方勤務制度層面為主軸，提出
相關論述作為討論。

二、衛勤的樞紐：兵站設置

　　兵站，係指專為軍隊在作戰區與非作戰區內，所設置之提供軍事需要的
後方勤務單位，如傷兵轉運、補給物資、裝備保修、接待軍事要員等任務。
在現代戰爭前、後方關係密不可分的情況下，戰時後方勤務亦與近代戰術同
樣繁重。而國軍自黃埔建軍後，在國民革命軍北伐戰役中，始見兵站組織的
創設。[12] 而軍隊衛勤的運作，亦須大力仰賴兵站系統的支援，方能有效完成
其各項任務。

　　1928 至 1937 年這段期間，雖主管後方勤務事務的軍政部有數次的組織

　　61-68。

[10] 李常寶，《抗戰時期正面戰場榮譽軍人研究》，（北京：人民日報出版社，2014 年）。

[11] 楊善堯，《抗戰時期的中國軍醫》（臺北：國史館，2015 年）。

[12] 「兵站沿革史」，《國防部史政局和戰史編纂委員會》，中國第二歷史檔案館藏，微卷號：16J-
　　0085。

變遷，但並未影響軍政部及其轄下各署、局管轄全國後方勤務的統籌。事實上，在國民革命軍北伐成功後，依照國民政府組織法的規定，參謀本部直隸於國民政府，而參謀本部掌軍令，軍政部掌軍政、訓練總監部掌教育。故軍政部轄下之軍需、軍醫、兵工等與後方勤務有關的各單位，須配合軍令系統，供應戰備之需要，在人力、物力、資財的儲備，有關軍隊保養、衛生、運輸等籌劃與供應，都是屬於軍政部的後方勤務範圍。[13] 此時的兵站組織，則是配合軍事行動，在各集團軍、各師或行營等體系內，直接設置各級後方勤務幕僚單位及兵站總監部、兵站支部、兵站（庫）等單位，[14] 後方勤務與兵站兩者間相互配合。簡而言之，在抗戰爆發之前的後方勤務兵站體系，是以各兵站獨立運作，並與軍政、軍令體系相互配合為主要的運作模式。

　　抗戰爆發後，為因應戰時需求，1938 年 1 月 17 日，國民政府公布了「修正軍事委員會組織大綱」，[15] 除修改原先的軍事委員會內部組織與職掌外，更重要的是將後方勤務部納為軍事委員會直轄機關，負責掌理各戰區之兵站

---

[13] 李啟明，《中國後勤體制》，頁 306。
[14] 國防部史政編譯局編，《國軍後勤史》，第三冊（臺北：國防部史政編譯局，1989 年），頁 49。
[15] 此次國民政府頒布的「修正軍事委員會組織大綱」，除上述之後方勤務部的職權外，其餘內容主要為：
　一、國民政府為戰時統轄全國軍民作戰便利起見，特設軍事委員會，直隸國民政府，並授權委員長執行國民政府組織法第三條所規定之職權。
　二、軍令部掌理動員作戰及後方勤務之籌劃運用等事項。
　三、軍政部設軍務、軍需、兵工、軍醫等署。掌理：
　　1、陸海空之建設改進、人馬之維持補充、交通通信之整備，及全國總動員之籌劃。
　　2、陸海軍軍費、糧秣、被服、裝具、營繕及其他軍需品之籌辦分配、場廠倉庫之建設管理，及民間有關工業資源之利用。
　　3、軍械彈藥之籌辦分配、場廠倉庫之建設管理，及民間有關工業資源之利用。
　　4、陸海軍之衛生保健及衛生機關之籌劃運用。
　四、航空委員會，掌理空軍之建設、保育、訓練與指揮事宜。
　五、銓敍廳，掌理陸海空軍之銓衡考績與恤掌事宜。

設施與管理、糧彈油料之補給運輸，以及衛生保健與傷病後送等事務。[16] 此一規劃除了將後方勤務單位獨立出來之外，亦是以軍事委員會為戰時最高統帥部，取代舊有的參謀本部、訓練總監部、軍政部分工模式，由軍政部負編裝之責、軍令部負作戰運用之責、軍訓部負訓練之責、政治部負政工之責、後勤部負補給之責，各部再由參謀總長指導協調。[17] 而此一規劃，在關於後方勤務整補的兵站業務，也打破在此之前兵站組織各自運作的模式，進而以一個全國的統一單位來管轄所有的後方勤務兵站組織。

　　而就整個後方勤務指揮體系而言，觀其「修正軍事委員會組織大綱」，可以發現軍政部與後方勤務部兩個單位並無隸屬關係，同為軍事委員會下轄之機關，也就是說，在戰時的後方勤務上，軍政部、後方勤務部兩者之間仍是保持相互配合的關係，因主要的生產或採購業務是屬於軍政部的職掌，而如何運輸與分配，則是後方勤務部的工作，但這兩個單位除了各自運作外，亦須接受與配合軍令部在戰時動員作戰的指導，方能形成一個完整的戰時後方勤務體系。也就是說，軍政、後勤、軍令三者之間，在抗戰時可說是一種既分工又合作的關係，這樣的模式雖然是一種較為細緻化的作業，但不免讓三方的「溝通聯繫」成效，成為了是否能順利達成任務的重要因素。

　　至於在戰時設置一個統轄全國兵站單位機關的構想，其實早在 1935 年就有準備。當時國民政府的軍隊一方面在各地進行剿共行動，但另一方面亦鑒於日軍在中國有越來越積極行動的態勢，因此在軍事委員會下設置了一非公開的首都警衛執行部，其中第二組即主持全國後方勤務策劃及一切儲備設施。1937 年 7 月 7 日，盧溝橋事件爆發後，為因應全面戰爭的到來，隨即調整軍事機構，於同年 8 月以首都警衛執行部第二組為基礎，擴編為後方勤務

---

[16] 國防部史政編譯局編，《國軍後勤史》，第四冊上（臺北：國防部史政編譯局，1990 年），頁160。

[17] 羅列，《戰後我國國防組織之研究》（臺北：國防研究院，1963 年），頁 30。

部，以俞飛鵬（1884-1966）為首任部長，下轄各戰區兵站總監部、各集團軍
兵站分監部等單位，形成一個完整的全國戰區後方勤務體系，以實施網狀補
給與支援任務。[18] 並於隔年 1 月頒布的「修正軍事委員會組織大綱」中，將
後方勤務部正式納入軍事委員會下轄的一級單位。有關後方勤務部的組織系
統，請參見表 1。

　　自 1937 年 8 月後方勤務部於首都南京設立後，其機關位置隨著戰局的
變化有所轉移，自南京開始，經歷了南昌、長沙、貴陽等地，最後於 1939
年 5 月遷徙至重慶。[19]

表 1、後方勤務部組織系統表

部　　長

副部長

參謀長

17 政治部	16 兵站史料編輯會	15 軍郵督察處	14 衛生處	13 軍械處	12 經理處	11 交通處	10 副官處	9 秘書處	8 參謀處	7 公路線區司令部	6 鐵路運輸司令部	5 各兵站統監部、兵站總監部	4 直屬兵站支部、兵站及派出所	3 監護營	2 各種委員會	1 本部各辦事處

說明：本表為 1942 年 2 月之後方勤務部組織編制。
資料來源：本表根據國防部史政編譯局編，《國軍後勤史》第四冊上，內容重新製表。

---

[18] 國防部史政編譯局編，《國軍後勤史》，第四冊上，頁 202。
[19] 國防部史政編譯局編，《國軍後勤史》，第四冊上，頁 206。

　　除了後方勤務部外，軍政高層在抗戰爆發後，亦有設立一個全國最高醫政機關的構想。時任軍事委員會副參謀總長的白崇禧（1893-1966）曾在1938年9月16日上呈蔣中正（1887-1975）一封電文，內容提到希望能在戰時設立一全國最高醫政機關，並由軍政部長兼任此一機關首長。

　　　　查前線傷亡將士至夥，衛生醫療動關全局，輒見前線部隊平時對於團體衛生毫不注意，以致病者累累，及至作戰之時，受傷官兵醫藥治療又復供不應求，揆厥原因，端在全國衛生機關系統紛紊，指揮不靈，如軍政部軍醫署、後勤部衛生處與內政部衛生署，因系統各異而缺乏聯絡，同時民眾團體方面之各地紅十字會及其他衛生救護組織，均各自為政，缺乏聯絡，以致工作不能循需要以進，人才及醫藥器材更不能收平均互用之效，為此，擬懇在作戰時期由軍委會、行政院會設一全國最高醫政機關，統理其事，如因人事關係衛生系統不易統一，可否由軍政部長兼任，務期組織畫一，工作及人才得以分配平均，對於軍隊作戰不無裨益也，謹電呈核。[20]

　　白崇禧的此一建議，雖獲得蔣中正的同意，在後續的回覆電文中亦窺見軍政部內組設了「戰時衛生勤務設計委員會」此一組織，將內政部、衛生署、軍政部軍醫署、後方勤務部衛生處、紅十字會及各行營軍醫處與軍醫學校主要人員均囊括在內。但筆者目前在相關軍政檔案中，僅找到一、兩件關於此一委員會的相關檔案，故就筆者的推測，此一委員會應為軍事委員會在戰時所設立的諸多幕僚諮詢單位中的其中之一，而非具有實際執行力之機關，因

---

[20]　「何應欽呈蔣中正關於設全國最高醫政機關案已由戰時衛生勤務設計委員會推行並嚴令擬定補救所列缺點辦法積極改進等文電日報表」（1938年09月16日），〈一般資料－呈表彙集（七十五）〉，《蔣中正總統文物》，國史館藏，典藏號：002-080200-00502-106。

此在未有更多相關檔案史料足以作證的情況下，似無深入討論這個宣稱是抗戰時期統一全國戰時衛勤最高醫政單位的必要。

不過此時在軍事委員會之下，除了由後方勤務部統籌整體後方勤務外，在衛勤方面，蔣中正亦下令程潛（1882-1968）在軍事委員會的組織下，利用現有之各衛生機關及軍醫機關的人才與設備，集中於軍事委員會之下，由衛生署與軍醫署合併成立衛生勤務部，對於戰時衛勤相關機關人員有監督、指揮、考核及任免之權力。[21] 以劉瑞恆（1891-1961）為首任衛生勤務部部長，[22] 並將後方勤務部中所專責辦理衛勤業務的衛生處，工作業務移歸至衛生勤務部辦理。[23]

至於抗戰期間兵站支援衛勤、運補、傷運體系的發展，大致可分為前後兩個階段。第一階段乃抗戰爆發後，主要以「獨立後勤型態」的運作模式為主。如表 2 所示，由軍政部籌措支援後方勤務部，而後方勤務部則在桂林、西安兩地分別設立直接隸屬之兵站統監部，分別指揮各戰區之兵站總監部，在各戰區分別成立的各兵站總監部，在作戰行動上直接受各戰區司令長官的指揮監督，在行政業務方面則受後方勤務部或兵站統監部的指揮監督。[24] 在各站區的兵站總監部下，以一個兵站分監部支援一個集團軍；一個兵站支部支援一個軍或獨立軍；一個兵站分部支援一個師或獨立師；一個兵站派出所支援一個獨立旅等方式，[25] 來建構出一個全國的獨立後方勤務兵站系統。各戰區兵站業務機關配置如下：

21　「蔣中正條諭程潛應於軍委會下設衛生勤務部由衛生軍醫兩署合併組織」（1938 年 09 月 12 日），〈革命文獻－抗戰時期〉，《蔣中正總統文物》，典藏號：002-020300-00007-007。

22　「蔣中正電委劉瑞恆為軍事委員會衛生勤務部部長」（1938 年 09 月 12 日），〈籌筆－抗戰時期〉，《蔣中正總統文物》，典藏號：002-010300-00004-066。

23　「蔣中正指示後方勤務部衛生處事務移歸衛生勤務部辦理」（1938 年 09 月 12 日），〈籌筆－抗戰時期〉，《蔣中正總統文物》，典藏號：002-010300-00004-068。

24　國防部史政編譯局編印，《國軍後勤史》，第四冊上，頁 221。

25　國防部史政編譯局編印，《國軍後勤史》，第四冊上，頁 213。

甲、每戰區配屬戰區兵站總監部一，統理該區兵站業務。

乙、每集團軍指揮六個師以上者，配置兵站分監一，軍團指揮四個師以上者，配置兵站支部一，掌理區內兵站業務。

丙、每師設師屬分站一，掌理該師之補給運輸業務。

丁、砲兵旅於必要時得設獨立派出所。

戊、特種部隊，如戰車隊、通信隊、高射炮隊、化學隊等由所隸屬之主管機關兵站代為辦理。[26]

表 2、抗戰時期後方勤務支援體系關係圖

軍事委員會

軍政部	>	後方勤務部		軍令部
		兵站總監部	← >	戰區
		兵站分監部	← >	集團軍
轄各軍需生產機構 及後方勤務機構		兵站支部	← >	軍、獨立軍
		兵站分部	← >	師、獨立師
		兵站派出所	← >	獨立旅

說明：「>」為支援線，「←」為督導管制線，
資料來源：本表根據國防部史政編譯局編印，《國軍後勤史》第四冊上，內容重新製表。

這樣的型態，以橫向關係而言，軍政部、後方勤務部、軍令部三者相互配合，由軍令系統下達戰略及戰術指令後，軍政、後方勤務兩部在配合軍令作戰的前提下，由軍政部負責生產、採購、儲備、翻修等事宜，再將所得軍用物資交由後方勤務部下轄的各級兵站負責運輸、分配、補給物資，或者將

---

[26] 「兵站沿革史」，《國防部史政局和戰史編纂委員會》，中國第二歷史檔案館藏，微卷號：16J-0085。

須輸送之傷病人員，藉由各級兵站轉運系統，來進行後送事宜[27]。如此，各級兵站皆具有獨立運作的特性。

此一軍政部、後方勤務部、軍令部三者橫向配合關係的制度規劃上，雖然在抗戰爆發前即以此規劃進行運作，但至 1942 年時，蔣中正在給時任參謀總長何應欽（1890-1987）的國軍整理計畫綱要中，關於中央軍事機構整理三項原則的指示中提到：

> 後方勤務部應視為作戰機關之主要部門，需常與軍令部密切聯繫，以保持野戰軍之活力，使無匱乏之虞，故一切人馬、器材、彈藥、糧秣、服裝、醫藥之補給，傷病兵之處理後送，皆屬兵站業務，為作戰計畫中不可缺少之一部份，故後方勤務部應斟酌戰場需要之緩急，國家資源之豐嗇及國際援助之狀況，向軍政部提供補給意見，以為作戰計畫主案之參考，故一入戰時，軍政部應將一切作戰部隊移交軍令部指揮考核，同時亦應將衛生、補給、運輸等組織移交後勤部指揮考核，雖我國戰區錯複，不能將「兵站管區」劃分清楚，但何者應屬軍政部，何者應屬後勤部，應有明晰合理之規定，必使軍政追隨軍令，則野戰軍之補充，方能適合戰機，若仍以平時方式，由軍政部直接辦理補充，後勤部僅負轉運之責，則與戰時統帥部組織之原則不合，應予澈底改善，重加調整。[28]

由此可知，對日抗戰至此已有四年時間，但在整個後方勤務的運作上，仍有很大的檢討與改進空間。

---

[27] 李啟明，《中國後勤體制》，頁 308。

[28] 「蔣中正條諭何應欽國軍整理計畫綱要關於中央軍事機構整理原則三項」（1942 年 10 月 01 日），〈革命文獻－抗戰方略：整軍〉，《蔣中正總統文物》，典藏號：002-020300-00007-086。

　　第二階段乃中華民國於 1941 年底太平洋戰爭爆發正式加入盟軍作戰體系後，藉由與美軍合作的經驗，加上 1945 年 2 月，後方勤務部改組為後方勤務總司令部後，將全國劃分為西南、西北、東南三個補給區，以倉庫補給網的方式，建立一個「從屬後勤型態」的後方勤務補給體系，採用戰區與部隊後方勤務並用的方式進行整補。而此一時期，全國各戰區補給有關部隊及各單位官兵人數，約在 240 萬人以上。[29]

　　兩個階段型態不同之處在於，第一階段為兵站獨立運作，各級兵站自成一套由上而下的獨立命令模式，在不同的戰場範圍之下，設置不同等級的兵站，相互配合。然第二階段的型態，則以範圍式的補給運輸型態為主，不以戰區或軍、師等軍隊編制進行後方勤務運輸與補給，而是在補給區中，以網狀面向的方式，進行區域性的補給，在每一補給區中，分別設置補給區司令部，進行統整業務。不過第二階段的變革，主要是將原先以戰區或軍、師的補給方式進行統整後，將相近範圍內的區域整合起來。其三大區域補給運輸業務範圍如表 3 所示：

表 3、第二階段三大後方勤務補給運輸區域整合

補給運輸區司令部	包含戰區範圍
西南補給區司令部	遠征軍戰區、滇越邊區、黔湘邊區、第四戰區
西北補給區司令部	第一、第二、第五、第八、第十戰區
東南補給區司令部	第三、第七、第九戰區

說明：1、第六戰區兵站總監部直接承後方勤務總司令部之管轄。
　　　2、重慶衛戍區及川、康兩省，直接由後方勤務總司令部所屬各機關分別辦理。
　　　3、新疆境內，則由軍政部註新疆供應處辦理。
資料來源：本表根據國防部史政編譯局編印，《國軍後勤史》，第四冊上，內容重新製表。

---

[29] 「後勤部及聯合勤務總司令部第四補給區司令部業務總報告書」，《軍政部兵工署》，中國第二歷史檔案館藏，全宗號：七七四，案卷號：417。

三、衛勤的支援：傷兵輸送

在討論戰時傷兵的輸送問題之前，先來看一段當時傷兵的描述以及由時任軍事委員會軍風紀巡查團第二團主任石敬亭（1884-1969），在巡視各戰區檢查部隊軍風紀時，所觀察到的傷兵情況：

（一）我是一個傷兵，現代要代替過半數不及救治的負傷同志們，向這四萬萬五千萬的後方同胞們訴苦。現在一切的安全設備，多仿佛在離前線數百里之外，而軍隊本身的救護能力，只活動於火線十餘里範圍內，試問許多負重傷的同志，在交通阻斷的戰場裡，有什麼方法來渡過這長距離而到達安全地帶？負傷初期，因流血過多，常失運動能力，且在敵空軍活躍之下，因頓跋涉，多至一星期以上不得換藥。雖傷創極輕，也迫得走上死路。這裡我們負傷同志不得不提出抗議，只有當兵的在抗戰，只有當兵的該死？最後，我們期望後方所有的同胞切實注意，這富有作戰經驗的傷兵，是佔國軍的大部數量，是充分有轉移戰局能力的。[30]

（二）查沿途傷兵絡繹不絕，大多忍痛徒步，極鮮擔架車馬，且有無力舉足，倒臥路側，無人過問，負傷戰士而待遇若此，亦使後方部隊見而寒心，除與第五戰區長官部，商酌組織擔架隊外，擬併飭令後方勤務部多備傷兵汽車運輸，或其他徒步工具，以資救濟。[31]

---

[30] 楊再思編，〈抗戰中的傷兵問題〉，收入張研、孫燕京主編，《民國史料叢刊》，第 257 冊，政治‧軍隊戰爭（鄭州：大象出版社，2009 年），頁 219-220。

[31] 「石敬亭等呈蔣中正傷兵甚多請飭後方勤務部多備傷兵汽車或其他工具以資救濟等文電日報表等二

由上述這兩段的這段描述，大致可以看出以下幾個戰時的傷兵問題：

1、保護或救治士兵的醫療場所距離戰場太遠

2、受傷士兵因為交通運輸的關係無法遠離戰場至安全地區

3、軍醫的救治能力不良，有可能小傷變大傷甚至陣亡

前兩個問題，基本上就點出了戰場傷兵與交通輸送的關係。不論是野戰部隊內軍醫救治系統，或是後送的交通輸送系統，在這兩位傷兵的描述下，都是值得提出討論的關鍵。然此一問題，再從另一份檔案中的描述亦可窺出端倪。抗戰爆發後不久，蔣中正給了新成立的軍事委員會衛生勤務部部長劉瑞恆一封電報，其電文內容為：

> 近日各車站傷兵到站後皆無人招收，其情況目不忍睹，致多物議。尤以首都為甚，務希各車站多派及力人員主持，並就近多設床位救護傷兵為要。[32]

由此可知，在蔣中正的觀察中亦注意到，在抗戰初期的衛生勤務中，傷兵在軍用運輸系統將其送至各城市的車站後，並未有效發揮衛生勤務工作中的轉運分送醫療勤務，使得衛勤的輸送系統在此時未如預期的發揮作用。

有關戰區的醫療衛勤與輸送，主要是以在最短的時間內，治癒最高數額的傷患，使其早日歸還建制，這些痊癒歸建人員，對於人員充實方面，具有最大價值。但某些傷患不能完全痊癒，需要較長時間療治，其進一步處理，是轉送較後的地區治療。衛生勤務由後方向前推動，在後方的衛生機關，向

則」（1938 年 9 月 20 日），〈一般資料－呈表彙集（七十五）〉，《蔣中正總統文物》，典藏號：002-080200-00502-137。

[32] 「蔣中正電劉瑞恆多派人員主持各車站傷兵招收」（1937 年 09 月 26 日），〈籌筆－抗戰時期〉，《蔣中正總統文物》，典藏號：002-010300-00005-049。

前接運前方衛生機關的傷病，俾得迅速減輕其負擔。[33] 以上是戰時衛生勤務的核心重點概念，但這樣的概念要如何落實在實際的戰場之上？

圖 1、榮譽軍人後送系統圖

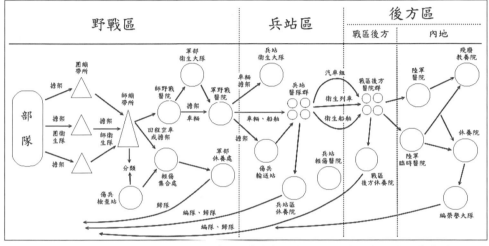

資料來源：根據「軍醫業務革新建議」，《一般檔案》，中國國民黨黨史館藏，典藏號：一般539/25，繪製而成。

　　圖 1 是軍隊所規劃的戰時傷兵後送流程，並且清楚的指出一位軍人因戰爭緣故成為傷兵後，是如何藉由這套後送流程來完成傷兵的醫療救治或是救治完成後的處置。在圖 1 中可以清楚的看到，設計者的概念將整個戰場分為三大區域，分別是野戰區、兵站區、後方區三個部分。

　　首先，野戰區即為戰爭砲火最為猛烈的敵我熱戰區域，在野戰區受傷的士兵，部隊裡的軍醫或是醫療人員[34] 第一部先進行受傷程度的判定，如圖 1

---

[33] 張載宇，《國防後勤概論》，頁 217。

[34] 並非所有軍隊中擔任醫療任務的人都叫做軍醫，正式的軍醫必須是從軍醫學校或者戰時設置的衛勤訓練所畢業，或者是由一般醫學院畢業後因戰事徵招入伍的醫生，才能稱為軍醫，也就是這些人是受過正式醫學訓練的人，但以當時軍隊人員與軍醫的數量比而言，正式軍醫數量僅占極少的比例，

中所示，在各級部隊當中，原則上都設有醫療相關單位，如果經判定傷勢不重或是可在戰場醫療單位中即可處理完畢的傷患，就先依傷勢送往團、師、軍級的醫療所或野戰醫院進行處理。如果遭軍隊醫療人員判定傷勢過重，即進入後送的階段。

其次，進入後送階段後，傷兵會先被送往介於野戰區與後方區的兵站區，此處是屬於相對安全的地帶，是戰場前後方補給運輸的轉運站，因此能提供給傷兵較好的醫療品質。兵站區所屬的醫療院所等級亦較野戰區高，可處理相對嚴重的傷病情況。而進入到此兵站區的運輸，其運輸方式為因應戰場地形地貌的變化，因此有了相應的交通運輸設備，如擔架、衛生車輛、衛生船舶、衛生列車，甚至是飛機。原則上多數的傷兵，可以在兵站區內的醫院進行救治以及後續的休養。

最後，在整個後送流程中的後方區，即為已脫離戰爭地帶的安全區域，但又可分為兩個部分，一是各戰區的後方，二是遠離戰區的內地。後方區的位置，多為城市或軍政機關的所在地，因此擁有比前兩區更好的醫療品質與補給。故經由交通後送系統送往後方區的傷兵，大致上會有兩類，一類是前兩區皆無法救治的重大傷兵，另一類則是已造成永久性傷害且無法再返回戰場執行任務的殘廢傷兵。有關於此類殘廢傷兵，軍隊為安置此類傷兵，亦設有相關的生產事業或訓練班，如技術人員訓練班、生產業務實驗區、工廠及

因此大概只有軍級或師級以上的部隊或是戰區軍事單位才有配置正式軍醫的可能。另在軍隊中從事醫療行為者，從較低層的連級部隊開始，多為未經過正式訓練的行伍人員充任，僅憑著從非正式醫學訓練得來的粗糙醫療技術來從事救治傷兵行為，這類型的醫療人員佔了絕大多數，也因此才有第一線或是前方部隊的軍人受傷後，寧願不進醫療單位，以免小傷變大傷，大傷死亡的情況出現。有關於此點，軍隊因戰事急遽的擴大，兵源數量激增，導致軍隊醫療人員比例不足的問題，亦在戰事全面爆發後有了相對的因應措施，即成立了快速的醫療教育速成單位，以調訓的方式，將軍隊現有未受過正規醫療教育的人，藉由短期（數週或數月）的訓練後，再返回原單位執行醫療任務，藉以提升軍隊醫療人員的素質。

實驗農場、墾殖團隊等，並由軍政部下轄的榮譽軍人生產事業管理局負責管理[35]，讓這些被稱為榮譽軍人的傷兵，雖然無法再重返戰場進行，但仍能以有限之軀為戰爭盡一份心力。至於在各區養復的士兵，經由各區醫院到休養處的傷癒過程後，亦同樣藉由兵站的交通運輸系統返回原部隊，若無法返回原部隊歸建者，則為重新編隊。

　　然圖 1 的軍隊傷兵後送系統設計，也非是抗戰爆發後才出現的規劃，這套設計在戰前就已被相關人士提出，並有清楚的各級區域設計概念想法，如表 4 所示：

表 4、戰前各衛生勤務區域單位統轄表

區域	所屬統轄單位	該區最高衛生行政長官
野戰區	團衛生隊 師野戰醫院 師軍醫處 軍軍醫處 野戰預備醫院	軍軍醫處長
兵站區	兵站總監衛生處 兵站監部衛生科 各兵站醫院 兵站總監部附設衛生材料庫 兵站預備醫院	兵站總監部衛生處長
後方區	總司令部軍醫處 各後方醫院 各陸軍醫院 傷病員兵後方輸送站	總司令部軍醫處長

資料來源：根據「史國藩編著《衛生勤務》一書」（1935 年 02 月 23 日），〈衛生勤務〉，《國民政府檔案》，國史館藏，典藏號：001-075715-0001-001 內容彙整製表。

---

[35] 「行政院長蔣中正呈國民政府為軍政部榮譽軍人生產事業管理組織規程暨編制表請備案」（1941 年 04 月 28 日），〈各管理處（局）組織法令案〉，《國民政府檔案》，國史館藏，典藏號：001-012071-0145-003。

　　另在此處亦要提到關於傷兵經由後送後，在醫療院所內的情況。基本上，在一名正常健康的軍事人員成為傷病兵後，除了解除了戰場作戰的任務，成為另一種特殊身分的軍人外，並非就只有單純的養傷工作而已。當時的傷兵，不論是在那一級的醫療單位，對於傷兵醫院中之傷兵應施以特種教育，傷兵可依其傷勢之重輕，酌為分組編隊，而以院長或管理員為領隊，施以特種訓練，如此不僅使傷兵有所管束，且得利用病中之時間以充實傷兵之智識，且應於每三月考核一次，按其成績之優劣予以賞罰。[36]

　　而關於傷兵的地位或是稱呼，政府軍隊相關要員亦有呼籲，如蔣中正在戰時曾要求時任政治部部長的陳誠，對於戰地的人民要以宣傳和組織的手段，多鼓勵各地方人民對傷病兵要有愛護的熱忱。[37]而抗戰爆發後，傷殘者日眾，鑒於「傷兵」、「殘廢」等名詞會增加傷殘者自卑心理以及影響社會人士對其崇敬的意義，故於1940年5月1日起，政府亦特頒令將傷兵改稱其為「榮譽軍人」。[38]而在1945年抗戰即將告一段落的前夕，蔣中正亦下令對於全國的榮譽軍人應頒發榮譽獎章，並以受傷次數之多寡來定其等級，以資褒揚榮譽軍人對於戰爭的貢獻。後以軍委會原已訂有頒給全國負傷之榮譽軍人的忠貞獎章，作為褒揚榮譽軍人之肯定。[39]

---

[36] 「蔣中正令軍政部後方勤務部傷兵醫院中之傷兵應施以特種教育」（1941年11月10日），〈交擬稿件－民國三十年十一月至民國三十年十二月〉，《蔣中正總統文物》，典藏號：002-070200-00012-043。

[37] 「蔣中正電示陳誠鼓勵民眾愛護傷兵及設法宣傳組織戰地人民」（1938年08月07日），〈籌筆－抗戰時期（十五）〉，《蔣中正總統文物》，典藏號：002-010300-00015-032。

[38] 王耀庭，〈政府對榮譽軍人管教實施及善後計畫〉，《殘不廢月刊》，第7卷第2期（1947年2月），頁1。

[39] 「蔣中正手令商震請令印鑄局設計榮譽獎章頒發全國榮譽軍人並指示軍政處罰案件判決令行後應布達其他機關以儆效尤及辦理情形等三則」（1945年04月07日），〈特交檔案－一般資料〉，《蔣中正總統文物》，典藏號：002-080200-00554-191。

抗戰時期國軍的戰場衛勤運送與支援　137

四、衛勤的考察：兵站運輸的成效

　　抗戰期間所施行的後方勤務兵站體制，代表的是國軍自黃埔建軍以來，歷經了十餘年的發展後，所達到的一個粗具規模的運作型態。從抗戰爆發後歷經不同戰爭階段戰況的改變，雖至後期為因應與盟軍的合作而有另一種區域式的後方勤務運補型態規劃方式的出現，但大體上，整個抗戰階段仍然還是以獨立兵站制度為主要的後方勤務運輸補給方式。以戰區兵站總監部建立兵站基地，各分監部在各兵站線上建立兵站主地支援各集團軍，各分站或支部則建立兵站末地支援各軍師作戰。在幾個站區之上設立兵站統監部，隸屬於後方勤務部。這種獨立後方勤務體制，實施支援時，一是分別派遣兵站配屬各部隊支援之，一是指定兵站開設設施，建立地區後方勤務支援，各戰區多半併用這兩種方式，[40] 如此成為整個抗戰期間的後方勤務兵站規劃與施行。但這樣的作業模式，在實施後的成效為何？

　　抗戰爆發初期，蔣中正曾在淞滬會戰期間親眼目睹關於戰地傷兵的情況：

　　　　陣地死傷官兵之救護應特別設法改正，沿途傷兵之安置尤應注重，而在途中或車站上側地睡眠各車站，應多設傷兵收容所，且多設床位，總而讓傷兵睡在地上對於死亡之官兵應扛出陣地後，方查其名及安慰，故衛生部第一應在各公路與各陣地分設救護巡查隊，收容無人管理之傷兵，第二應在陣地附近之後方多設掩埋死亡之官兵，並須訂定規則與辦法。[41]

---

[40] 國防部史政編譯局編，《國軍後勤史》，第四冊下（臺北：國防部史政編譯局，1990 年），頁1370-1371。

[41] 「蔣中正條諭衛生勤務部指示救護受傷官兵及掩埋死亡官兵方法」（1937 年 9 月 22 日），〈革命

戰時身為最高統帥的蔣中正，在軍政事務上基於雙重考核的心態，又或不完全相信正規體系所上呈報告的緣故，經常不定時地派出身邊的專業技術幕僚或侍從等非正規體制要員組成考察團，前往各地戰場或軍隊進行視察及慰問作業。事後由這些戰地視察人員所提交給蔣中正的視察報告中，可以得知戰地的實際運作情況，有時將視察報告與正規體系的上呈報告相比之後，甚至會出現落差的情況。

以下就幾則戰地實際考察案例，來觀其成效為何。1938 年 12 月，由軍事委員會侍從室主管軍事情報的侍一室第二組於達（1893-1985）所上呈的「建議後方傷兵醫院應統一管理由」報告中指出：

> 我國良好軍醫，本極缺乏，又因薪水薄，風氣惡，凡醫術高明及潔身自好者，皆不願側身軍隊及軍事機關，現軍隊及陸軍醫院中之軍醫，大都不得士兵之信賴，而又不諳衛生勤務，擔架兵又多缺額，以致戰死者暴露沙場，重傷者呻吟待死，輕傷者則攜械後退，而戰線後方之繃帶所、野戰醫院、兵站醫院、後方醫院以及救護輸送機關，或有名無實，或組織不良，以致後退傷兵無人照管，守分者流離道路，轉死溝壑，黠桀者攔劫舟車，結伴強取，此與民心士氣所關甚鉅，現戰區日益擴大，以一軍醫署直接考核二百師以上之衛生業務，三百個以上之傷兵醫院，必然耳目不週，弊竇叢生。[42]

1938 年 12 月，由陳方之（1884-1969）、李良榮（1906-1967）、彭鞏英

　　文獻－淞滬會戰與南京撤守〉，《蔣中正總統文物》，典藏號：002-020300-00009-111。

[42]　「於達呈蔣中正建議後方傷兵醫院應統一管理並提升軍醫待遇培育軍醫人才及改進衛生勤務等文電日報表」（1938 年 12 月 19 日），〈一般資料－呈表彙集 （七十七）〉，《蔣中正總統文物》，典藏號：002-080200-00504-255。

（1905-1952）三人所率領的湘、贛、鄂三省醫務考察團所提之報告中提到：

奉命以來，以歷半載，工作情形，曾列表七次，呈報在案，茲謹就全般之觀感所及，綜核醫務不良之癥結，擬具調整意見。

（一）調整隸屬及命令系統

　　1、嚴分兵站與後方區之醫院種別

　　　　（1）過去情形：各戰區兵站衛生處，常控制重傷、陸軍、後方、兵站等四種醫院，空者空，滿者滿，綜計其每月收容實數，不及容量之半，因之虛糜國幣。

　　　　（2）調整意見：兵站區，只限於控制兵站醫院，其他三種醫院，歸軍醫署直接指揮，庶可統籌整理，綜覆優劣。

　　2、限制頒發命令機關

　　　　（1）過去情形：命令醫院之機關甚多，如政治部、傷管處、兵站監、警備司令部等等，且郵電煩多，各相矛盾，使醫院無法適從，因此減低醫院效能。

　　　　（2）調整意見：命令醫院之上級機關，應限於隸屬及指揮系統。

（二）調整醫務機構之辦事方法

　　1、對後方勤務衛生處與軍醫署之責任

　　　　（1）過去情形：一切衛生機關（醫院及衛生汽車船舶等）之組織及經費，均由軍醫署辦理，撥交各兵站使用，而後勤部衛生處不負其責，故常遇控制現成醫院，致演成割據局面。

　　　　（2）調整意見：劃分兵站區及後方區，使衛生處綜轄兵站區，軍醫署綜轄後方區一切經費與人事，各負其責，不得

互相推諉。[43]

由以上的兩則考察報告可知，抗戰初期在兵站區與後方區的醫院設置及運輸指揮系統上，尚未有完整的指揮建立。而此次的考察報告在上呈給蔣中正之後，對於陳方之等人所提之建議，蔣中正則裁示可照三人所擬意見進行。同樣地在此數個月之前，由後方勤務部部長俞飛鵬（1884-1966）所上呈的另一份報告中，亦提到了抗戰爆發後的衛勤概況：

> 查此次衛生狀況之凌亂，固由於傷兵之數目過多，準備不及，而實際於抗日戰爭開始之時，未有整個計畫，亦為其一大原因，茲遵照鈞會前頒抗日衛生機關調整綱要，關於後方勤務部署：（一）為應設各種醫院及傷兵收容所衛生列車汽車船舶之數目與地點之決定。（二）所有傷兵之輸送等項之規定，擬具抗日戰役兵站區後勤區衛生勤務補充計畫書，俾本部各級衛生機關，互相連繫，各負職任，於衛生勤務上得一調整，除分令遵照實施外，理合檢同擬具抗日戰役兵站區後勤區衛生勤務補充計畫書一份，備文報請。[44]

這份由後方勤務部所提之報告中，亦點出了在戰爭初期後方勤務輸送的問題，因此進而就現況擬定了新的補充計畫，其內容大致與上述所提之建議相似，此處即不再贅述。

---

[43] 「陳方之李良榮彭肇英呈蔣中正視察湘贛鄂醫院慰問傷兵後擬具調整意見及統計表並請示爾後工作區域」（1938 年 12 月 02 日），〈一般資料－民國二十七年（七）〉，《蔣中正總統文物》，典藏號：002-080200-00287-001。

[44] 「兵站區後勤區衛生勤務補充計劃」，〈兵站區後勤區衛生勤務補充計劃〉，《國防部史政編譯局》，檔案管理局藏，檔號：B5018230601/0026/800.9/7280。

1940 年，蔣中正又再度派了陳方之、金誦盤（1894-1958）兩人，就傷兵醫院的實際情況，進行視察：

一、令知各院督促給養委員會增加肉食每星期幾次。

二、軍醫署對於各院治療成績，必須分傷病之類別，嚴格考察，以為獎懲之根據，並逐月詳報本室視察委員會查核轉呈。

三、各院辦理歸隊，務求迅速，應規定期限，以歸隊之遲速為院長、政訓員、管理員考績主要事項之一。[45]

其視察的結果，兩人提出了關於飲食、分傷輸送類別、歸隊等三個項目的考察事項，建議應將後方勤務醫療人員判定傷病類別及歸隊列為相關人員的考核成績項目之一，顯示出關於這兩個部份的業務，以當時的情況尚未完善。

這樣的考察，當然可以用個案的方式，來呈現實際的情況。但事實上，有關部隊及兵站衛生機關相互聯繫合作的情況，依據戰時衛生勤務綱要就有規定，戰時分為三大區域，即野戰、兵站、後方區，三區各有其指揮機關及指揮系統，必須有條不紊，不可逾越，各級衛生機關依其任務性質分別服役於前後方的規定。但根據上述特派要員的考察報告以及相關單位所上呈的報告中，可以看出因為指揮機關未能取得密切聯繫，以至於後方勤務系統紊亂，工作力降低，許多下級機關對於多頭馬車的指揮命令常無所適從，有些部隊長官迫於情勢常直接指揮命令兵站衛生機關，但這些下級兵站機關又因

---

[45] 「陳方之金誦盤電蔣中正建議改善傷兵給養擬請每人每月加發三元期收實效等文電日報表」（1940年 05 月 16 日），〈一般資料－呈表彙集 （九十八）〉，《蔣中正總統文物》，典藏號：002-080200-00525-032。

為錯過其直屬上級兵站機關的命令，而導致有錯亂現象。[46] 圖 2 中即可顯示在衛勤系統上，兵站區與後方區各單位之指揮聯繫網絡：

圖 2、衛勤系統的指揮聯繫網絡

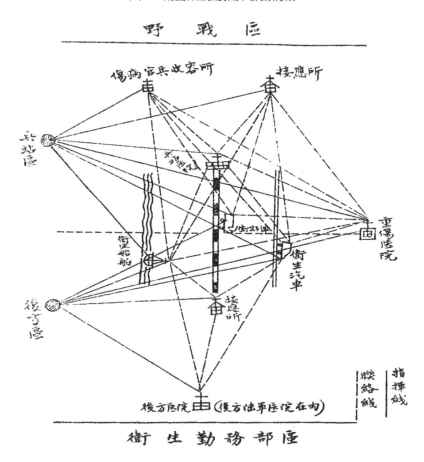

資料來源：「兵站區後勤區衛生勤務補充計劃」（1937 年 11 月），〈兵站區後勤區衛生勤務補充計劃〉，《國防部史政編譯局》，檔案管理局藏，檔號：B5018230601/0026/800.9/7280。

---

[46] 「軍委會參謀長會議有關衛生方面的提案」，《國防部史政局和戰史編纂委員會》，中國第二歷史檔案館藏，微卷號：16J-0167。

　　由於以上情況，當時在軍事委員會參謀長會議上，亦曾有人提出為避免這種情況的重複發生，可於各戰區設立傷兵救護聯合辦事處，並調派憲兵於水路交通要點協助相關檢查作業。[47]

　　此建議後來雖未施行，但由以上這些相關人士所提之意見，可以看出戰時後方勤務兵站與傷兵運輸的相關事宜，在經由不同年度的歷次考察與上呈報告，呈現出在實際上與原規劃仍有些許或相當的落差。

五、結論

　　抗戰期間，國軍後方勤務體系內有兩種單位是多得足以自豪的，一是兵站單位（包含站、庫、所），二是醫療後送單位。[48] 此等描述，顯示出抗戰時期為因應整個全國戰場的軍事需求，因而在兵站這樣具有聯繫、運補、保修功能作用的單位，廣為設置。這樣的情況，雖然如上述所言，讓各級兵站成為後方勤務體系當中設置最多的單位，在衛生勤務上發揮了若干的成效，但從本文的討論中可知，整個後方勤務或兵站制度在設計規劃時，其實已有指揮體系凌亂與疊床架屋的情況出現，以至於整個運作制度在戰時可說是邊打邊改的情況。另，也由於軍中各級勤務人員執行成效不彰之因素，導致如此的後方勤務規劃出現了計畫與施行上的落差。

　　由於國軍自黃埔建軍後，進入抗戰階段是第一次面對如此龐大的全國性軍事後方勤務作戰規劃，在時間上未能有充分的準備；在經驗上未能有充足的參考；在資訊上未能有充分的掌握，基本一切仍是以且戰且走的方式來規劃設計與進行。而蔣中正在 1938 年 2 月 27 日所召開的全國後方勤務會議中

---

[47] 「軍委會參謀長會議有關衛生方面的提案」，《國防部史政局和戰史編纂委員會》，中國第二歷史檔案館藏，微卷號：16J-0167。

[48] 國防部史政編譯局編印，《國軍後勤史》，第四冊下，頁 1376。

也提到，我國的後方勤務屬草創，希望所有負責後方勤務的人員能精勤努力與研究創造等語。[49] 作為戰時最高軍事領袖的蔣也如此認為，並以戰時諸多實際勤務執行的情況來看，確有值得討論之處。

　　綜觀整個抗戰時期後方勤務層面的衛勤制度，此時的兵站補給與運輸設計有其一套完整的獨立運作體系，並且落實在衛勤工作的實際運作上。歸納而言，可以「點、線、面」三要素來說明，如以點而言，各戰區或軍、師等單位皆有獨立的兵站點；在線而言，這些獨立點的兵站單位，藉由指揮系統串聯成一條由上而下的命令體系；就面而言，以各戰區乃至於全國的規劃，將其連結成一個面狀的網絡，形成整個抗戰時期後方勤務兵站系統的規劃。這樣的兵站規劃型態所結合的衛勤傷兵輸送體系，在規劃與執行上雖有若干瑕疵，但確也在戰時後方勤務的執行上，帶來了相當的成效，為抗戰結束後全面進行的國防軍事整頓上，在後方勤務改制為聯合勤務上奠定了基礎。

---

[49]　秦孝儀總編纂，《總統蔣公大事長編初稿》，卷四上（臺北：中正文教基金會，1978年），頁182。

社會內政

抗戰時期社會部勞動局流動調查登記站的人力調查工作（1942-1945）[*]

陳世局

國史館修纂處助修

一、前言

　　戰爭期間人力動員是相當重要的，如能將人力資源合理的運用與分配，不僅能補充前線軍隊的兵員，亦可使後方生產事業不致停頓，尤其是有專門技術的工人，能製造兵器、開築道路、興修橋梁，這些基礎工程皆有利於前線戰事運輸與補給；尤其是長期抗戰，人力與軍需的供給是最後勝利的重要因素之一。[1] 例如第一次世界大戰期間，參戰的法國、俄國等國家在中國招

---

[*] 本文曾以〈社會部勞動局的人力動員研究〉為題，發表於國史館討論會（2019 年 11 月 20 日），感謝評論人中央研究院近代史研究所蘇聖雄助研究員提供諸多建議，以及承蒙兩位匿名審查委員提供寶貴修訂意見，特此誌謝。

[1] 「軍需的繼續供給，全賴後方工廠、礦場的生產，而工廠、礦場的繼續生產，則依後方民眾勞動力的投入」，收入孫本文，《孫本文文集》，第七卷：現代中國社會問題（北京：社會科學文獻出版社，2012 年），頁 323。

募不少華工，當其本國人民赴前線作戰，所遺留下的勞力缺口，就由華工填補，成為搬運貨物、挖掘戰壕、築路造橋等工作的主要勞動力來源。

　　抗戰初期，日軍逐步占領中國的沿海港口，企圖使中國無法獲得外國的援助。此時滇緬公路就成為國外物資進入中國的重要國際運輸線。這公路途經高山峻嶺沿路崎嶇，需要具有熟練駕駛技術的司機才得以勝任運輸物資的任務。僑商陳嘉庚（1874-1961）在南洋地區號召具有駕駛汽車及修理機械技術的華僑參加「南洋華僑機工回國服務團」（以下簡稱南僑機工），駕著載有軍事物資的車輛來往於滇緬公路。[2] 這對欲封鎖中國的日軍而言，滇緬公路成了重點攻擊對象。1942 年 3 月，日軍占領緬甸仰光，同年 5 月，滇緬公路的惠通橋遭炸斷，運輸線一時受阻，[3] 南僑機工開始撤退或遣散。這件事在僑界南洋商報的記載是這些南僑機工「或已被遣散，而無力還鄉者，即就地謀業，或做小工，以圖生存，然而環境之轉變，將無法維持，而相繼失業」、「無衣無食，貧病交迫，徬徨街頭，簷下度夜，情況之慘，不忍聞問」。[4] 以上這些南僑機工被當時新聞報導所留下的情景，到了近年在某些研究中呈現出對國民政府「有始無終地對待歸僑機工，辜負華僑的一片報國之心，傷透了華僑機工們的心。南僑機工這種悲慘的結局，政府當局難辭其咎」[5] 的負面陳述。惟抗戰期間為執行「國家總動員法」而成立的社會部勞動局的報告似與上述的描述有所出入，該局視導郭士沅（1915-1989）[6] 在報告中表示

2　有關南僑機工的貢獻，請參閱：秦欽峙，〈南僑機工與抗日戰爭〉，收入華僑協會總會主編，《華僑與抗日戰爭論文集》，上冊（臺北：華僑協會總會，1999 年），頁 150-192。

3　「1941 年底太平洋戰爭爆發後，緬甸、香港等地先後被日寇侵占，本已極為有限的對外通道，幾乎完全斷絕。」收入錢昌照，《錢昌照回憶錄》（北京：東方出版社，2011 年），頁 63。

4　莊惠泉、許雲樵編，《新馬華人抗日史料 1937-1945》（新加坡：文史出版公司，1984 年），頁 820。

5　任貴祥，《海外華僑與祖國抗日戰爭》（北京：團結出版社，2015 年），頁 100。

6　郭士沅於 1942 年進入社會部勞動局工作，奉派至雲南省督導人力動員等業務。請參閱：「郭士沅先生事略」，收入國史館編，《國史館現藏民國人物傳記史料彙編‧第 5 輯》（臺北：國史館，

「本局主管全國勞動行政，對於此種技術員工尤當重視」，並提出了四項補救措施。[7] 顯然僑界留下的紀錄與檔案上的記載，兩者是有落差的。我們又接著比對南僑機工之後留下的訪問，有部分機工確實流離失所，也有部分機工如陳昌雄[8]、林廣懷[9]等人有轉換到其他運輸單位繼續從事運輸工作，所以上述文獻皆呈現出某些事實。

　　本文以南僑機工為例，並不是要否定僑界的記載，這些僑界的報導有其真實的一面，但社會部勞動局的檔案記載也不該被忽視。惟目前學界對於「社會部勞動局」這個機構的研究仍相當有限，這個機構具有什麼職掌？使其能在處置南僑機工的失業問題上，發揮了安置的效用。從《中華民國史內政志（初稿）》、[10]《中華民國史社會志（初稿）》、[11]《中華民國建國史：抗戰建國》[12]等專書皆敘述 1942 年 9 月國民政府為執行「國家總動員法」中有關人力動員的業務，特於社會部[13]下成立勞動局；或許是相關史料所限，

1991 年），頁 232。

[7]　「為滇社會處函為查復滇路失業司機情形」（1943 年 6 月 15 日），〈調查失業〉，《內政部檔案》，國史館藏，入藏登錄號：026000003860A。

[8]　「1944 年陳昌雄調到川滇東路第四區運輸處」，〈記瀘州南僑機工陳昌雄〉，收入林少川編著，《陳嘉庚與南僑機工》（北京：中國華僑出版社，1994 年），頁 177。

[9]　「惠通橋炸斷之後，滇緬公路無法通行了，眾多南僑機工只好在昆明待命。在失業、生活斷源的困擾下，找到原西南運輸處第三分處。」請參閱：〈記重慶南僑機工林廣懷〉，收入林少川編著，《陳嘉庚與南僑機工》，頁 181。

[10]　周建卿，〈社會〉，收入國史館編，《中華民國史內政志（初稿）》（臺北：國史館，1992 年），頁 232。

[11]　范珍輝，〈社會政策與社會行政〉，收入國史館編，《中華民國史社會志（初稿）》，下冊（臺北：國史館，1992 年），頁 322-323。

[12]　葉蔭民，〈戰時政治建設〉，收入教育部主編，《中華民國建國史·第四編·抗戰建國（一）》（臺北：國立編譯館，1990 年），頁 489-491。

[13]　社會部原設置於中國國民黨中央執行委員會，職司民眾組訓及社會運動等工作。1940 年 10 月 11 日國民政府公布「社會部組織法」，同年 11 月 16 日改隸行政院，其組織分設：組織訓練司、社會福利司、參事廳、祕書廳、總務司、視導室、統計處、會計室。下轄合作事業管理局，原是經濟部於 1939 年 5 月 29 日籌設，1940 年 12 月 1 日改隸社會部；另勞動局於 1942 年 9 月 1 日成立，隸屬社會部。請參閱：行政院編纂，《國民政府年鑑》（重慶：行政院，1943 年再版），頁 234。

並未深論。因此本文擬對這個機構做為探討的對象。

　　學界對於戰時國民政府總動員的研究，大概可分為幾個方向，首先是著重在總動員的法令規章與體制的建立，例如林紀東、胡開誠、肇仲湘等人曾撰寫有關國家總動員法的論著，[14] 近年有張燕萍《抗戰時期國民政府經濟動員研究》的專書，以兵員動員、兵器工業動員、工業動員、農業動員、交通運輸動員等面向論述抗戰時期國民政府的總動員；[15] 還有段瑞聰撰寫的〈蔣介石與抗戰時期總動員體制之構建〉運用《蔣中正日記》探討國民政府建構總動員體制的過程。[16] 另一研究的面向是國民精神總動員，[17] 例如呂士朋的〈抗戰時期的社會動員〉和〈抗戰時期的社會情勢〉，[18] 以及馬起華在《抗戰時期的政治建設》一書中，專節論述〈國家總動員的勵行〉，[19] 章節雖名為總動員，內容實以國民精神總動員為主。另外有關於地方政府層級的動員研究，有學者運用地方機關的史料來探討戰時總動員的執行情形，例如張力使用陝西省參議會史料撰寫〈足食與足兵：戰時陝西省的軍事動員〉；[20] 段

---

[14] 請參閱：林紀東，《國家總動員法概論》（臺北：司法行政部，1958 年）；胡開誠，《國家總動員法概論》（臺北：胡開誠，1962 年）；仲肇湘，〈我國總動員情況檢討——總動員法令〉，收入國防研究院編，《陽明山講習錄經濟類彙編》（臺北：國防研究院，1962 年），頁 123-135。

[15] 張燕萍，《抗戰時期國民政府經濟動員研究》（福州：福建人民出版社，2008 年）。

[16] 段瑞聰，〈蔣介石與抗戰時期總動員體制之構建〉，《抗日戰爭研究》，2014 年第 1 期（2014 年 3 月），頁 34-53。

[17] 1937 年 7 月，盧溝橋事變後，國民政府並未立即進行全國總動員，而是在 1939 年 3 月 12 日頒布「國民精神總動員綱領及其實施辦法」，推行國民精神總動員，有學者描述為「精神昂揚至少部分地一度彌補了物資的匱乏」。請參閱：易勞逸（Lloyd E. Eastman），〈中日戰爭時期的國民黨中國，1937-1945 年〉，收入費正清、費維愷編，《劍橋中華民國史（1912-1949 年）》，下卷（北京：中國社會科學出版社，1998 年），頁 643。

[18] 呂士朋，〈抗戰時期的社會情勢〉，《近代中國》，第 60 期（1987 年 8 月），頁 180-190；呂士朋，〈抗戰時期的社會動員〉，收入慶祝抗戰勝利五十週年兩岸學術研討會論文集編，《慶祝抗戰勝利五十週年兩岸學術研討會論文集》，下冊（臺北：中國近代史學會、聯合報系文化基金會，1996 年），頁 1255-1285。

[19] 馬起華，《抗戰時期的政治建設》（臺北：近代中國出版社，1986 年），頁 79-89。

[20] 張力，〈足食與足兵：戰時陝西省的軍事動員〉，收入慶祝抗戰勝利五十週年兩岸學術研討會論文

瑞聰運用重慶市動員委員會史料撰寫〈抗戰、建國與動員——以重慶市動員委員會為例〉，[21] 論述地方政府執行戰時動員的成果及遭遇到的問題。此外，關於人力動員的研究，以往注重在兵役動員的研究上，[22] 不過在對日抗戰八年期間，大後方動員民眾出錢出力支援前線，其重要性也不亞於兵役動員。[23] 近年也注意到戰時的勞動人力動員研究，例如江紅英〈抗戰期間國民政府的勞動力管制〉，[24] 以及楊云〈民國社會部研究（1938-1949）——以人民團體管理為中心〉，[25] 這兩篇論文大多以秦孝儀主編的《革命文獻》第 96-101 輯

集編，《慶祝抗戰勝利五十週年兩岸學術研討會論文》（臺北：中國近代史學會、聯合報系文化基生會，1996 年），頁 497-518。

[21] 段瑞聰，〈抗戰、建國與動員——以重慶市動員委員會為例〉，《亞洲研究》，第 63 期（2011 年 9 月），頁 27-63。

[22] 劉支藩，《我國總動員情況檢討》（臺北：國防研究院，1971 年）；顧傳型，《兵役與動員》（臺北：中央警官學校，1972 年）；徐乃力，〈抗戰史的編纂與研究——抗戰的人力動員〉，《中國現代史專題研究報告‧第 11 輯》（臺北：中華民國史料研究中心，1984 年），頁 128-134；容鑑光，〈抗戰中之兵力動員〉，收入國防部史政編譯局編，《抗戰勝利四十週年論文集》，上冊（臺北：國防部史政編譯局，1985 年），頁 781-846；徐乃力，〈好男應當兵：對日抗戰時期（1937-1945）中國的軍事人力動員〉，收入孫中山先生與近代中國學術討論集編輯委員會編，《孫中山先生與近代中國學術討論集‧第四冊：抗戰勝利與臺灣光復史》（臺北：孫中山先生與近代中國學術討論集編輯委員會，1985 年），頁 2-16；徐乃力，〈抗戰時期國軍兵員的補充與素質的變化〉，《抗日戰爭研究》，第五期（1992 年 8 月），頁 44-56，齊春風，〈征兵〉，收入張憲文、張玉法主編，《中華民國專題史‧第十一卷：抗日戰爭與戰時體制》（南京：南京大學出版社，2015 年），頁 323-367；蘭雪花，《抗戰時期福建兵員動員研究》（北京：社會科學文獻出版社，2017 年）。

[23] 有關民眾動員相關論述，請參閱：徐則驤，〈抗戰與民眾組織〉，收入孫照海、初小榮選編，《抗戰文獻類編‧社會卷》，第一冊（北京：國家圖書館，2009 年），頁 478；金振聲，〈四川民眾與八年抗戰〉，收入四川省政協文史資料委員會編，《四川文史資料集粹‧第二卷‧政治軍事編》（成都：四川人民出版社，1996 年），頁 335-339；劉一民，〈論抗戰時四川農民對兵源和後勤的貢獻〉，收入宇仕根編，《四川抗戰檔案研究》（成都：西南交通大學出版社，2005 年），頁 107-113；笹川裕史‧奧村哲著，林敏、劉世龍、徐躍譯，《抗戰時期中國的後方社會：戰時總動員與農村》（北京：社會科學文獻出版社，2013 年）。

[24] 江紅英，〈抗戰期間國民政府的勞動力管制〉，收入中國社會科學院近代史研究所編，《中國抗戰與世界反法西斯戰爭——紀念中國人民抗日戰爭暨世界反法西斯戰爭勝利 60 周年學術研討會文集》，中卷（北京：社會科學文獻出版社，2009 年），頁 824-848。

[25] 楊云，〈民國社會部研究（1938-1949）——以人民團體管理為中心〉（濟南：山東師範大學碩士論文，2009 年）。

的史料為主，[26] 實際上並未運用到社會部檔案。[27] 以上各方面的研究，從總動員法、總動員體制、國民精神總動員、地方政府的戰時動員等層面探討戰時總動員，或許是史料的缺乏，對社會部及其所屬勞動局的研究仍相當有限；所幸國史館典藏內政部全宗內仍保存著社會部勞動局檔案卷宗，[28] 因此本文以此批檔案為主，並旁及其他檔案全宗內與社會部勞動局有關的史料撰述此文，以了解勞動局執行國家總動員的情形。由於勞動局有清查人力、管制人力、義務勞動等多項重要業務，本文限於篇幅，僅以勞動局的流動調查登記站人力調查工作為主要內容，這是因為人力的調查登記，是該局執行人力動員業務的首要基礎工作，[29] 至於勞動局的管制人力、招致人力、義務勞動、工資管制等相關業務將另文探討。[30]

---

[26] 秦孝儀主編，《革命文獻》，第 96-101 輯（臺北：中央文物供應社，1984 年）。

[27] 目前使用國史館內政部全宗的社會部檔案的學者較為少數，例如劉明憲運用社會部的「重慶工廠初查報告」等案卷撰寫相關論文。請參閱：劉明憲，〈戰時重慶地區紡織工人的生活〉（臺北：中國文化大學史學研究所博士論文，2002 年）。

[28] 由於內政部社會司原本在大陸時期是社會部，1949 年 3 月 11 日修訂「行政院組織法」，將社會部併入內政部。這一次的行政院組織整併，是為了應付時局有了大幅度的縮編，不僅社會司，連地政司、衛生司也併入內政部；工商部改稱經濟部，農林部、水利部、資源委員會均併入經濟部；糧食部併入財政部等。請參閱：劉脩如口述，卓遵宏、陳進金訪問，陳進金紀錄整理，《劉脩如先生訪談錄》（臺北：國史館，1996 年），頁 77。

[29] 人力調查登記「以戰時動員而論，更可支援前線和兼顧後方各業的繁榮」，所以人力調查登記「乃是多目標而極具意義的工作」。請參閱：吳存信，〈人力動員和運用之研究〉，《公保月刊》，第 6 卷第 8 期（1965 年 4 月），頁 7；劉一皋，〈20 世紀中國社會動員的變換——以華北農村動員組織為例〉，收入牛大勇、臧運祜主編，《中外學者論 20 世紀的中國——新觀點與新材料》（南昌：江西人民出版社，2003 年），頁 275。

[30] 許克黃回憶賀衷寒「在勞動局六年任內，對戰時處理工資問題，使其不影響物價，復安定工人生活。同時舉辦全國技術員工之調查登記問題管理，救濟失業，輔導就業，建立國民義務勞動法規，並策劃數十萬西遷技術員工復員，尤為產業界所稱道」顯見勞動局對於戰時工資的管制及戰後復員等問題，進行相關措施，皆是值得探討的議題。請參閱：許克黃，〈追懷賀衷寒先生〉，《湖南文獻》，第 9 卷第 2 期（1981 年 4 月），頁 26-27。

二、國家總動員法與勞動局的成立

　　抗戰初期，中國為抵抗日軍即著手進行相關動員工作。軍事委員會曾頒布「中央及地方高級行政機關設置總動員專科暫行辦法」，責令各地方政府從事總動員業務，到了 1938 年 12 月 8 日軍事委員會為增進總動員的效能，廢止上述辦法，另公布「各省市縣動員委員會組織大綱」；[31] 而其他中央各部會或地方機關為了因應對日抗戰的情勢也進行若干動員工作，例如 1937 年 8 月的「統制戰時糧食管理條例」、[32] 1937 年 9 月的「汽油統制辦法」、1938 年 2 月的「難民墾殖實施辦法大綱」、1938 年 4 月的「難民服役計劃綱要」、1938 年 8 月的「江西省難民手工業計畫」等。[33] 另外，亦不乏後方民眾出錢出力以支持前方戰線的情形，自行發起人力、物力的動員工作。[34] 以上諸多各種管制與動員的措施顯示出各自動員、各自為政的情形。

　　在七七事變後，國民政府沒有設置機構針對前方的人力需求及後方的人力資源進行調查，[35] 以統籌全國性的人力動員工作，所以有時會導致物資不足或人力浪費的情形發生，例如在抗戰初期，雖然全國同仇敵愾，紛紛將物

---

[31] 馬起華，《抗戰時期的政治建設》（臺北：近代中國出版社，1986 年），頁 83-84；段瑞聰，〈抗戰、建國與動員——以重慶市動員委員會為例〉，《亞洲研究》，第 63 期（2011 年 9 月），頁 31-32。

[32] 胡震亞，〈抗戰時期食調查統計工作論述〉，收入李仕根主編，《四川抗戰檔案研究》（成都：西南交通大學出版社，2005 年），頁 127-133。

[33] 郭衛編輯，《戰時法規及新頒重要法規合編》（重慶：上海書店，1938 年），頁 236；「呈送江西難民手工業計畫」（1938 年 8 月 11 日），〈江西難民手工業計畫案〉，《行政院檔案》，國史館藏，典藏號：014-070400-0053。

[34] 「我國全面抗戰，政府財力困難，前線士兵大都赤足，先生發動各縣募集鞋襪，運往許昌，請當地駐軍陳大慶將軍配發各部隊士兵。」請參閱：〈燕化棠先生事略〉，收入國史館編，《國史館現藏民國人物傳記史料彙編》，第 4 輯（臺北：國史館，1990 年），頁 449。

[35] 日本於 1938 年成立興亞院進行中國調查，是對中國占領地區展開治，動員當時日本國家之力量的大規模調查活動。請參閱：久保亨著，張美珍譯，〈興亞院與戰時日本的中國調查〉，收入朱蔭貴、戴鞍鋼主編，《近代中國：經濟與社會研究》（上海：復旦大學出版社，2006 年），頁 88-123。

資送往前線供戰士使用，可惜並無妥適的分配，導致物資浪費的情事發生。[36]
有物資浪費的情形，當然也會有人力浪費的情事，尤其是在戰爭期間最需要
的就是人力，若無充分的人力動員，不僅前線的兵員無法補充，後方的兵
工業及其他製造業也將無人生產，這會對戰事產生不良的後果。[37] 尤其是在
1938 年日軍占領廣州後，中國海岸線幾已遭日軍控制，從前需要進口的物
資，就須由國內生產及製造一切在國內具有原料的產品。[38] 到了 1941 年太
平洋戰爭爆發後，國民政府訂頒「國家總動員法」，於 1942 年 9 月成立勞

---

[36] 「在抗戰期間，固需要健全的民眾組織來做前方將士的後盾，但將如何運用民眾組織，使後方民眾
與前方將士發生密切的聯繫，就也是亟待討論的問題。例第一、八一三開戰以來，上海各界民眾紛
紛從事募集慰勞品，把多量的餅乾、麵包、罐頭食品送到前方去，自以為是適合需要的東西，但前
方的高級將領卻發表談話，說這些東西已成為軍隊的負累，希望民眾不必再送，至於前方感到缺乏
的東西，卻是麻袋、鋼板、鐵絲、卡車、汽車、腳踏車、汽車零件、汽油、紗布等等。於是各界十
餘日以來的活動，就成為勞而無功的活動了。第二、到了十月間，某救亡團體忽然感到前方將士需
要手套，便發起募集手套的運動，但前方將領很感慨地說道：『手套雖也需要，但在這晚秋，前
方還有單衣作戰的將士，如果能移這募集手套的力量替將士募集一點棉背心，那才是真是此時此地
的需要。』這一來，某救亡團體的募集手套運動，就又與前方的需要不相符合。第三：在募集棉背
心運動，由抗敵後援會發動之後，各界民眾又都傾其全力於募集棉背心，並不問其已否足數，但前
方將士因為棉背心已經有了，然在淒風苦雨中作戰，實在需要雨衣，結果，成為明日黃蘆的募集棉
背心，就又有不甚適合需要的形勢。」請參閱：徐則驤，〈抗戰與民眾組織〉，收入孫照海、初小
榮選編，《抗戰文獻類編·社會卷》，第一冊（北京：國家圖書館，2009 年），頁 496-498。

[37] 「有些前線將士，因擔架乏人，待救國久，流血過多，而遭不必要之犧牲者，所在都有。即能救護
到傷兵醫院，亦因人數過多，支配不得當，以及醫手太少，診斷太遲，使本來可以救治者，竟不及
治療而傷亡者，亦不少。此在支配人力及保育人力上，不得不抱憾者也。至於華北各線之戰爭，大
部分民眾，未能切實幫助國軍抗戰，甚至地方官吏，亦將抗戰責任，置之度外，以致國軍前禦強敵，
後方漢奸，不勝其苦，其所以節節敗退者，豈無故哉」。請參閱：藍渭濱，〈抗戰人力動員論〉，
收入孫照海、初小榮選編，《抗戰文獻類編·社會卷》，第三冊（北京：國家圖書館，2009 年），
頁 73。「七個月來的抗戰，我們的民眾不曾在有計劃地動員起來，給了我們以上幾個教訓，第一，
我們軍隊開到之後，能幫助我們老百姓都逃走了，留下來的都是漢奸。我們因為途徑不熟，要找一
個老百性做嚮導都找不到，有的時候，我們竟誤入了敵人的防線。第二因為民眾沒有嚴密組織，缺
乏有計畫的動員，我們的補充和調整國力的工作，感到極大的困難。」請參閱：童蒙聖，〈一個民
眾動員的具體方案〉，收入獨立出版社編，《民眾動員問題》（重慶：獨立出版社，1939 年 9 版），
頁 38。

[38] 弗雷特·厄特利（Freda Utley）著，唐亮等譯，《蒙難的中國——國民黨戰區紀行（China at
War）》（北京：解放軍出版社，1987 年），頁 62。

動局這樣的統籌機構賦予綜理人力動員的各項措施，試圖將人力資源進行調查、管制，進而通盤運用，希望達到將人力合理分配至適當的單位從事生產，以減少人力的浪費，增強抗戰的力量。[39]

（一）國家總動員法中的人力動員

　　國民政府於 1937 年 7 月對日抗戰，直至 1941 年 12 月珍珠港事變發生後，才有「國家總動員法」及「國家總動員會議的設置」。1941 年 12 月 23 日，中國國民黨第五屆第九次全體中央委員會會議在重慶召開，有了「加強國家總動員實施綱領案」的決議，該決議案中表示「我國自抗戰以來，已四年有餘。檢討已往，深覺全國各方面動員之程度，距戰爭之要求，相差相遠。於潛蘊之國力，猶未能充分發揮。今值太平洋戰爭爆發，侵略之兇燄瀰漫全世。我國與各友邦並肩戮力，共赴反侵略之聖戰……自應把握時機，徹底加強全國總動員工作。使每一國民，皆能更盡其對戰鬥之任務」，並期許達到五項動員工作的目標：「1、全國人民力量充分發揮，合理使用；2、士兵之糧秣械彈，供應無缺；3、土地之使用，竭盡其利；4、一切物力之補充，繼續不匱；5、全國人民之生活，能維持健康之水準。」為達到上述五項目標，列舉十項加強總動員綱領，[40]尤其是第 10 項「中央應設置全國總動員機構，綜理推動各項動員業務」，國民政府以此條規定為根據，於 1942 日 5 月 1 日成立國家總動員會議，著手綜理各項動員業務。[41]同時，國民政府於 1942

---

[39]　「國難至此，一切人力，皆應報國，若任閒散，何異自戕。」請參閱：藍渭濱，〈抗戰人力動員論〉，收入孫照海、初小榮選編，《抗戰文獻類編・社會卷》，第三冊（北京：國家圖書館，2009 年），頁 76。

[40]　陸民仁，〈非常時經濟建設方案之實施〉，收入教育部主編，《中華民國建國史》，第四編：抗戰建國（二）（臺北：國立編譯館，1990 年），頁 591。

[41]　國家總動員會議組織條例於 1942 年 7 月 27 日公布實施。請參閱：「國家總動員會議組織條例」（1942 年 7 月 27 日），〈其他組織規程〉，《內政部檔案》，入藏登錄號：026000003615A。

年3月29日公布「國家總動員法」，同年5月5日施行，共有32條，其中
有關於人力動員方面，分別規定第9、10、11、12、13、14等條文，列舉如
下，第9條：「本法實施後，政府於必要時，在不妨礙兵役法之範圍內，得
使人民及其他團體從事於協助政府或公共團體所辦理之國家總動員業務。」
第10條：「政府徵用人民從事於國家總動員業務時，應按其年齡、性別、
體質、學識、技能、經驗及其應有之職務等，為適當之支配。」第11條：
「本法實施後，政府於必要時，得對從業者之就職、退職、受雇、解雇及其
薪俸、工資加以限制或調整。」第12條：「對機關、團體、公司、行號之
員工及私人雇用之數額加以限制。」第13條：「本法實施後，政府於必要
時，得命人民向主管機關報告其所雇用或使用之人之職務與數量，並得施以
檢查。」第14條：「本法實施後，政府於必要時，得以命令預防或解決勞
工糾紛，並得對於封鎖工廠、罷工、怠工及其他足以妨礙生產之行為，嚴行
禁止。」以上各條內容顯見總動員法將非兵役法規定的人力納入總動員的規
範中。為籌劃相關人力動員業務，國家總動員會議下設有人力組，由賀衷寒
（1900-1972）出任該組主任。

　　1942年6月22日，行政院公布「國家總動員法實施綱要」，明白規定
由哪些機關來推動執行總動員的相關業務，所列出二十八項業務中，與社會
部有關者達十一項，其中五項與社會部組織訓練司及社會福利司有關，另第
6、7、8、9、17、21等六項均為人力動員事項，[42] 係屬新增業務，非社會部

---

[42] 第6項：「第九條在不妨礙兵役法之範圍內，得使人民及其他團體從事於協助政府或公共團體所辦理之國家總動員業務及第十條徵用人民從事於國家總動員業務時，應按其年齡、性別、體質、學識、技能、經驗及其應有之職務等，為適當拔配。由社會部、經濟部、軍政部、農林部、糧食部、交通部、運輸統制局、教育部、衛生署等掌理之。」第7項：「第11條對從業者之就職、退職、受雇、解雇及其薪俸工資加以限制或調整。由社會部、經濟部、財政部、農林部、軍政部、交通部、運輸統制局等掌理之。」第8項：「第12條對機關、團體、公司、行號使用員工之數額加以限制』由社會部、經濟部、財政部、交通部等掌理之，及第12條對私人雇用工役之數額加以限制，由社會

原有單位之法定業務。因此社會部為執行「國家總動員法」所定人力動員事項，於是著手進行籌劃設置勞動局。[43]

（二）勞動局的成立

1942 年 8 月，社會部即著手草擬勞動局中心工作綱要，揭示該局成立之目的「在將全國人力作適當之整備與運用，使各發揮其最大效能，以加強抗戰力量，爭取最後勝利。故勞動局使命，在積極方面，為全國勞動力的分類調查統計，並調整各生產部門勞動力，使之合理的分配與運用；在消極方面，為勞動力浪費的避免或限制，以增加人力源泉，而應軍需工業之需要」。這份綱要，將人力動員工作分為宣傳、調查統計、調整各生產部門勞動力、限制勞力浪費、增加人力來源、改善生活、勞動徵用、勞動服務等工作項目。[44]

社會部於 1942 年 9 月 1 日正式成立勞動局，在重慶市中二路 41 號開始辦公，進行全國人力動員的業務，[45] 首任局長為賀衷寒。賀衷寒於同年 5 月已出任國家總動員會議人力組主任，較為熟悉總動員法中執行人力動員的相

部掌理之。」第 9 項：「第 13 條命人民向主管機關報告其所雇用或使用之人之職務與能力並得施以檢查，由社會部掌理之。」第 17 項：「第 21 條第 1 項對人民之新發明專利品或其事業所獨有之方法、圖案、模型、設備、命其報告試驗並使用之及第 2 項關於前項之使用，並得命原事業主供給熟練技術之員工。由經濟部、軍政部、教育部、交通部、運輸統制局、農林部、衛生署、水利委員會、社會部等掌理之。」第 21 項：「第 25 條對經營國家總動員或從事國家總動員業務命其擬訂關於本業內之動員計畫並舉行必要之演習由個主管部會署局分別掌理之。」請參閱：「抄發國家總動員法實施綱要令仰遵照由」（1942 年 6 月 23 日），〈國家總動員法實施綱要〉，《內政部檔案》，入藏登錄號：026000005662A。

43　「討論社會部勞動局草案」（1942 年 7 月 18 日），〈其他組織規程〉，《內政部檔案》，入藏登錄號：026000003615A。

44　「試擬勞動局中心工作綱要」（1942 年 8 月 21 日），〈中心工作報告〉，《內政部檔案》，入藏登錄號：026000003647A。

45　「查本局奉令組織成立」（1942 年 9 月 7 日），〈勞動局及其他機關成立〉，《內政部檔案》，入藏登錄號：026000003622A。

關業務，於是由其出任新成立的勞動局局長一職。[46]

　　勞動局成立後，依先前社會部草擬的中心工作綱要予以具體化，草擬「人力動員計畫大綱」及「社會部勞動局組織條例」等草案，前者將工作綱要的工作內容重新歸納為調查登記、義務勞動、勞動訓練、勞動調整等四大項業務，[47]這計畫大綱經社會部轉呈國家總動員會議，於 1942 年 9 月 4 日第 16 次常會通過。而「社會部勞動局組織條例」於 1942 年 9 月 18 日國民政府公布實施，其職掌工作如下：1、關於人力之調查登記及統計事項；2、關於總動員業務所需要人力之徵用及編制事項；3、關於限制或調整從業者之就職退職受雇解雇及其薪俸工資之綜合聯繫事項；4、關於限制機關團體雇用人工之綜合聯繫事項；5、關於私人雇用工役職務能力之查報及其數額限制事項；6、關於人力動員之擬訂及演習事項；7、關於勞動服務之推行事項；8、關於一般力資之管制事項；9、關於應召人力之利益依法保護事項；10、關於人力動員有關機關及團體之聯繫事項；11、其他有關人力動員事項。[48]同年 11 月 20 日，公布「社會部勞動局處務規程」。勞動局的職掌與業務組織分為三個處，分別辦理調查登記、勞動管制、義務勞動等人力動員工作。本文僅論述勞動局第一處的人力調查業務，其職掌詳列如下段，至於第二處的勞動人力管制及第三處的義務勞動業務的職掌，將另文論述。

　　勞動局第一處主要辦理人力調查與登記，該處下設三科，第一科之職掌

---

[46] 賀衷寒一直擔任此職至 1947 年，升為社會部政務次長，1949 年總統蔣中正引退，賀衷寒於同日辭去職務。請參閱：〈賀衷寒先生傳略〉，收入國史館編，《國史館現藏民國人物傳記史料彙編》，第 5 輯（臺北：國史館，1991 年），頁 297-298。

[47] 「人力動員計畫大綱」（1942 年 9 月 4 日），〈國民義務勞動（三）〉，《國民政府檔案》，國史館藏，典藏號：001-050010-00008-013。

[48] 「奉院令轉發明令公布之該局組織條例令仰遵照由」（1942 年 9 月 28 日），〈本局組織條例〉，《內政部檔案》，入藏登錄號：026000003626A；「抄發社會部勞動局組織條例乙份」（1942 年 10 月 1 日），〈社會部勞動局組織條例案〉，《內政部檔案》，入藏登錄號：026000009460A。

為：1、關於人力調查章則辦法及表格之擬訂事項；2、關於一般勞力及特種產業勞力之調查事項；3、關於從業員工就職退職受雇解雇及薪俸工資之調查事項；4、關於被徵人工待遇之調查事項；5、關於前後方及華僑專門人才暨技術員工之調查事項；6、關於公司機關團體行號員工及私人雇用工役之調查檢查暨抽查事項；7、其他有關人力調查事項。第二科之職掌為：1、關於人力登記章則辦法及表格之擬訂事項；2、關於從業員工之就職退職受雇解雇轉業失業登記事項；3、關於專門人才技術員工及一般勞力需要之種類數額填報登記事項；4、關於委託各機關團體代辦登記事項；5、關於已有登記資料之搜集整理事項；6、其他有關人力登記事項。第三科之職掌為：1、關於人力動員演習之計劃督導及聯繫事項；2、關於人力動員演習之召集部署及指導事項；3、關於人力動員演習業務之宣傳講習及訓練事項；4、關於勞動行政幹部之甄別訓練及管理配置事項；5、關於勞動行政幹部訓練教材之編輯事項；6、關於從業員工及被徵人工之訓練編組及其計畫之擬訂推行事項；7、其他有關勞動行政幹部訓練及人力動員演習事項。[49] 上述三科之業務，簡而言之，第一科職司調查，第二科負責登記，第三科是從事動員演習及幹部訓練之業務。

三、流動調查登記站的設置及業務

在勞動局的各項人力動員業務中，調查登記是人力動員業務的首要基礎工作。因為要進行總動員，就要了解全國人口有多少，有多少壯丁可充作兵員、有多少技術工人可供徵調，因此欲動員人力就須對全國的人力進行調

---

[49] 「社會部勞動局處務規程」（1942 年 11 月 20 日），〈局務處務規程及會議規則〉，《內政部檔案》，入藏登錄號：026000003616A。

查，以利從事人力動員工作。[50] 勞動局第一處即綜理調查登記之工作，該處處長李劍華表示「調查工作，可使余更一進步了解中國產業界情形與勞動問題之實際也」[51]，又表示為何要全面且重新調查登記人力，其理由有二：

(1) 勞動局為執行人力動員之機構，對於全國人力之分布，及各方人力需要之概況，必先有一全盤之了解，始能圓滿達成任務。若干國營生產事業機關，每以國防或軍事秘密為辭，拒絕調查，不知抗戰時期，所謂人力動員，一切均以國防與軍事為第一。人力動員機構對於若干國營生產事業，茫無所知，將何以管制、徵調、調整、訓練？(2) 目前從事調查登記之機構繁多，如國家總動員會議、中統局、軍統局、經濟部、交通部、農林部、財政部、內政部、糧食部、以及四聯總處，乃至各大學或其他民間團體，機構既多，辦法各異，既使被調查者感覺紛擾。而各調查機構力量有限，其所得資料，殊不易與整個動員業務相配合。兼之各調查機構間缺乏綜合聯繫，故本局一切調查工作，均須從頭做起，復格於人力、物力，勢必難以達到預期之成績。[52]

---

[50] 「吾人常以我國人口眾多，幅員廣大，資源豐富而自豪，但同時又為一極缺乏統計數字之國家，全國人口究竟有多少，地下資源究有何物，物資生產消費儲藏情形如何，向無精確統計數字可查。是欲動員人員而對全國人口狀況分析不詳，則奏功不易；欲動員物力而不知物資生產消費儲藏情形，又難作至盡善地步。蓋戰爭之負擔，大別為人與物兩種，此二者若無周密之準備，則對戰爭所立計畫，必不適合於人與物之需要程度，而且減少功能。故欲使國家總動員法使之切實有效，實非藉助於調查統計資料不為功，是以基本國勢調查，乃為執行國家總動員法首應具備之條件。」請參閱：張照營，〈國家總動員與基本國勢調查〉（1942 年 5 月 5 日），收入重慶市檔案館、重慶師範大學合編，《中國戰時首都檔案文獻‧戰時動員》，上冊（重慶：重慶出版社，2014 年），頁 479。

[51] 「中央訓練團學員自傳」（1943 年 10 月 6 日），〈李劍華〉，《軍事委員會委員長侍從室檔案》，國史館藏，入藏登錄號：129000028168A。

[52] 「中央訓練團學員自傳」（1943 年 10 月 6 日），〈李劍華〉，《軍事委員會委員長侍從室檔案》，入藏登錄號：129000028168A。

　　從上所述可知，國民政府在此之前，若干機關也曾依各自之職權與目的從事過調查工作，只是尚未有為因應總動員而進行的全國人力調查工作，所以勞動局為執行人力動員就必須進行人力調查登記，而且執行人力的調查登記與勞動局的其他兩項業務的關係，也相當密切。從勞動局訂頒的「機關公役限制及登記辦法」（1942 年 1 月 9 日公布實施）、「非常時期廠礦工人受雇解雇限制辦法」（1943 年 4 月 8 日公布實施）、「戰時全國技術員工管制條例」（1943 年 7 月 9 日公布實施）、「國民義務勞動法」（1943 年 12 月 4 日公布實施）的法規中，都有規定要進行調查登記，以了解各地管制人力與義務勞動的情形。由於此項業務的重要性，勞動局長賀衷寒特地規劃設置「流動調查登記站」（以下簡稱登記站）以執行人力調查登記工作。

　　勞動局於各地設登記站及委託調查登記員進行人力清查，這項業務並未對各省市政府社會處有所衝突。因為在於地方的省市政府社會處（局）的人力有限，對於執行社會部的社會行政業務，人力已是相當吃緊，例如浙江省社會處長方青儒（1907-1984）就表示，該省社會處主要工作有人民團體組織與訓練、合作事業、浙省實行佃農二五減租、社會運動、社會福利救濟事業等；[53] 又如陝西省社會處長陳固亭（1902-1970）也表示，陝西省社會處主要工作約有四項，人民團體組訓、社會運動、社會福利、社會救濟。[54] 可見地方的社會處（局）已承擔了社會部許多的社會行政業務，對於人力調查登記這項新的工作業務，已無多餘的人力去執行調查登記。因此勞動局的調查登記這項新興業務，亟需由勞動局設立「流動調查登記站」並招募工作人員，才能順利展開，以適應戰時的需要。以下分述登記站的陸續設置情形及工作的內容。

---

[53]　「中央訓練團學員黨政高級訓練班學員報告書」（未載明年月日），〈方青儒〉，《軍事委員會委員長侍從室檔案》，入藏登錄號：129000101259A。

[54]　「中央訓練團學員黨政高級訓練班學員報告書」（1944 年），〈陳固亭〉，《軍事委員會委員長侍從室檔案》，入藏登錄號：129000098490A。

（一）登記站的試行與組織規程頒布的過程

　　1943 年 1 月 21 日勞動局長賀衷寒向社會部呈報為明瞭全國人力之分布與工作之實況，以作為人力動員統籌管制的依據，除盡量利用各有關機關團體現有資料外，擬即設置流動調查登記站輪流赴各重要地區辦理人力調查事宜，又為使調查登記業務能普及各地，擬建立調查通訊網於各縣市及重要廠礦設置通訊員。上述登記站及通訊網二項措施「擬於重慶市先行籌設登記站五處及嘉陵江煤礦區域設立通訊員三十人，俟辦有成績再以次推行於各地」。[55]

　　1943 年 2 月 19 日，社會部同意勞動局的作法，先在重慶、成都、自貢、萬縣、瀘縣等五處及嘉陵江煤礦區域先行試辦，而且將登記站主任的薪俸從委任提高為薦任待遇，僅將「調查通訊網辦法」改為「委託調查登記辦法」。[56]這個「委託調查登記辦法」是勞動局考量為能迅速且全面性地調查登記全國人力況況加上該局人員有限，所以除由勞動局自設登記站外，其餘地區及重要工廠礦場由勞動局得就當地人員委託兼辦勞動局各項調查登記事宜。[57]這些委託調查員的遴選委託標準為：1、當地省市縣政府黨部青年團主持調查務人員；2、當地人民團體之書記及其他相當人員；3、居住當地一年以上對地方情形熟習之高中以上畢業之從業人員。這些委託調查員依照勞動局指定

[55]　「為呈報設立流動調查登記站及設置通訊員案」（1943 年 1 月 21 日），〈組織成立調查登記站〉，《內政部檔案》，入藏登錄號：026000003637A。

[56]　「據呈擬在重慶市先行試辦流動調查登記站一案令仰遵照由」（1943 年 2 月 19 日），〈組織成立調查登記站〉，《內政部檔案》，入藏登錄號：026000003637A。

[57]　目前從檔案中發現一位劉平治委託調查員，是天府煤礦礦廠事務服主任。請參閱：「為呈報奉委及任職日期」（1943 年 4 月 15 日），〈組織成立調查登記站〉，《內政部檔案》，入藏登錄號：026000003637A。

調查登記事項按期呈報本局如遇緊急事件得用航電隨時巡報勞動局。[58]

3 月 4 日，勞動局呈覆社會部，遵照修改調查通訊辦法，並「慎重物色人員，予以相當之訓練。……流動調查登記站主任及各職員，本局為慎重起見，經就本局現任人員及來局投效人員加以測驗，擇優選拔，並進行業務講習三日，授以調查登記之要義及有關人力動員之各項法規，予以講習評定成績」[59]，勞動局逐步展開登記站的人力調查登記相關工作。

登記站第一站至第五站係 1943 年 2 月起陸續成立。第一站設於重慶市，該站主任為任正貴，於 2 月 18 日率同調查員陸志崑及公役夏感名、張治煥等人遷入重慶市燕喜洞二號三樓開始辦公。[60] 接著同年 3 月於成都設第二登記站，該站主任為陳福星，於 3 月 19 日遷入成都望江樓省立高農農場內辦公。[61] 第三站設於自貢，站主任為范家槐。[62] 第四站設於萬縣，站主任為黃嶽。1943 年 4 月，於瀘縣設第五登記站，該站主任為劉堯。劉堯抵達當地設站後，回報了當地的情形：「查瀘縣機關繁多，情形繁雜，關於廠礦方面，除民營之一小部分由瀘縣府前奉省令略加調查外，其有關於軍需廠礦從未調查，而新興國營民營工業亦未統計。此次為求整個澈底之調查登記起見，擬

---

[58] 「據呈擬在重慶市先行試辦流動調查登記站一案令仰遵照由」（1943 年 2 月 19 日），〈組織成立調查登記站〉，《內政部檔案》，入藏登錄號：026000003637A；「社會部勞動局委託調查登記辦法」（1943 年 5 月 20 日），〈勞動局流動調查登記站等組織規程〉，《行政院檔案》，入藏登錄號：014000003622A。

[59] 「關於設立流動調查登記站等案由」（1943 年 3 月 4 日），〈組織成立調查登記站〉，《內政部檔案》，入藏登錄號：026000003637A。

[60] 「呈報本站成立日期及站址請備案」（1943 年 2 月 18 日），〈組織成立調查登記站〉，《內政部檔案》，入藏登錄號：026000003637A。

[61] 「呈報本站站址請備案」（1943 年 3 月 23 日），〈組織成立調查登記站〉，《內政部檔案》，入藏登錄號：026000003637A。

[62] 「呈報本站成立日期請備案」（1943 年 4 月 9 日），〈組織成立調查登記站〉，《內政部檔案》，入藏登錄號：026000003637A。

以成立後一週時間與各有關機關密取聯繫後開展工作。」[63] 從呈報的內容看來，可以說地方廠礦的確亟需進行調查，工人亦需登記造冊，以明瞭人力之實況，也證明了設立登記站的必要性。

當勞動局著手試行設置登記站展開調查登記業務的同時，登記站的組織規程在經由社會部轉呈行政院後，過程卻不順利。行政院於 1943 年 3 月 26 日的指令表示：「流動調查登記站係屬外勤性質應就原有人員中或酌用臨時人員辦理，無庸另訂組織規程；至委託調查登記辦法應准備案。」[64] 但勞動局長賀衷寒對這項行政院指令無法認同，於同年 4 月 10 日上呈社會部表示：勞動局業務現值逐漸展開之際，原有編制人員已感不敷運用，如登記各站再由勞動局人員中抽調，「勢將有兩皆支絀之虞」，又勞動局主管業務在地方均係由各省社會處或民政廳兼辦，以全國地域之廣，人力情況之瞬息變化，及調查登記技術之專門繁複，假設沒有設置「經常組織分駐各重要地區，作經常流動之調查登記，竊恐不唯鞭長莫及，難致辦理盡善，且亦無法洞澈人力供求之實況，作及時調整管制之依據，凡此諸端，似非酌用臨時人員辦理無能為力」。[65]

賀衷寒於也於 4 月 13 日以私人信函向行政院秘書長兼國家總動員會議秘書長張厲生（1901-1971）表示：設立流動調查登記站 15 個單位一事，於上（民國 31）年度暨本（民國 32）年度施政計畫及概算書中均經行政院先

---

[63] 「呈報成立日期及工作開展情形」（1943 年 4 月 4 日），〈組織成立調查登記站〉，《內政部檔案》，入藏登錄號：026000003637A。「同月 12 日再呈報已找到合適人選進行調查登記工作調查員羅康立、周正初、潘永昌等三位調查員及公役趙德成、李友桃等二名。」請參閱：「呈報工作人員編配表」（1943 年 4 月 12 日），〈組織成立調查登記站〉，《內政部檔案》，入藏登錄號：026000003637A。

[64] 「社會部轉知行政院指令就原有人員中或酌用臨時人員案」（1943 年 4 月 6 日），〈組織成立調查登記站〉，《內政部檔案》，入藏登錄號：026000003637A。

[65] 「奉令飭知流動調查登記站無庸另訂組織規程乙案呈請俯察實情轉呈備案由」（1943 年 4 月 10 日），〈組織成立調查登記站〉，《內政部檔案》，入藏登錄號：026000003637A。

後核定，並已分別設置，現各站業務正順利推行，所有一切調查登記等項，均能達到預期之進度且勞動局成立之初編制太小，現有人員已感不敷，實難再行外派充任這項工作，若將原有登記站工作人員概改為臨時雇用人員，「匪特降低其工作情緒亦有使該項業務中輟之虞，現原案轉由社會部呈院申復，務懇特別關注，仍准備案」。[66]

　　賀衷寒接著於 4 月 16 日經社會部再上呈行政院（院長為蔣中正，任期 1939 年至 1945 年）表示：調查登記為推行人力動員與實施勞動行政之主要依據，勞動局之前奉令執行國家總動員會議通過之人力動員計畫大綱，對於調查登記經特列專章；[67] 又查「國家總動員法」中，「關於人力動員部分，亦須經過登記，乃能實施無礙」。勞動局根據上述法令之規定及業務上之要求於上（31）年度與本（32）年度施政計畫及概算書內，表示必須選擇重要地區籌設流動調查登記站 15 個單位均先後呈請社會部轉呈行政院核定，並即選定重慶、成都等 15 地區，考選適當人員分別派赴各登記站，復經分咨各部會署各省市政府轉飭各廠礦知照各在案，「現各流動調查登記站業務，正順利推行所有一切調查登記事項，均尚能達到預期之進度」，且勞動局成立之初，「編制甚小，現有人員已感不敷，實難再行外派充任，斯項工作更非臨時人員所能勝任愉快，因此項調查登記均屬經常性質，在目前國家情勢之下，設無專任人員分布各地勢必使清查勞力業務所需之資料，無法迅捷蒐集，不斷從事蒐集，動員工作亦將莫由進行而陷於有名無實之境地，恐將來貽誤戰局，有失政府設立勞動局之本意」。[68]

---

[66] 「流動調查局案務請政院准予備案」（1943 年 4 月 13 日），〈組織成立調查登記站〉，《內政部檔案》，入藏登錄號：026000003637A。

[67] 人力動員計畫大綱於 1942 年 9 月 4 日國家總動員會議第 16 次常會通過，關於調查登記的部分共有九項。請參閱：「人力動員計畫大綱」（1942 年 9 月 4 日），〈國民義務勞動（三）〉，《國民政府檔案》，典藏號：001-050010-00008-013。

[68] 「流動調查登記站乙案呈請俯察實情轉呈仍准備案由」（1943 年 4 月 16 日），〈組織成立調查登

　　賀衷寒又於 4 月 20 日向行政院政務處長蔣廷黻（1895-1965）表示：設立流動調查登記站一事已訂入本局上（31）年度暨本（32）年度施政計畫及概算均先後呈奉核定在案，「現在站已次第設置，工作展開，若遽爾變更，匪特原有工作將全部停頓，抑將使整個業務大鉅大影響」。[69]

　　上述是賀衷寒多次向行政院及相關高層人員陳述設置登記站對於清查人力的重要乃至於整個勞動局業務習習相關；行政院終於在 1943 年 5 月 20 日「准予備案」。[70] 至於行政院是基於何種考量，沒有在 1943 年 3 月就立即同意勞動局長賀衷寒之所請，而是在賀衷寒不斷地陳述說明後，歷經二個月的時間才獲行政院同意，從目前現存的檔案及相關人物的個人史料尚無從得知，迨日後持續搜集相關史料再行論述。[71]

　　「社會部勞動局流動調查登記站組織規程」共計五點，其要點為，調查登記站設主任 1 人，綜理全站事務，調查登記員 2 至 4 人，公役 2 人，承主任之命分掌調查登記事項。登記站之職掌有：1、關於各地專門人才暨技術員工之調查登記事項；2、關於各地從業失業員工及無業游民之調查登記事項；3、關於各地從業員工薪俸工資之調查事項；4、關於各地人力供需狀況之調查事項；5、關於各地有關義務勞動之調查登記事項；6、關於本局臨時指定之其他調查登記事項。調查登記站應於每月終依式填具工作月報表呈報

記站〉，《內政部檔案》，入藏登錄號：026000003637A。

[69] 「為本局所設流動調查登記站懇乞維持仍准照案組織由」（1943 年 4 月 20 日），〈組織成立調查登記站〉，《內政部檔案》，入藏登錄號：026000003637A。

[70] 「奉令轉知流動調查登記站組織規程准予案」（19432 年 6 月 1 日），〈組織成立調查登記站〉，《內政部檔案》，入藏登錄號：026000003637A。

[71] 福建省社會處長鄭傑民也遇到類似問題，「社會處創立未久，當前工作，自以樹立規模打開環境為急務。民眾組訓、社會運動及人力管理三部門工作，需要大量幹部，均為戰時節用裁員之原則所不許」。請參閱：「中央訓練團學員自傳」（1942 年月日不詳），〈鄭傑民〉，《軍事委員會委員長侍從室檔案》，入藏登錄號：129000102441A。

本局備核。[72] 簡而言之，登記站的工作內容即調查登記各地方的各種人力狀況、薪俸工資、人力的供需狀況，試圖掌握各地的人力資源，作為後續人力動員業務基礎。

（二）陸續增設至十五站

　　1943 年 4 月，從原本 5 個登記站，增加至 11 個登記站，分別為衡陽、貴陽、曲江、桂林、昆明、西安，之後再增設至 15 個站。[73]

　　1943 年 4 月，於衡陽成立第六站。4 月 11 日，第六站主任王樹志到達衡陽，向勞動局報告「除訪晤市縣首長及各有關機關團體負責人，藉以明瞭當地環境加緊聯繫外，積極籌辦各項準備工作」，4 月 25 日，遷入辦公，不過卻因「警報頻傳，值敵機大舉侵襲湘省各地，每日上午 7 時至下午 3 時為疏散防空期，因此工作進行不無影響」，顯見調查登記工作進度亦深受戰事影響。[74]

　　接著於貴陽成立第七站，登記站主任為羅蔚然；[75] 第八站設於曲江，站

---

[72] 「勞動局流動調查登記站組織規程」（1943 年 5 月 20 日），〈勞動局流動調查登記站等組織規程〉，《行政院檔案》，入藏登錄號：014000003622A。

[73] 「本局業經設立之各流動調查登記站列表」（1943 年 5 月 17 日），〈組織成立調查登記站〉，《內政部檔案》，入藏登錄號：026000003637A。

[74] 「到達衡陽成立調查登記站經過情形」（1943 年 5 月 1 日），〈組織成立調查登記站〉，《內政部檔案》，入藏登錄號：026000003637A。「1、該站在衡暨已成立，應即從速擬訂一衡陽區廠礦概況調查實施計畫呈核，計畫內容應包括衡陽、株州、長沙、湘潭、新化、邵陽、耒陽、益陽、祁陽等地。至該站工作區域內之技術員工，應於本（32）年 7 月底前調查清楚，並將調查表冊，按期連同工作日報呈送稿。2、該站新任調查員唐光楚、公役郭朝宗、周炳二名，確予錄用。4、勞動局各市縣協助工作之公函，已於 3 月 27 日寄發。」請參閱：「到達衡陽成立調查登記站經過情形」（1943 年 5 月 14 日），〈組織成立調查登記站〉，《內政部檔案》，入藏登錄號：026000003637A。

[75] 「呈報四月十四日抵筑十八日組織」（1943 年 4 月 29 日），〈組織成立調查登記站〉，《內政部檔案》，入藏登錄號：026000003637A。

主任為徐鳳鳴[76]；第九站設於桂林，站主任為周世鳳；第十站設於昆明站，站主任羅嵐於 1943 年 6 月 7 日到達昆明，於 6 月 15 日正式成立。[77] 7 月成立第十一站於西安，登記站主任為馮瀚。他抵達西安，即展開初步的巡察，向勞動局呈報：「查西安區之廠礦公司約三千餘家，今後人力動員各種法令之下達與夫掌握各項業務，僅杖本站人員辦理，實力有未逮，似以委託調查登記辦法為輔助，齊頭並進，方竟事功。」[78] 顯示地方上工廠之多，而僅靠登記站的人力甚為有限，幸賴可委託調查登記員協助。

　　1943 年 8 月，又成立第十二站於江西省泰和，首任主主為譚淦[79]；而最後一站第十五站位於雅安，站主任是朱國斌，在「覓定林森路 323 號後進一樓為站址」後，於 8 月 24 日正式成立。[80]

表 1、社會部勞動局設立流動調查登記站一覽表

站別	主任姓名	所轄縣市名稱	設站成立日期	備註
第一站重慶區	任正貴	重慶市、巴縣、江北、壁山、江津、綦江、合川、涪陵、長壽、銅梁、永川	1943 年 2 月 18 日	重慶市燕喜洞 2 號 3 樓
第二站成都區	陳福星	成都市、溫江、華陽、新都、灌縣、新繁、郫縣、雙流、新津、彭縣、崇寧	1943 年 2 月 19 日	成都望江樓省立高農農場內

---

[76] 「呈報到差抵韶日期及站址」（1943 年 4 月 20 日），〈組織成立調查登記站〉，《內政部檔案》，入藏登錄號：026000003637A。

[77] 「呈報本站成立日期及站址由」（1943 年 6 月 21 日），〈組織成立調查登記站〉，《內政部檔案》，入藏登錄號：026000003637A。

[78] 「呈為文書工作繁劇懇增書記一人或設齊四人等案」（1943 年 7 月 20 日），〈組織成立調查登記站〉，《內政部檔案》，入藏登錄號：026000003637A。

[79] 「呈為報告本站成立日期辦公地點並啟用鈐記等案」（1943 年 8 月 18 日），〈組織成立調查登記站〉，《內政部檔案》，入藏登錄號：026000003637A。

[80] 「呈報本站站址及成立日期」（1943 年 9 月 13 日），〈組織成立調查登記站〉，《內政部檔案》，入藏登錄號：026000003637A。

第三站 自貢區	范家槐 （接任者宋文秀、李華湘）	自貢市、富順、威遠、資中、內江、榮昌、隆昌、嘉定、犍為、榮縣、資陽	1943年 2月15日	自貢正街58號
第四站 萬縣區	黃嶽 （接任者景德仁、鄧月軒）	萬縣、雲陽、奉節、開縣、巫山、梁山、忠縣、酆都、墊江	1943年 2月12日	奉節岳王廟
第五站 瀘縣區	劉堯 （接任者傅為卿、郝如僑）	瀘縣、宜賓、合江、納溪、南溪、江安、敘永、古宋、屏山	1943年 3月31日	瀘縣藍田壩大橫街藍田鎮公所內
第六站 衡陽區	王樹志	衡陽、株州、長沙、湘潭、新化、邵陽、耒陽、益陽、零陵	1943年 4月25日	衡陽仙姬巷36號
第七站 貴陽區	羅蔚然	貴陽市、遵義、桐梓、安順、龍里、都勻、獨山、黃平、銅仁	1943年 4月18日	貴陽中華南路華北飯莊
第八站 曲江區	徐鳳鳴	曲江、南雄、樂昌、始興、連縣、英德、翁源、興寧、梅縣	1943年 4月16日	曲江平民路80號古廬
第九站 桂林區	周世鳳 （接任者胡應成）	桂林市、全縣、梧州、南寧、八步（賀縣）、宜山、龍州、桂平、柳州	1943年 4月28日	桂林下關菜園145號
第十站 昆明區	羅嵐 （接任者馮石如）	昆明市、昆陽、玉溪、開遠、蒙自、曲靖、箇舊、富民、大理	1943年 6月15日	昆明武成路社會處內
第十一站 西安區	馮瀚 （接任者柴棟生）	西安市、洛陽、鄭縣、華縣、渭南、咸陽、三原、興平、寶雞、天水	1943年 7月26日	西安東門寂園曹家巷17號
第十二站 泰和區	潭淦	泰和、吉安、吉水、永豐、峽江、萬安、興國、安福、永新、贛縣、大庾	1943年 8月18日	泰和北門嚴家祠1號
第十三站 老河口區 （最早的規劃為恩施區）	（檔案未載明）	老河口（光化）、均縣、鄖陽、穀城、襄樊、宜城、棗陽、南陽、唐河、新野、鄧縣、淅川、內鄉（原恩施區範圍：恩施、宣恩、建始、鶴峰、巴東、利川、咸豐、來鳳）	（檔案未載明）	（檔案未載明）
第十四站 蘭州區	王鳳羣	蘭州市、西寧、榆中、臨洮、永靖、民和、樂都、玉門	1943年 8月1日	蘭州中山路炭市街225號
第十五站 雅安區	朱國斌	雅安、榮經、西昌、冕寧、會理、康定	1943年 8月24日	林森路323號

資料來源：整理自「勞動局流動調查登記站組織規程」（1943年5月20日），〈勞動局流動調查登記站等組織規程〉，《行政院檔案》，國史館藏，入藏登錄號：014000003622A；「社會部勞動局流動調查站情況一覽表」，收入秦孝儀主編，《革命文獻》，第101輯（臺北：中央文物供應社，1984年），頁181-182。

（三）流動調查登記站的工作內容

　　登記站的調查登記業務，其方式可細分為二項，其一是由登記站依登記站組織規程的規定於每個月定期將各地狀況回報給勞動局；其二是各地的工廠礦場於固定期間自動呈報資料。[81] 例如「戰時全國技術員工」、「非常時期廠礦工人受雇解雇限制辦法」等法規規定，技術員工的登記是每三個月回報勞動局；廠礦工人則是每六個月回報勞動局，當勞動局收到這些表冊後，再由各地的登記站派員予以審核登記，發給管制證。以下略述其工作內容。

1、流動調查登記站的工作月報

　　有關於登記站的工作月報，分為二大項，首先是敘述當地環境之概況，製訂廠礦概況調查表，由各區調查登記站，就各地公私營廠礦概況分別調查；其二是報告在各地工作的調查登記實際情形，內容包括十五項，分別為（1）專門人才暨技術員工之調查登記；（2）從業員工之調查登記；（3）失業員工之調查登記；（4）無業遊民之調查登記；（5）人力供需狀況之調查；（6）從業員工薪俸工資之調查，製訂各種工資物價調查表，由各調查登記站按期查報，以明瞭各區產業工人之收入及其生活費用；（7）有關義務勞動之調查；（8）被徵工人待遇之調查；（9）機關、團體、廠場、公司、行號、僱使員工及私人僱用工役之調查；（10）工人生活概況之調查；（11）實施限價工資狀況之調查；（12）實地管制技術員工狀況之調查，製訂技術員工調查登記表，由各區調查站就各地技術員工之種類數額詳加調查；（13）當地人力動員編制情形之調查；（14）當地可供緊急徵調勞動力之調查；（15）當地

---

[81]　「以戰時情況之變化無定與人才財力之限制似應確立勞動調查行政制度，責令各工廠礦場於一定期間自動為必要之申報。」請參閱：「第一處三十一年度工作概況優點缺點及改進意見」（1943 年 2 月 15 日），〈工作進度檢討報告表〉，《內政部檔案》，入藏登錄號：026000003648A。

各種戰時服務隊組織情形之調查。[82] 以上十五項內容可以說是由登記站組織規程所定的六項職掌再加以具體化。

2、各機關及廠礦的定期呈報

勞動人力登記的對象可分別為機關公役登記、廠礦工人登記、技術員工登記等三大類。其實施辦法：

（1）機關公役登記：依「機關公役限制及登記辦法」（1942 年 1 月 9 日公布；1944 年 1 月 27 日修正）進行調查登記。公役的對象是指包含傳達、收發、侍應、清潔、搬運、司機、工匠、廚役等勤務並按月在該機關支領工資者。凡無免役或緩役之適齡壯丁，各機關不得雇用，如曾在其他機關充任公役者應有解雇證明文件，否則不予雇用，兵役中籤之公役，應立即解雇。各機關現有公役及新雇用公役均應取得切實擔保，並隨時考察。不論現有公役及新雇公役，各雇用機關一律填具「公役登記表」二份，一份由該機關存查，另一份送社會部勞動局審查。各機關公役送審時，須按照規定附送該機關職員編制人數。公役人數以成立之機關每職員 4 人始得雇用公役 1 人。多餘的公役人數，則改充兵役或改分配至其他機關。若各機關職員編制如有變更，公役人數亦應同時予以調整。

（2）廠礦工人登記：依照「非常時期廠礦工人受雇解雇限制辦法」（1943 年 4 月 8 日公布實施）辦理，各廠礦應將廠礦全部工人每人填造「調查登記表」及工人總名冊。該辦法第 4 條規定登記表需填具：工作人姓名年齡籍貫住址、教育及技能程度、經歷、體格狀況、家庭狀況、入廠年月、擔任工作、工作報酬、獎懲情形、廠礦評語等十項內容。各廠礦工人調查登記表冊經社

---

[82] 「到達衡陽成立調查登記站經過情形」（1943 年 5 月 14 日），〈組織成立調查登記站〉，《內政部檔案》，入藏登錄號：026000003637A；「函送實施方案由」（1947 年 12 月 20 日），〈勞工施政計畫及方針〉，《內政部檔案》，入藏登錄號：026000003627A。

會部勞動局審查合格後，再分別填發「管制登記證」。各廠礦對工人受雇或解雇均應填具「廠礦工人動態報告表」，連「管制登記證」及「調查登記表」呈報主管官署及社會部。各廠礦呈報之主管官署分別為：中央各部會署直轄之廠礦應分報主管部及社會部、各省（市）所屬公私廠礦應報由各省（市）政府轉報社會部、自縣（市）所屬公私廠礦應報由各縣（市）政府轉報之。依該辦法第 15 條規定，廠礦每六個月應將下列事情呈報主管官署：工人登記表冊有變更者其變更部分；解雇及增雇工人之姓名；未經核准解雇擅自離職之工人姓名；死亡傷病之工人姓名及傷病者之狀況等四項。

　　（3）技術員工登記：係依照「戰時全國技術員工管制條例」（1943 年 7 月 9 日公布實施）進行調查與登記造冊；全國各機關各公私經營農礦工商場廠各專科以上學校或高級職業學校或訓練班所現有合於「戰時全國技術員工管制條例」第二條[83] 各款規定之一而有確實證明文件之技術員工應由各單位予以登記，填具「技術員工調查登記表」、普通工人總名冊等一式三份，其中一份彙送社會部勞動局核發「管制登記證」，凡核准者再由各勞動調查登記站，就近分發各廠礦按照規定履行登記。所填報者之技術員工，如是華僑應在調查登記備註欄內註明何時歸國及歸國前僑居之處所，而且對現職非現職失業開業或未開業或來自戰區或回國僑胞技術員工應由所在地主管官署公告分期舉行登記。凡經領取「管制登記證」之技術員工如有更動，應由各填報單位每隔三個月向主管官署填報「技術員工動態報告表」一次，於每年 1、7 月彙轉社會部勞動局備查。[84]

---

[83]　「戰時全國技術員工管制條例」第 2 條規定如下：本條例所稱技術員工係以下列者為限：一、曾在國內外專科以上學校或高級職業學校之理工農醫會計及工商管理等科畢業或對上述各學科有專門著作或發明者；二、曾受前款各學科或其相關學科技術訓練合格者；三、曾任前款各科工作或修習前款各科技術二年以上具有相當經驗者；四、其他合於專門技術人員考試法所規定之資格者。

[84]　「人力登記須知」（1944 年 6 月），〈技術員工及廠礦工人管制會議〉，《財政部檔案》，國史館藏，入藏登錄號：018000022689A。

　　從上述登記站工作內容及各地廠礦的調查登記內容，目的在清查全國產業、廠礦、勞動人力數量、分布情形、供需實況，並分類加以統計，以便於人力的管制與調節，達到建立人力運用與預計的基礎。

　　以下是每 1943 年至 1945 年，每年的人力調查登記的統計數字：自 1943 年 2 月第一個登記站設立開始至 1943 年 9 月份止，計調查工廠礦場 1,060 家、技術人員 4,214 人、技術工人 37,119 人、一般工人 40,669 人。[85] 至 1944 年 10 月份止，計調查工廠礦場 2,727 個單位、技術人員 10,367 人、技術工人 80,399 人、普通工人 120,313 人；又服務各機關團體技術人員，計理科 830 人、工科 35,289 人、農科 3,278 人、醫科 1,542 人、會計 22,556 人、工商管理 3,454 人，合計 66,949 人。[86] 至 1945 年 6 月底止，計調查大小廠礦 2,685 家、技術人員 7,873 名、技術工人 77,014 名、一般普通工人 104,818 名。[87] 從以上的統計數字，可看出不論是廠礦或是工人的數量是逐年的增加，表示國民政府透過社會部勞動局的調查登記方式逐漸掌握及了解國內工業資源與人力資源的情況，而掌握了這些人力資源，依勞動局原本之業務設計是作為後續人力管制、節制、調整等後續動員作業之用。

四、人力調查的實際執行情形

　　勞動局是抗戰期間人力動員的執行機構，透過三項主要業務，了解國內勞動人力的實況，進而管制人力，使人能盡其力，以增進產業效能，適當發揮人力，以達成抗戰勝利的目的。雖從上一節的統計數字上可看出在調查登

---

[85] 行政院編纂，《國民政府年鑑（第二回）》（重慶：行政院，1944 年），頁社會 23-26。

[86] 行政院編纂，《國民政府年鑑（第三回）》（南京：行政院，1946 年），頁社會 22-24。

[87] 「函送國民大會政績報告資料請查照彙編由」（1946 年 3 月 13 日），〈工作報告〉，《內政部檔案》，入藏登錄號：026000003649A。

記方面獲得若干成果，但從相關檔案與執行人員留下的紀錄，亦可看出在執行面的實際情形。

（一）順利推動的案例

　　每個流動調查登記站輪流在所屬的區域進行實地的調查登記，與當地的省市政府社會處（局）的關係是相當密切的。例如本文一開始提及的南僑機工失業案。1943 年 2 月，雲南省社會處向社會部發函呈報「滇緬路失業司機案」，當時勞動局業務才逐步推行，登記站正在重慶試行，且組織規程也才經過社會部同意，於是派視導郭士沅前往雲南，先到雲南省社會處了解情形，接連拜訪交通部公路總局、滇緬公路運輸局、雲南省公路管理局、雲南僑務處、振濟委員會、運送配置難民昆明總站、昆明市司機業職公會等各有關機關團體，除詢問承辦案件之人員，亦調閱相關處理本案之文卷函牘，也實際到「街頭作調查工作」。

　　歷經三個月的調查後，於 6 月 8 日向勞動局報告此案之來龍去脈及建議處置方法。首先說明這些南機工的由來是 1938 年昆明成立軍事委員會西南運輸處，設置訓練所訓練招募來的司機，由南洋僑賑總會保送華僑中富家子弟、工商界經理及中小學教職員等，前後共計 11 批接受訓練，此外又有由該所在西南各省招致中等以上學校學生入所接受訓練，結業後，編為運輸隊，共計 18 個大隊，其中華僑司機共計 1,301 人，國內司機約二千餘人，以上兩項司機約在三千人左右，擔負滇緬公路及國內各重要幹線運輸物資之責任。到了 1941 年這批南僑機工受戰局影響，已有人失業。這是因為西南運輸處改制為中緬運輸總局，著手改編各隊司機，這些機工多不願意接受改編，「均認為，該局是因戰局關係縮小範圍，對於大批司機無法安置，所謂改編受訓之說，實係藉詞」，結果接受該局「改編受訓之司機僅有二千餘人，其餘一千餘人則轉徙改業，甚至失業者」。1942 年又有南僑機工失業，這是

因為保山被大轟炸後，機工有陷在八莫、臘戌等地，或不能回國者，迨中緬運輸局改制為滇緬運輸局，「又再度改編為各隊司機受訓，計五大隊 1,200人，旋奉後方勤務部命令，再收容 500 位司機受訓，共計 1,700 人，惟這500 位司機中，曾被該局因故淘汰者，有 30 人至雲南省僑務處請求救濟；而滇緬運輸局僅約有 500 輛卡車，以一輛卡車正副司機二人計，最多不過 1,000人，其餘 700 人大抵即遭受淘汰，轉徙改業，甚至有失業者」，以上敘述南僑機工兩度改編導致失業之情形。郭士沅的報告中也提及南僑機工不願登記而失業之因：「據雲南省僑務處自 1942 年冬季始，辦理華僑司機失業登記，以限於經費等關係，礙難提供適當救濟辦法，以致在昆明已失業之華僑司機多認為無所裨益，不願前往登記，迄今為止，僅登記 438 名，然就以此項登記結果而論，現今昆明市已失業之華僑司機實非少數，殊堪重視」。

此外，據雲南僑務處處長張客公向郭士沅表示「1942 年冬季曾有失業華僑司機三人因窮極而住防空洞，致有二人死在其中，其餘一人前該處請求接濟，司機下落之可憐，可以想見；狡黠者甚至作出種種非法行為，近來昆明市附近及沿滇緬公路一帶之搶案，大抵與失業司機有關」，顯見這批南僑機工的失業問題已嚴重影響當地的社會治安。郭士沅覺得「華僑為革命之母，彼等滿腔熱血為祖國抗建而來，祇以國際交通斷絕，致受今日種種不幸，實為彼等始料所不及」；而且司機「乃運輸之幹部，培植不易，茲以時局關係，紛紛改業，嗣後滇緬公路一旦重開，勢必有車而無司機之嘆。假設不再迅予設法救濟，匪特將來國際運輸感受重大困難，即對於華僑對祖國之觀念亦或有不良影響；勞動局主管全國勞動行政，對於此種技術員工尤當重視，庶於將來滇緬公路重開時，貢獻殊多」。

基於此，郭士沅建議四項補救辦法，第一項是擴大雲南省社會處、昆明區社會服務處職業介紹組，或補助其他有關機關團體經費，為失業司機介紹工作；第二項「惟查有若干失業司機生活日趨墮落，為使其就僱後放心工作

並使僱主樂於招用起見」，因此在昆明市附近設所訓練，分期調訓，訓練後再為介紹工作；第三項是在昆明市附近設小規模工廠，「招致收容失業司機作相當於駕駛技術的工作，俾一面解決其生活，一面亦可不致荒廢其司機經驗」，這項工作，由郭士沅會同賑濟委員會運送配置難民昆明總站負責人「商洽可借用該站在昆明市附近之黑龍潭原有不用工廠，設所訓練」；第四項是「介紹移轉昆明市失業司機到其他各地作相當於其駕駛技術之工作」，這項工作，由郭士沅與雲南省各有關機關主管長官商妥，函請各運輸機關免費運到目的地，每日每人發給食宿等費用亦已備足。[88]

這四項建議上呈勞動局，6 月 21 日勞動局同意郭士沅之提議，批示：「查留昆失業司機案，曾經有關機關一再予以救濟及安置，卒因財力有限，運輸緊縮，未能澈底解決，目下西北交通，逐漸開展，是項人才，似有一線出路，茲根據查報實際情形及建議補救辦法：1、查建議辦法第一項似可由勞動局1943 年度招致技術員工經費項下提撥一部分補助昆明區社會服務處職業介紹組或其他有關機關團體，進行介紹失業司機工作，第二項設所訓練第三項設廠收容須有巨額經費始可舉辦擬暫從緩議，第四項須事先妥工作對象，方可實施否則徒勞運送於事無補；2、擬立即由勞動局派員前往交通部所屬各公路運輸機關及軍委會所屬各軍事運輸機關接洽安置，俟有眉目即隨時通知雲南省社會處商請當地各運輸機關免費運送至目的地就業；3、擬將上項處置辦法一面批復郭士沅一面請部令飭雲南省社會處迅即遵照辦理同時切實舉辦留昆失業司機調查登記，俾便隨時擇優介用。」[89]

社會部長谷正綱大致上同意勞動局意見，除補助經費因行政院指示應保

---

[88]　「為滇社會處函為查復滇緬路失業司機情形」（1943 年 6 月 8 日），〈調查失業〉，《內政部檔案》，入藏登錄號：026000003860A。

[89]　「社會處勞動局簽註意見」（1943 年 7 月 10 日），〈調查失業〉，《內政部檔案》，入藏登錄號：026000003860A。

留外，其餘按照勞動局所陳之做法。7 月 17 日，社會部發函雲南省社會處表示：「據報現有留昆失業汽車司機，為數甚鉅，大都流離失所，生活無法維持，惟查此輩司機，過去搶運物資，均曾著有勞績，徒因滇緬公路為敵阻斷，以致陷於失業等情，查值此人力動員之際，該項失業司機，自應積極予以收容安置。」並指示二項救濟辦法：「1、現有留昆失業司機由雲南省社會處即行舉辦調查登記並造冊，報部備查；2、業經登記之失業司機，一面由雲南省社會處負責，就近介紹工作，其經介紹就業之司機應另行冊報，一面由勞動局派員前往交通部所屬各公路運輸機關及軍委會所屬各軍事機關接洽安置，俟有安置處所，隨時通知該處商請當地各運輸機關免費運送至指定地點。」[90]

勞動局之後又派職員游培成前往資源委員會運務處重慶辦事處、後方勤務部、重慶市公共汽車管理處、西南公路運輸局、川滇東路運輸局駐渝代表辦事處、川滇西路管理局駐渝代表辦事處、川康公路管理局駐渝代表辦事處、滇緬公路運輸局駐渝代表辦事處、西北公路運輸局駐渝代表辦事處等機關洽商滇緬路失業司機安置事宜。[91] 以上可見勞動局積極處理及安置南僑機工失業案。

由於當時位於昆明的第十流動調查登記站甫於 1943 年 6 月 15 日成立，所以在處理南僑機工失業時，第十昆明登記站並未出現在檔案中。不過，或許由於這個案件的關係，勞動局的十五個登記站中（見表 1），只有昆明站是設址在雲南省政府社會處，其他登記站都是另覓辦公地點。

雲南省能配合勞動局的人力動員工作，不僅有協助南僑機工這個案例，

90　「為據勞動局案呈調查滇緬路失業司機情況茲規定救濟辦法二項令仰遵辦具報由」（1943 年 7 月 17 日），〈調查失業〉，《內政部檔案》，入藏登錄號：026000003860A。

91　「為派員前來洽商滇緬路失業司機安置事宜」（1943 年 7 月 17 日），〈調查失業〉，《內政部檔案》，入藏登錄號：026000003860A。

另外在 1943 年昆明市政府為遵辦國民政府公布的「非常時期廠礦工人受雇解雇限制辦法」，成立「昆明區廠礦工人管制委員會」。由於自抗戰以來，昆明已成為後方重鎮，百業猛進，尤其公私工廠相繼成立，工人數目比例增加，惟「品類複雜，良莠不齊，或貪蠅利而跳廠轉廠或挾忿爭而曠工怠工，甚或圖避徵召而潛逃或受蠱惑煽誘而盲動，凡諸謬舉，小則為害工業發展，大則影響國家復興，昆明市政府有鑑於此，故對工人之管理，極為重視，務期各本崗位，努力生產，永無逾軌情事之發生，藉收勞動管制之實效」。[92] 昆明市政府聯合雲南省會警察局邀請昆明各國營省營工廠會同組織「昆明區廠礦工人管制委員會」，業經擬訂組織章程草案，章程中設主任委員 1 人，常務委員 2 人，並設管制科、調查科，分別由王紹猷、楊致道擔任。郭士沅向勞動局回報「各省市尚無政主管機構，推行上困難殊多，今該會如能依法組織，對於勞政之推進不無關係」，表示對於昆明市政府此舉表示認同。王紹猷、楊致道在郭士沅的引介下，與勞動局駐昆明調查站主任羅嵐取得密切聯繫，相互協助，推行人力動員相關工作。[93] 同年 9 月 4 日，昆明區廠礦工人管制委員會成立，在成立大會上視導郭士沅、昆明登記站主任羅嵐皆受邀參加。[94] 可見勞動局的派出人員在當地所受到的重視。

　　該組織章程草案經郭士沅、羅嵐呈報勞動局審核後，勞動局表示這個草案包括組織、職權、經費諸項，核與頒行之「戰時全國技術員工管制條例」暨「非常時期廠礦工人受雇解雇限制辦法」，並無牴觸之處，且以因制宜，

---

[92] 「昆明市政府為成立昆明區廠礦工人管制委員會邀請郭士沅羅嵐函」（1943 年 9 月 2 日），〈其他組織規程〉，《內政部檔案》，入藏登錄號：026000003615A。

[93] 「電報昆明市政府組織廠礦工人管制委員會情形」（1943 年 9 月 1 日），〈其他組織規程〉，《內政部檔案》，入藏登錄號：026000003615A。

[94] 該會第一次委員會議其中有項決議：「本會應以加緊辦理廠礦工人之調查登記為中心工作。」請參閱：「昆明區廠礦工人管制委員會第一次委員會議紀錄」（1943 年 9 月 4 日），〈管制技術員工〉，《內政部檔案》，入藏登錄號：026000003839A。

似較切合實際而更具體，惟該草案名為「昆明區廠礦工人管制委員會」實未能包括「技術員工」，因此電令登記站主任羅嵐、視導郭士沅兩人從旁促其設法更正。[95] 由於該會組織章程原本是因應 4 月公布的「非常時期廠礦工人受雇解雇限制辦法」而籌劃成立「昆明區廠礦工人管制委員會」，至於 7 月才公布施行的「戰時全國技術員工管制條例」，由於含蓋範圍甚廣，該會限於經費人力，所以無法擴大適用對象。[96] 因此翌（1944）年 4 月 19 日另組織成立「雲南省技術員工管制委員會」，「雲南省技術員工管制委員會組織章程」經登記站主任羅嵐送呈勞動局後，勞動局表示：「各省市關於是項勞動管制業務，似可一律仿照此項措施，參酌辦理，俟雲南省技術員工管制委員會之辦事細則及經費預算，層轉到部後，再行通函各省市查照辦理。」[97] 可見雲南省配合程度之高，使勞動局發函各省市政府周知，另外，巧合的是雲南省技術員工管制委員會同樣設址於雲南省社會處內。易言之，雲南省社會處不僅是勞動局第十登記站的站址，也是雲南省技術員工管制委員會的會址。而這三個機關位於同一個地方辦公，是顯示關係密切？抑或是雲南省主席龍雲（1884-1962）欲較易控制這些設在雲南省內的中央機構外派單位呢？[98] 這個問題勢須蒐集更多史料再論述。

---

[95] 「電報昆明市政府組織廠礦工人管制委員會情形」（1943 年 9 月 23 日），〈其他組織規程〉，《內政部檔案》，入藏登錄號：026000003615A。

[96] 「辦理廠礦工人之登記管理，感人財兩缺，兼之各大小工廠散居市郊及鄰縣境內，本府鞭長莫及，不易聯繫，故欲求工人管制之有效實施，誠非易事。」請參閱：「咨送昆明區廠礦工人管制委員會組織規程及委員名單第一次委員會議紀錄等情」（1943 年 12 月 8 日），〈管制技術員工〉，《內政部檔案》，入藏登錄號：026000003839A。

[97] 「雲南省技術員工管制委員會組織章程簽註意見」（1944 年 8 月 25 日），〈其他組織規程〉，《內政部檔案》，入藏登錄號：026000003615A。

[98] 「中央政府在雲南的大部分國營企業、軍事單位以及國民黨部，設有調統局的機構，龍雲不可能將中央政府的秘密警察排出於雲南之外。」請參閱：易勞逸（Lloyd E. Eastman），〈地方政治和中央政府：雲南和重慶〉，收入薛光前編，《八年日抗戰中之國民政府》（臺北：臺灣商務印書館，1978 年二版），頁 367。

（二）推行困難的情形

人力調查登記業務的執行，雖有上述順利推行的案例，但也會有執行困難之處。

首先是事繁人少。勞動局第一處處長李劍華表示：「美國勞工部關於人力需要之調查，即專設一勞動需要統計局主事。而本局關於此項調查統計工作，僅指定二、三人為之，困難可知。」[99] 該局第二處第三科科長陳普表示：「本科事繁人少，對於工作推動，不無影響。關於工資部分，只有三位科員，但每天須辦幾十件文電，每週要擬具三次報告，其中一次是於國家總動員會議常會時向委座提出報告的，因此例行公事太忙，無法作設計改進的工作。至於一般管制方面，僅一位科員主辦，尚須兼任指導市範區的責任。另外全國機關公役審核，也有一位同仁擔任。」[100] 同樣該局總務室第二科科長吳興幹也覺得「勞動局主要工作在如何能使全國人力動員，但此種工作非易為之事，今日產生該局，略因抗戰需要而產生，對於調查工作人員似尚缺少」，流動調查登記站僅 15 站，可每站調查登記員僅 2 至 4 人擔任此種工作，殊感困難。[101]

其次是各機關的執行與配合度。在中央機關中，以機關公役之調查與管制為例，勞動局長賀衷寒就表示：「過去一般機關濫用公役，對於勞力浪費

---

[99] 「中央訓練團學員自傳」（1943 年 10 月 6 日），〈李劍華〉，《軍事委員會委員長侍從室檔案》，入藏登錄號：129000028168A。

[100] 勞動局第二處第三科（負責主辦一般人力管制和工資管制的業務）科長陳普認為：「勞動局主辦一種新興業務，過去缺乏研究這款問題的專門學者，同時，因成立伊始，業務亟須推動，因此，以往既擬定的各種法規計畫，是否因適應事實上的需要，尚待考證。」請參閱：「中央訓練團黨政訓練班學員工作報告書」（1944 年 12 月 6 日），〈陳普〉，《軍事委員會委員長侍從室檔案》，入藏登錄號：129000026841A。

[101] 「中央訓練團黨政訓練班學員工作報告書」（未載明年月日），〈吳興幹（吳培根）〉，《軍事委員會委員長侍從室檔案》，入藏登錄號：129000103542A。

頗大。但是，現在也把他加以限制，一般實施的結果，都還很好。不過，有
少數機關，因為積習太深，也不能不說多少有些困難。」[102]

　　再者地方政府中也有不配合者。例如西康省，1944 年 10 月勞動局第三
處處長丁文安欲前往西康省視察人力動員情形，不料省主席劉文輝（1895-
1976）向社會部表示希望能夠暫緩，其因是「本省人力動員過去並未奉有整
個工作計畫，加以種族雜異，對此新興事業，該當在籌劃進行中，特請迅頒
有關法令俾資遵循，以便於下年度實施。丁處長來康視察，自當竭誠歡迎，
惟本省此項人力動員工作尚未實施之際，可否暫緩來康」。[103] 顯見劉文輝明
白表示，西康省尚未實施人力動員工作。不難想見的是，勞動局在西康省設
有第十五流動調查登記站（範圍是雅安、康定、西昌、滎經、冕寧、會理等
縣），該站在進行各廠礦之調查登記時，在執行上應是相對不易的。

　　最後，登記站與地方政府社會行政機構不能相互配合。以第七貴陽登記
站為例，該站主任羅蔚然曾於 1943 年 8 月 20 日向勞動局報告：

> 　　查人力之管制與人力之調查登記，原為一體，本不可分者，如缺其一，
> 則其他二者自將失其意義，本站現正實施調查登記工作，以備他日管
> 制之執行，但今吾等調查登記工作，尚未完竣，而貴州省社會處已奉
> 命開始辦理工人受雇解雇之管制事宜，而貴州省社會處原有編制人員
> 不敷分配，茲為專辦工人管制事宜計，更呈請層峰准予增加四人，以
> 備專門辦理該項業務，如社會處此項計畫完全批准，則他日技術員工
> 之管制，自將歸伊等辦理矣，且伊等既已實施管制，則調查登記工作
> 自然隨實施管制逐次完成，而我各調查登記站之調查登記，究為何而

---

[102] 賀衷寒，〈人力動員與勞動行政〉，收入秦孝儀主編，《革命文獻》，第 101 輯，頁 67。
[103] 「劉文輝電復本省人力動員一案由」（1944 年 10 月 13 日），〈視導報告〉，《內政部檔案》，
入藏登錄號：026000003651A。

調查而登記，當然目的自在管制，且勞動局乃人力管制之唯一機構，
該項業務自不能為他人過問，但今非獨已為他人過問且已先我而實施
矣，同時伊等之執行是根據調查登記管制三位一體之原理而施，故工
作上目前雖僅公事之往還則速度已較我為快，其所以如此者，實其有
管制力量之所至，故今為我勞動局工作前途計，應速予呈請社會部，
將該項業務職權劃分清楚，並各省社會處將已辦理之工人管制事項，
移交駐各省之調查登記站接辦；另為加強人力動員業務效能計，擬請
擴大各站之編制，立即實施調查登記管制三位一體制。[104]

　　從上述報告可看出羅蔚然深知調查登記對人力動員的重要性，進而提出
所謂「調查登記管制三位一體」的作法，將業務擴大解釋，希望將人力管制
業務納入登記站，但這作法會侵害地方省市政府社會行政機構的職權。因為
在勞動局成立之初，在其「人力動員計畫大綱」中的「機構」一節中即明白
表示：「勞動主管機關在中央為社會部勞動局，在省市為社會處，在地方為
縣市政府，中央於必要時並得派員協助各級地方政府執行人力動員業務。」[105]
也就是勞動局對於地方社會行政機構是具協助督導之責，不能代為執行，而
勞動局派赴各地的登記站也是如此，登記站的性質是中央派駐各地方的調查
登記人員，其他人力動員業務「為負督導責任，不宜多作主張，以免引起誤
會」。[106] 因此同年 9 月 17 日，勞動局回覆羅蔚然：「勞動局流動調查登記站

---

[104] 「為簽請二項祈鑒核示遵由」（1943 年 8 月 30 日），〈組織成立調查登記站〉，《內政部檔案》，
　　入藏登錄號：026000003637A。

[105] 「奉令飭研擬人力動員辦法呈核等」（1943 年 3 月 10 日），〈國民義務勞動（三）〉，《國民政
　　府檔案》，典藏號：001-050010-00008-022。

[106] 「勞動局相關法規的規定，勞動行政主管機關，在省為社會處，在縣市為縣市政府，中央派駐各地
　　方人員，為負督導責任，不宜多作主張，以免引起誤會。」請參閱：「查昆明市政府組織昆明區廠
　　礦工人管制委員會係由前昆明區技工管理委員會蛻變而來」（1943 年 9 月 11 日），〈其他組織規

組織規程第三條規定調查登記站職掌，為調查登記人力，而人力之管制業務，自應由各級社會行政機構執行，所請擴大站編制以便同時實施人力管制一節，應毋庸議。」[107]可見勞動局在執行人力動員業務這項業務時，遇到與地方政府社會行政單位的衝突的狀況，在處理原則上尚能遵守法制，未逾權限。

五、結論

抗戰時期國民政府訂頒「國家總動員法」，其中有關人力動員的部分，社會部特設立勞動局以執行調查登記、人力管制、義務勞動等人力動員業務。調查登記為人力動員的基礎工作，如何規劃人力之分配、限制、調整、訓練等，皆以調查登記為起點，故勞動局成立流動調查登記站，試圖掌握全國的人力狀況，以作為後續人力統治的基礎，達成戰時國家總動員中人力動員的目標。[108]

流動調查登記站雖然在成立之初不甚順利，經勞動局局長賀衷寒積極向行政院高層爭取設立，才得以設置。1943年起先後於重慶、成都、桂林、昆明等處，設立流動調查登記站15站，每站設主任1人，調查員2-4人，每站有工作區域，範圍自8、9個縣至十餘縣，分區分期至各地實際調查廠礦概況、技術員工概況、一般工人概況、人力需求預計等人力情形。[109]因此其工

程〉，《內政部檔案》，入藏登錄號：026000003615A。

[107]「為簽請擴大站編制以欲同時實施人力管制一案」（1943年9月17日），〈組織成立調查登記站〉，《內政部檔案》，入藏登錄號：026000003637A。

[108]「當此抗戰建國時期，政府應集中全國人力、財力、物力，以予統制，以備國家的需用，這是毫無疑義的。」請參閱：孫本文，《孫本文文集》，第九卷：論文集（1937～1948）（北京：社會科學文獻出版社，2012年），頁78。

[109]「勞動調查與登記」（未載明年月日），〈新興事業計畫〉，《內政部檔案》，入藏登錄號：

作性質，不僅具有每月定期呈報的機制，亦具有空間流動性，以圖能隨時掌握地方人力的實際動態。

　　登記站的業務在 1943 年陸續上軌道，執行的成果大致集中於 1944 年至 1945 年。從時間上來看已經是抗戰末期了，加上又如第四節所敘述有些中央機關及地方政府的配合程度並不如預期，即使登記站有若干執行面的難處，但從當時留存的檔案與《國民政府年鑑》等統計數字，仍能看出登記站努力執行人力調查的若干成果。[110] 因此勞動局是因執行戰時人力動員業務成立的，但在 1945 年 8 月抗戰勝利後沒有被裁撤，尤其是登記站仍繼續辦理勞動調查登記。而且自 1946 年 1 月起，因收復區及光復區的地域廣大且事務繁重，原有「流動調查登記站」不敷運用，經呈准增設並改名為「勞動調查登記站」，陸續成立第十六站至第二十三站，在上海、青島、武漢、廣州、東北、臺灣及其他重要產業地區陸續設站，並派員至全國各重要工業地區辦理勞動人力清查登記及一切有關勞動業務之工作。[111] 因此從歷史發展脈絡來看，登記站的設置有其必要，也達成其抗戰期間人力調查工作的基本目標。至於登記站的調查成果如何進一步配合後續人力管制與義務勞動的人力動員工作，將另文論述。

026000003650A；中央銀行經濟研究處編，《卅一年下半期國內經濟概況》（重慶：中央銀行經濟研究處，1943 年），頁 297。

[110] 勞動局視導蔡喆生肯定勞動局「能支持八年艱苦抗戰……如何掌握後方有限人力，使其運用合理化，如何消除各個人力浪費，使人盡其才，物盡其用，以求自力更生，則前述各項措施，是曾具有不可否定之價值」。請參閱：蔡喆生，〈五年來勞動管理工作概況〉，收入秦孝儀主編，《革命文獻》，第 101 輯，頁 112。

[111] 「本局三十五年度工作計劃草案」（1946 年 1 月 21 日），〈勞工施政計畫及方針〉，《內政部檔案》，入藏登錄號：026000003627A；「行政院談話會檢討資料一案復請查照彙辦」（1946 年 7 月 5 日），〈本局組織條例〉，《內政部檔案》，入藏登錄號：026000003626A。

蔣中正建民國為基督教國之誓初探 *

胡學丞

北京理工大學珠海學院民商法律學院助理教授

一、前言

　　隨著蔣中正（1887-1975）之日記的公開，對蔣氏之私人面向的研究逐步獲得開展，蔣氏之宗教信仰研究即其中之一。此面向之研究成果目前不多，但已有數位學者投入，多以蔣氏之基督教信仰為關注重心，亦有論蔣中正之佛教因緣者。其中以蔣氏之基督教信仰為主題者，多著重探討蔣氏信仰基督教之原因、過程（如與宋美齡的婚姻、於西安事變所得宗教經驗）、[1] 對近

---

* 本文寫作過程中，先後曾蒙劉維開、周琇環、康豹、蘇聖雄、侯嘉星、楊善堯諸位師長、先進、學友寶貴的指點，特此致謝，同時感謝兩位匿名審查人的精闢意見，惟一切文責仍由本人承擔。

[1] 請參閱：黃道炫、陳鐵健，《蔣介石：一個力行者的精神世界》（香港：香港中和出版公司，2013年），頁 369-382；裴京漢，〈蔣中正與基督教──日記裡的宗教生活〉，收入中國社會科學院近代史研究所編，《民國人物與民國政治》（北京：社會科學文獻出版社，2009年），頁 277-289；張慶軍、孟國祥，〈蔣介石與基督教〉，《民國檔案》，第 1 期（1997年1月），頁 77-83。

代中國政治、軍事、社會方面的影響（如戰後接收東北決策、史迪威事件之處理、新生活運動），[2] 以及對其自身生活、言論方面的影響（例如證道活動、修訂《聖經》中譯本）。[3] 或許是因為目前蔣氏之基督教信仰方面的研究尚屬初步，初步研究自以蔣氏信仰之原因、過程為先，故在這兩方面學界已有不少討論，影響方面則仍有相當大的發展空間。[4] 總之，進一步區分不同面向或主題，細論、專論蔣氏基督教信仰之影響有其必要。

筆者在閱讀劉維開〈作為基督徒的蔣中正〉一文時，方知蔣氏曾於 1937年自誓使中華民國為基督教國，欲使一國成為基督教國，非設基督教為該國之國教不可。一般而言，設立國教恐影響一國之政治、社會、文化甚巨，更何況是由信仰該教的一國領袖來推行，且蔣氏堪稱相當虔誠的基督徒，故該誓有其重要性。儘管蔣氏曾為不同原因數次向上帝祈禱求助而立下誓言，但在立誓之前蒙上帝示意之情況似乎只有此次。換言之，這是一個直接建立在宗教經驗上的誓言，故此次立誓亦有其特殊性。因尚未見有專論此主題者，故本文以前人研究蔣氏之基督教信仰的成果為基礎，探討此一主題，冀能有助於深化對蔣氏之基督教信仰及其影響的認識。

本文在蔣中正信仰基督教之原因、過程方面，主要受益于裴京漢〈蔣中正與基督教——日記裡的宗教生活〉與黃道炫、陳鐵健《蔣介石：一個力行

---

[2]　請參閱：邵玉銘，〈宗教決定政治：探討先總統蔣公對於抗戰勝利後接收東北之決策〉，收入王成勉主編，《補上一頁欠缺的歷史——蔣介石夫婦的基督教信仰》（臺北：財團法人基督教宇宙光全人關懷機構，2013 年），頁 14-24；王成勉，〈蔣介石的基督教信仰：「史迪威事件」關鍵時期的探討〉，收入王成勉主編，《補上一頁欠缺的歷史——蔣介石夫婦的基督教信仰》，頁 60-75；段瑞聰，《蔣介石と新生活運動》（東京都：慶應義塾大學出版會，2006 年），頁 56-62。

[3]　請參閱：劉維開，〈作為基督徒的蔣中正〉，《史林》，第 1 期（2011 年 1 月），頁 120-132。

[4]　就筆者所見，基督教信仰對蔣中正的政治決策確有影響，例如依其日記所載，在 1945 年 9 月重慶會談正式開始前夕，蔣氏在思考、決定對共方略時，即「忽覺上帝賜予智能」，而決定了對共主動妥協之條件。請參閱：《蔣中正日記》，1945 年 9 月 2 日。轉引自呂芳上主編，《蔣中正先生年譜長編》，第 8 冊（臺北：國史館、國立中正紀念堂管理處、財團法人中正文教基金會，2015 年），頁 166。

者的精神世界》，他們的分析各有所重，乃筆者理解蔣氏立該誓之基礎；在史料方面，則主要受益于前述劉維開之文章，該文所引蔣氏基督教信仰相關史料豐富，論述面向多元，尤其是蔣氏之證道詞、其在《聖經》上之筆記及手改《荒漠甘泉》譯稿等史料，向來較少受到注意。由於筆者能力所限，未能直接查閱蔣中正日記，文中引用日記的部分，除來自學界先進於論著中對蔣日記的引述外，並包括《蔣中正先生年譜長編》所引的蔣日記。本文所直接參考的主要史料，乃蔣氏五記中之《學記》，[5] 以及蔣氏歷次發表之證道詞。蓋《學記》收錄了部分蔣氏於 1943 年之前閱讀《聖經》與其他基督教相關書籍之心得，及其卜問上帝或聖靈所得指示；其證道詞可謂係較系統地自述關於基督教之想法與對基督教信仰之體會。其證道詞中有三篇尤其值得注意，一是廣播於 1947 年 12 月 21 日之「基督給我們信心與希望」，當時蔣氏面對國共內戰失利，在文中闡釋了即將施行之《中華民國憲法》（以下稱民國新憲法，以別于公布於 1923 年 10 月 10 日的《中華民國憲法》）與基督教之關係；二是發表於 1944 年 12 月 24 日之「耶誕節證道詞」，時為赫爾利（Patrick Hurley, 1883-1963）力促國共合作之初期，蔣氏於文中宣導全國民眾信仰基督教；三是廣播於 1938 年 4 月 16 日之「為什麼要信仰耶穌」，時值抗日戰爭初期，蔣氏在文中將三民主義新中國等同於「天國（Kingdom of Heaven）」。這些史料皆有助於我們瞭解其對基督教國家的想法、建立基督教國家之緣由，以及其利於基督教國家之建立的作為。

5　蔣中正之五記係指《學記》、《愛記》、《省克記》、《遊記》、《困勉記》五種蔣氏日記類鈔，現由臺北之國史館典藏，已於 2011 年由國史館出版。由於五記是將蔣氏日記纂輯整理而成，不免潤飾刪改，故與日記原稿非完全相同。

二、蔣中正誓使中華民國為基督教國之因

　　1937 年 9 月 17 日，蔣中正在其常讀之《聖經・舊約聖書》第 791 頁上記下：「上帝示意，許誓中國成為基督教國。」[6] 又依《學記》，在隔日，其「自昆山督察返京，記曰：『昨日出發之時，默禱聖靈，承默示為撒加利亞第九章，自誓戰勝倭寇之後，必使中華民國為基督教國，使全國學校皆讀聖經，明聖道也。』」[7] 簡言之，在 1937 年 9 月 17 日，蔣氏受上帝示意，可誓建中國為基督教國，而蔣氏在求示於聖靈後，當日便立下該誓。自此誓言中可知其所謂基督教國，具體而言至少會將基督教經典帶入全國學校教育中。惟其在誓中附加了一個條件，即須在抗日勝利之後為之。這令人不禁想問：為何蔣氏會有這般誓使中華民國成為基督教國之舉呢？茲就此問題略抒管見：

（一）對基督教的堅定信仰

　　蔣中正之所以誓使中華民國為基督教國，自然與其信仰基督教密切相關。蔣氏並非自幼即受洗為基督徒，其受洗之時乃 1930 年 10 月 23 日，時蔣氏 43 歲，已入中年。在受洗之前，蔣氏與佛教相當親密且友善，其不但供佛、讀佛經、訪寺，甚至曾有出家之想，[8] 原因主要在於蔣氏之至親多崇信佛教，致使蔣氏在成長過程中與佛教及寺院時有接觸。這些人包括如對其鍾愛異常的祖父，好讀佛經、能辨宗派的蔣斯千（1814-1894）；[9] 其最為依

---

[6]　轉引自劉維開，〈作為基督徒的蔣中正〉，頁 123。

[7]　黃自進、潘光哲編，《學記》（臺北：國史館，2011 年），1937 年 9 月 18 日，頁 114-115。

[8]　黃道炫、陳鐵健，《蔣介石：一個力行者的精神世界》，頁 367-368。關於蔣中正與佛教之關係，學界研究尚少，可參考 Paul R. Katz, *Religion in China & Its Modern Fate*, Waltham: Brandeis University Press, 2014, pp.136-140.

[9]　劉維開，〈蔣中正記憶中的童年〉，收入呂芳上主編，《蔣中正日記與民國史研究》，上冊（臺北：世界大同出版公司，2011 年），頁 140-141。

戀的母親，能背誦、注釋多部佛經，深明宗派，並教授蔣氏佛學義理的王采玉（1864-1921）。[10]

　　蔣氏之所以受洗，除了可能為了討好西方國家外，[11]與其和宋美齡（1898-2003）的婚姻有密切關係。據學者研究，早在其與宋氏結婚前，宋母倪桂珍（1869-1931）已殷殷勸說蔣氏受洗，待婚後，倪氏及宋氏更不斷勸其入教。後倪氏病重，蔣氏基於對岳母之孝，方決定接受洗禮，以安倪氏之心，惟此時其心中實尚未確定信仰。如蔣氏所自承，其係直至1936年的西安事變，方確定了對基督教之信仰，蓋一方面因其在西安遭受禁錮的那段期間，每早祈禱，誦讀聖經，將己所受磨難比為耶穌之犧牲。另一方面因其於當年12月22日晨禱讀經時讀到：「耶和華在地上造了一件新事，就是女子護衛男子」一句，當日即有宋美齡親往西安談判營救，蔣氏遂視其獲救是上帝安排。換言之，其當時不斷進行基督教之宗教實踐，獲得了宗教經驗，該經驗並使他相信信仰上帝與自西安脫困間具因果關係，凡此種種使他確定了對基督教之信仰。[12]蔣氏立使中華民國為基督教國之誓，正是在其確定對基督教的信仰之後。

（二）攘外的願望

　　觀前引兩筆關於蔣中正立誓建中國為基督教國之史料，有兩點或足以解釋為何蔣氏在其誓中附加了對日抗戰勝利此一條件。其一，他立誓之時正值

---

[10] 蔣中正，「先妣王太夫人事略」，收入《自反錄》1，卷六，出版時間不詳，頁514-515。

[11] 張慶軍、孟國祥，〈蔣介石與基督教〉，頁78。

[12] 裴京漢，〈蔣中正與基督教──日記裡的宗教生活〉，頁278-284。惟黃道炫、陳鐵健據1934年6月15日之蔣中正日記所載：「如先慈在世，與之說明此理，彼當亦信奉基督也。」認為以蔣母在蔣氏心中之特殊地位，其竟為其母設定宗教信仰，可見當時基督教於他已非同一般，其真正虔信基督教未必完全係始於其自西安事變脫困之時。請參閱：氏著，《蔣介石：一個力行者的精神世界》，頁372-373。

七七事變後一個月有餘，對日抗戰已開始，而國軍整體而言節節敗退，前景堪憂；其二，就聖靈所示之撒加利亞書第九章，雖難以知曉蔣氏對該章之理解為何，但至少觀該章字面意義，有上帝將保護錫安之民不受侵略之意，[13] 若蔣氏亦做此理解而類比於當時遭逢外患之中國，或會將聖靈此默示意會為上帝將保護中國。簡言之，蔣氏面對抗日不利，得上帝、聖靈之示而以為上帝不但有意保中國，並有意要蔣氏使中華民國為基督教國，遂向上帝提出抗日成功後建民國為基督教國之條件，以確保上帝的援手。如此附加條件，實踐使中國為基督教國家之誓將變為抗日勝利之願若然實現後的還願方式。由於就基督新教言，信徒之一切遭遇得失莫非上帝單向之恩典，並非與上帝條件交換的結果，故如蔣氏當時這般帶有還願邏輯的誓言，並不符新教教義。儘管不合教義，蔣氏此種行為在新教徒中並非特例，且以他而言，其此舉可能並受到中國傳統民間信仰之影響。[14] 又這附帶還願方式的祈禱，在蔣氏一生中不止一次，例如在 1944 年的衡陽保衛戰時亦有發生，當時蔣氏默禱上帝賜衡陽戰事勝利，並許於其六十歲生日時在南嶽之頂峰建大鐵十字架一座，以酬主恩。[15]

　　雖然抗日是蔣氏立此誓的重要原因之一，但其目的似不僅止於此。依《學記》，在 1937 年 9 月 30 日，蔣氏「反省本月記事，記曰：『俄狡而倭

---

[13] 撒加利亞書是聖經舊約的眾先知書之一，具預言性質，多象徵寓意，向稱難解。筆者此處係參考《聖經（和合本）》（香港：漢語聖經協會有限公司，2005 年），頁 1539-1541。

[14] 黃道炫、陳鐵健即曾指出，蔣介石成為基督徒後，對中國傳統民間信仰的許多成分並未放棄。請參閱：氏著，《蔣介石：一個力行者的精神世界》，頁 380-381。向神明許願與還願之儀式是世界許多宗教文化的基本元素，在中國亦不例外，而不同文化間的接觸與互動易對此類儀式產生影響，如湘西的還儺願即是一例。請參閱：Paul R. Katz, Repaying a Nuo Vow in Western Hunan: A Rite of Trans-Hybridity ？，《臺灣人類學刊》，第 11 卷第 2 期（2013 年 12 月），頁 1-88。以此角度看蔣中正此誓，借用 Paul R. Katz 所言，或許可謂是基督教與中國傳統民間信仰「跨混」而成。

[15] 葉惠芬編，《蔣中正總統檔案：事略稿本》，第 57 冊（臺北：國史館，2011 年），1944 年 7 月 25 日，頁 574。

暴，中華夾於其中，不有神力，何能堅定？應自立自強，方能挽救危亡，不
失為基督信徒。』」[16] 由此可知，蔣氏在重閱記有其使中華民國為基督教國
之誓的當月日記內容後，[17] 認為須得上帝神力之助，方能堅定，而後能自立
自強，挽救中國於俄、日交侵之下。[18] 雖然其使中國為基督教國之誓並未提
及抗俄，但《學記》此條史料顯示當時其認為抗俄亦須上帝相助，再加上當
月並無其他蔣氏祈神相助的記載，故似可謂其在當月 17 日以抗日勝利為實
踐使中華民國為基督教國之誓的條件，而在同月月底又暗自在心中希望將抗
俄勝利列為另一個條件。這其實不無可能，蓋雖然抗日戰爭使蘇俄成為蔣氏
力圖爭取之重要外援，且中、俄兩國在抗日一事上有共同的利益，但自蔣氏
於 1926 年開始在日記中批評起共產黨，[19] 其對共產主義逐漸採取敵對態度，
並有聯合基督教與之相抗的想法，例如在 1931 年 4 月 15 日之蔣氏的日記中，
其即寫到：「共產主義實為一宗教，亦可謂之馬克思教，以其含有世界性無
國界者也……於後世之今日，則一般共黨徒越趨越下，而以卑劣仇殺為其本
分，是其單欲挾工人階級利己主義，以物質誘人深入罪惡也。基督教以博愛
救世為主義，今日共產黨之唯一大敵，且其以精神感化世人自新，故今日反
對共產黨者當以聯合基督教共同進行」。[20] 故蔣氏此使中華民國為基督教國

---

[16] 黃自進、潘光哲編，《學記》，1937 年 9 月 30 日，頁 115。

[17] 蔣中正有反覆閱讀其日記以省過的習慣，請參閱：黃克武，〈修身與治國──蔣介石的省克生活〉，
《國史館館刊》，第 34 期（2012 年 12 月），頁 59。

[18] 蘇俄在 1937 年雖未如日本般與中國直接交戰，但對蔣中正而言，它支持中共在中國活動以待機取
得政權之計畫早在進行，如依《困勉記》，蔣氏於 1937 年 9 月 3 日即記到：「聞外蒙與偽滿進行
會議，曰：『此必為蘇俄奸詐之計乎？』」其在同月 30 日並記：「又曰：『外交形勢，蘇俄始終
冷淡，允我飛機，約定月底抵蘭，至今尚無機到華，且召其大使回國，究不知其用意所在？而共黨
且因之乘機要脅矣！』」請參閱：黃自進、潘光哲編，《困勉記》，下冊（臺北：國史館，2011 年），
頁 575、578。

[19] 陶涵（Jay Taylor）著，林添貴譯，《蔣介石與現代中國的奮鬥》，上卷（臺北：時報文化出版企
業公司，2010 年），頁 73。

[20] 轉引自楊天石，〈蔣中正的早年思想〉，收入氏著，《找尋真實的蔣中正──蔣中正日記解讀》（香

家之誓，或亦有聯合基督教以抗共產主義及其當時的主要代表蘇俄之意。

（三）民族平等與中國復興之追求

　　觀蔣中正生平所致力者，除了對抗日本侵略和與中共爭權外，至少尚有爭民族平等與復興中國兩件大事，而蔣氏曾多次表露其認為基督教可助復興中國、爭民族平等，例如依《學記》，在 1934 年 6 月 13 日，蔣氏「又讀《聖經》，記曰：『中國復興之道，除復興孔子仁義之哲學外，非提倡基督救世，認定宇宙一元，必有主宰維繫於冥冥之中，使國民精神，皆有所依歸慰藉，得與惡劣污穢之世界奮鬥，以自救而救國救世，實無他道也。』」[21] 而在 1936 年 2 月 15 日，蔣氏「記曰：『中國宗教應以耶教代佛教，方可與歐美各民族爭平等，而民族精神之發揚，固有德行之恢復，亦能得事半功倍之效果乎。』」[22] 由此可知，若俄共與日本之威脅消失，蔣氏如誓推動中華民國成為基督教國，則對其而言，一可還願；二可為爭民族平等、復興中國之大業，依其理想構築有利的條件，這或亦係其立下使中華民國為基督教國之誓的原因之一。值得一提者，早在民初中國教會人士已提出了基督教人格救國論，並受到部分知識分子與青年學生一定程度的歡迎，[23] 故可知蔣氏認為基督教可助復興中國、爭民族平等的想法，並非其獨有，甚至可能係受到前者之影響。

港：三聯書店，2008 年），頁 31。

[21] 黃自進、潘光哲編，《學記》，1934 年 6 月 13 日，頁 67。

[22] 黃自進、潘光哲編，《學記》，1936 年 2 月 15 日，頁 95。對此，蔣氏於同日之日記記曰：「中國宗教應以耶教代佛教，方可與歐美各民族爭平等，而民族精神之發揚與固有德行之恢復，亦能得事半功倍之效。」兩處記載大同小異。轉引自劉維開，〈作為基督徒的蔣中正〉，頁 126。

[23] 邢福增，〈二十世紀初年的「基督教救國論」（1900-1922）——中國教會回應時代處境一例〉，收入氏著，《衝突與融合——近代中國基督教史研究論集》（臺北：財團法人基督教宇宙光全人關懷機構，2006 年），頁 80-88。

（四）效法前人

　　蔣氏為何選擇向上帝、聖靈祈禱，求助於上帝神力的方式呢？其自身信仰基督教固然是一大原因，但宋太夫人倪桂珍與孫中山（1866-1925）的前例亦不可忽視。依學者之查考與分析，蔣中正之所以接受基督教，係受宋太夫人倪桂珍之勸告而開始，[24] 而依蔣宋美齡的說法：「我母親的宗教精神，給了蔣委員長很大的影響」，[25] 由此可知，倪桂珍對蔣氏之基督教信仰應有相當影響。值得注意者，依蔣宋美齡所言：「我們有什麼難題要求解決，母親一定對我們道：『讓我去叩問上帝。』……但奇怪的是，凡母親祈禱上帝以求決定的任何事情，結果都是良好的。」[26] 故可知倪桂珍有遇難題便求助於上帝的習慣，且每每有求必應，蔣氏為抗內憂外患祈禱上帝之舉，或即係受倪氏此習慣影響。又蔣氏多次自稱為總理的信徒，而依《學記》，在 1930年 1 月 12 日，蔣氏「聽講耶教教義畢，曰：『總理亦教徒之一，且當倫敦被難時，專心虔禱，得免禍害也。』」[27] 顯對孫中山此應難之法相當認同，故若說在這點上蔣氏仿效孫中山，亦不足為怪。

三、蔣中正利於基督教國建立之舉

　　蔣中正終其一生都未能將中華民國建成基督教國家。或許是意識到條件尚未具足，兼以長期的戰亂，他亦未曾公開、直接且明白地表示要立基督教

---

[24] 裴京漢，〈蔣中正與基督教——日記裡的宗教生活〉，頁 279。

[25] 蔣宋美齡，「我的宗教觀」（1934 年 3 月），收入生生印書館編輯部編，《蔣夫人言論集》（臺北：生生印書館，1987 年），頁 2。

[26] 蔣宋美齡，「我的宗教觀」（1934 年 3 月），頁 1。

[27] 黃自進、潘光哲編，《學記》，1930 年 1 月 12 日，頁 22。

為國教。然而，蔣氏確實有些作為利於基督教國之建立，儘管尚無直接證據證明這些作為是為了建立基督教國，然亦難謂毫無可能是其基於對時機尚未成熟的認識，而先間接塑造有利的條件。尤其考慮到他在思想層面長期認為建中華民國為基督教國可同時實現其政治理想與宗教理想，無法完全排除這種可能。以下即就他這些作為，以及上述其思想、對「天國」的詮釋，分別予以探討。

（一）利於建立基督教國之作為

在抗戰勝利前，蔣氏似對基督教之宗教教育的合法化曾施以援手；在抗戰勝利後，其在民國新憲法與基督教間刻意建立了連結，使得前者看來與後者頗有淵源；無論係在遷臺前或遷臺後，蔣氏皆不時以發表其證道詞的方式進行全國性的宣教。至於始於 1934 年的新生活運動，蔣中正雖然廣邀西方外國基督教團體參與、協助，聘牧師為顧問，甚至公開強調耶穌之精神與新生活運動之關聯性，但由於其起始時點係在蔣氏誓建中華民國為基督教國家之前，故筆者此處不予探討。[28] 茲分別就其上述三方面的作為述之於下：

1、開放基督教之宗教教育

對蔣中正而言，使中華民國為基督教國的重點之一，乃在學校教育中推廣基督教教義，蓋蔣氏在 1937 年 9 月 17 日「自誓戰勝倭寇之後，必使中華民國為基督教國，使全國學校皆讀聖經，明聖道也」。[29] 蔣氏早有心在中國提倡基督教，而其對於基督教教育的重視，在蔣宋美齡於 1937 年 5 月 6 日所講之「全國基督教協進會年會致詞」中已可得見。蓋當時蔣宋氏道：「凡

---

[28]　關於蔣中正之基督教觀和當時在華西方外國基督教會與新生活運動之關係，請參閱：段瑞聰，《蔣介石と新生活運動》，頁 56-62。

[29]　黃自進、潘光哲編，《學記》，1937 年 9 月 17 日，頁 115。

由基督教主持的學校，推進學生的新生活，大都有重人貢獻……委員長和我，都以為合理的生活必先有宗教的信仰。教育而沒有宗教，教育尚未完備」。[30]

　　必須注意的是，自 1920 年至 1928 年中國發生了所謂反基督教運動，依學者的分析，該運動的本質在於知識菁英的愛國召喚與主要政治勢力的整合企圖。[31] 在此運動的影響下，北伐後教會學校的基督化教育為黨化教育所取代，[32] 引起了諸多基督教團體及基督徒的反對。此事後來終於在 1938 年獲得緩解，在該年 4 月 6 日，蔣宋美齡在武漢基督教祈禱會演說「告基督教教友」表示：「幾年前，政府曾經頒佈命令，禁止各私立學校，將宗教立為必修課程……你們努力的結果，得到了政府和民眾極度的欽佩，如今已發現了有取消以前禁令的必要，此後立案的各教會學校，可以教授宗教課程了。」[33] 查其時間點恰在蔣氏自誓使中華民國為基督教國家後隔年，考慮到蔣氏意欲在學校教育中推廣基督教教義，以及其當時之權力、地位，這相當可能是他伸出援手的結果。若然如此，其雖誓言在抗日勝利後使中華民國為基督教國，但實際上在抗戰進行中，其可能已在進行準備。

2、賦憲法以基督教意義

　　1947 年 12 月 21 日，民國新憲法施行之前四日，蔣中正在其所講耶穌耶誕節廣播詞「基督給我們信心與希望」中，先是提到過去十年中國所歷經之

---

[30] 蔣宋美齡，「全國基督教協進會年會致詞」（1937 年 5 月 6 日），收入生生印書館編輯部編，《蔣夫人言論集》，頁 172-173。

[31] 葉仁昌，《五四以後的反對基督教運動》（臺北：久大文化公司，1992 年），頁 235。

[32] 葉仁昌，《五四以後的反對基督教運動》，頁 155。楊思信與郭淑蘭對此有專書探討。請參閱：氏著，《教育與國權──1920 年代中國收回教育權運動研究》（北京：光明日報出版社，2010 年）。

[33] 蔣宋美齡，「告基督教教友」（1938 年 4 月 6 日），收入生生印書館編輯部編，《蔣夫人言論集》，頁 178。

戰爭帶來的痛苦與侮辱，接著說道：「我們知道這種種的侮辱，是我們在建立更偉大與更完美的基督教義民有民治民享三民主義新中國的時候，所必須付出的代價……當我想到今年耶穌耶誕節的時候，我就想到我們中國在這個令節的一天，就要開始實施民主新憲法了。這個紀念，我認為是十分寶貴的。中華民國三十六年就是耶穌降生一九四七年的耶誕節，將是我們中華民國全體人民統一獨立平等自由新生機運肇始的一天。我們新憲法特點，就是它保證要把基督教裡的基本要素：即個人的尊嚴與自由，普適的給予我們全國的同胞。這個新憲法確認了全國國民的各種平等自由權利，它在國家統一與獨立之下，由於全國人民平等自由的精神中孕育誕生。」[34] 就蔣氏之使中華民國成為基督教國之誓而言，這是一篇重要的文獻，其因有三：其一，此篇之廣播時值抗戰勝利未久，換言之，當初之誓言的附加條件已然實現，蔣氏正式宣布該是「建立更偉大與更完美的基督教義民有民治民享三民主義新中國的時候」，可能就是履行誓言的一步；其二，此篇基於耶穌聖誕與行憲同月同日，在耶穌之誕生與憲政階段之民國的誕生間建立了聯結，無形中賦予民國新憲法基督教意義上的神聖性；其三，此篇明白宣稱民國新憲法之特點在保障基督教之基本要素，表達出憲法內容與基督教之教義間有所關聯。倘若一國領袖特別宣稱一國憲法之施行與一教教主之生日日期相同，憲法基本精神與該教教義相符，則縱使憲法未明文立該教為國教，實質上至少已寓該教要義與神聖性於該國憲法中，蔣氏此篇佈道詞無疑便是如此。[35] 甚至在蔣氏

---

[34] 蔣中正，「基督給我們信心與希望」（1947 年 12 月 21 日），收入黨史會影印，《蔣中正先生手改荒漠甘泉譯稿》（五），頁 3-4。

[35] 這篇佈道詞在當時引起了一定程度的迴響，如《申報》有兩篇社論就引用、讚揚了其中憲法內容與基督教義有關之看法，有一篇且認為「由於此一憲法的施行，我們在國家民族的根本法方面，幾乎已經基督教化了」。請參閱：社論，〈憲政的光榮開始〉，《申報》，上海，1947 年 12 月 25 日，版 2；社論，〈向仁愛與民主前進！——讀教宗庇護十二世廣播詞的感想〉，《申報》，上海，1947 年 12 月 27 日，版 2。

心中，制憲國民大會之閉幕時間亦是上帝之安排，蓋其日記載：「下午三時半舉行國大閉幕典禮，此時正十年前余在西安脫險起飛之時，亦云巧矣，若非有上帝在冥冥之中主宰其事，盍能巧合至此。」[36]

　　值得注意者，為何制憲國民大會當時會將行憲日期定為 12 月 25 日？依《國民大會實錄》所載，1946 年 12 月 25 日，國大代表主席團擬了三個憲法施行日期請大會決定，分別是 1947 年的 10 月 10 日、11 月 12 日與 12 月 25 日。經大會討論，首先將 12 月 25 日交付表決，結果多數通過，出席代表 1,485 人中，即有 1,054 人贊成，餘下兩個日期遂無須表決。[37] 實錄中並未記載主席團擬出這三個日期的原因，就筆者所見主席團成員所留下關乎制憲之紀錄亦幾無提及，但我們不難知道第一個日期乃民國之國慶日，第二個日期乃孫中山的誕辰，若謂因此而將之擬為行憲日期之選項，實相當順理成章。至於第三個日期，雖正好與基督教之耶誕節同，但其獲表決通過，似與耶誕節無關，蓋依阮毅成之說法，其通過係因自大會閉幕之日起至 1947 年 12 月 25 日，「適為一周年」。[38]

3、藉傳媒宣教

　　蔣中正在遷臺前，會不定期透過廣播與報紙發表其證道詞，[39] 而其證道詞之內容，往往宣導全國同胞一起認識上帝與耶穌，且隱有希望全國同胞信

---

[36] 《蔣中正日記》，1946 年 12 月 25 日。轉引自呂芳上土編，《蔣中正先生年譜長編》，第 8 冊，頁 563。

[37] 國民大會秘書處編，《國民大會實錄》（南京：國民大會秘書處，1946 年），頁 578。

[38] 阮毅成，《制憲日記》（臺北：臺灣商務印書館，1970 年），1946 年 12 月 25 日，頁 81。

[39] 關於晚清民國之基督教在華出版事業，請參閱：Zhang Xiantao, *The Origins of the Modern Chinese Press: The Influence of the Protestant Missionary Press in Late Qing China*, London: Routledge, 2007；何凱立著，陳建明、王再興譯，《基督教在華出版事業（1912-1949）》（成都：四川大學出版社，2004 年）。

仰基督教之意。例如在其發表於 1944 年 12 月 24 日之「耶誕節證道詞」中，蔣氏即表示：「願我們全國同胞，不論是在自由區的，或是在淪陷區的，不論他們有那一種的宗教信仰，在這個光明與希望的日子，都來重申大家的信仰，認識上帝對於不跟惡魔妥協的人，終必酬報以勝利及永久的和平。在今天耶誕節，讓我們全國教會和全國同胞祈禱著必能堅持這個信仰。」[40] 其中「不論他們有那一種的宗教信仰，在這個光明與希望的日子，都來重申大家的信仰」一句，雖表達了宗教自由的精神，但緊接著口風一轉：「認識上帝對於不跟惡魔妥協的人，終必酬報以勝利及永久的和平。在今天耶誕節，讓我們全國教會和全國同胞祈禱著必能堅持這個信仰」，便要全國同胞認識上帝，甚至堅持對上帝之信仰。在遷臺後，類似的主張仍可見於蔣氏的證道詞。例如在其發表於 1956 年 3 月 31 日之「耶穌受難節證道詞」中，其表示：「以上所說的：一、基督教死與生意義。二、基督教的理想——人間的天國——自由與和平。三、基督教的精神和行為——信仰、期望與仁愛。其實這亦就是我們實行三民主義的精神。甚望我們全國同道以此自勉，並以勉勵全國同胞，實行耶穌信仰、期望、仁愛的道理，發揚耶穌救人救世的精神，來對今日共匪惡魔奮鬥，那麼，不但可以增強我們反共抗俄的精神力量，而且我們光復大陸、拯救同胞的共同使命，亦必能事半功倍，不難如期完成了」，[41] 與前引其 1944 年之證道詞相較，這段言論除了將三民主義精神與基督教精神劃上等號，主要目的從抗日變為反共抗俄外，在其希望全國同胞行耶穌之道，揚耶穌精神，亦即希望大家都能信仰耶穌這點上，兩篇實無不同。蔣氏試圖將基督信仰推廣及於全國之心，由此可見。

---

[40] 蔣中正，「耶誕節證道詞」（1944 年 12 月 24 日），收入秦孝儀主編，《總統蔣公思想言論總集》，卷 32 書告（臺北：中國國民黨中央委員會黨史委員會，1984 年），頁 99。

[41] 蔣中正，「耶穌受難節證道詞」（1956 年 3 月 31 日），收入秦孝儀主編，《總統蔣公思想言論總集》，卷 33 書告，頁 150。

（二）對「天國」的詮釋

從蔣中正對「天國」的詮釋來看，其有利於建中華民國為基督教國的作為背後，可能有此思想層面的因素。必須說明者，由於這方面之相關史料的年代始於 1938 年，而蔣氏立下使中國為基督教國之誓言是在 1937 年，故筆者不以蔣氏對「天國」之詮釋為其立下該誓言的原因之一。

在基督教中，「天國」是耶穌之教導的核心。蔣氏對「天國」之詮釋，與當時在中國之西方新教差會引入的社會福音運動（Social Gospel）的主張頗為相近，皆認為天國並非另一個世界，並非人死後之去處，而是在此岸，是在此世的理想社會，一個人類自物質欲望、政治與社會不公中得到自由與解放的社會。[42] 蔣氏於證道詞中曾多次論述對天國之詮釋，其在發表於 1944 年 12 月 24 日之「耶誕節證道詞」中表示：「基督所指示的天國，並不在渺遠的將來，凡是對和平博愛有信仰目的的人，現在就可以把它實現的。」[43] 且在發表於 1953 年 4 月 3 日之「耶穌受難節證道詞」中表示：「我們要效法耶穌的革命精神，負起改造社會的責任。我們同道們，不但應當遵循上帝所指示的道路和真理，作為我們人生基本的信念，而且要徹底的、純粹的、無妥協性的對於偽善欺詐的社會風氣，負起改革的責任來；務使整個人類社會從仇恨污濁黑暗的世界中，因為接受我們所傳給的福音得能永享博愛聖潔光明的幸福。而同道們本身更要透過靈魂的修養，變化個人的氣質，然後乃能以身作則，轉移風氣，改造社會，使人人都能享受自由平等的生活，實現

---

[42] 當時引入社會福音思想者主要是中國基督教青年會，其中甚至有將儒家大同世界等同于基督教之天國者。請參閱：邢軍著，趙曉陽譯，《革命之火的洗禮：美國社會福音和中國基督教青年會（1919-1937）》（上海：上海古籍出版社，2006 年），頁 100-102。

[43] 蔣中正，「耶誕節證道詞」（1944 年 12 月 24 日），收入秦孝儀主編，《總統蔣公思想言論總集》，卷 32 書告，頁 97-98。

天國的來臨。這是我們當前應負的責任，也是我們永久神聖的使命。」[44] 簡言之，即主張應效法耶穌，自個人修養做起，藉以身作則來影響風氣，進而改造社會，在人間實現天國。蔣氏之在人間實現天國的主張，並非憑空虛造，而係確有經典上的依據，其在發表於 1955 年 4 月 8 日之「耶穌受難節證道詞」中道：「耶穌基督受苦受難，救人救世，實行其博愛主義以外，他平生還有一個最大的希望，就是『天國的實現』。他說：『願上帝旨意行在地上，如同行在天上』，就是要使世界人類，永無凍餓，永無奴役，永無欺淩，永無強權侵略之患。」[45] 其中「願上帝旨意行在地上，如同行在天上」一句即係引自《聖經‧馬太福音》第六章第十節。

　　對蔣氏來說，「建立基督教理三民主義富強獨立之新中國」是上帝「所賦予之使命」，[46] 其在對「天國」之詮釋中，就把三民主義新中國之實現與耶穌理想中之天國的實現等同起來。蓋其於 1938 年 4 月 16 日之廣播證道詞「為什麼要信仰耶穌」中表示：「依中正個人對於國民革命前途的觀察，推究今日人心陷溺的病根，深信欲求中華民族的復興，和社會的改進，必須提倡耶穌博愛和犧牲的精神……凡我同道……以求人類永久的和平，與中華民族的復興，而促進三民主義獨立自由的新中國實現，亦就是實現耶穌理想中的天國。」[47] 蔣氏做此一主張不為無因，蓋依其發表於 1954 年 4 月 16 日之「耶穌受難節證道詞」：「大家知道，耶穌基督救人救世最大的宏願，唯一的目的，就是要造成自由、平等、博愛──真理永存的天國。祂為著要救祂

---

[44] 蔣中正，「耶穌受難節證道詞」（1953 年 4 月 3 日），收入秦孝儀主編，《總統蔣公思想言論總集》，卷 33 書告，頁 52。

[45] 蔣中正，「耶穌受難節證道詞」（1955 年 4 月 8 日），收入秦孝儀主編，《總統蔣公思想言論總集》，卷 33 書告，頁 118。

[46] 《蔣中正日記》，1967 年 1 月 31 日。轉引自呂芳上主編，《蔣中正先生年譜長編》，第 12 冊，頁 377。

[47] 蔣委員長，〈為什麼要信仰耶穌〉，《漢口武漢日報》，漢口，1938 年 4 月 17 日，頁 27。

的祖國，祂就肩負了十字架，祂為著要救祂的同胞，要洗淨世人的罪惡，祂
就流盡了寶血，捨棄了生命；祂為什麼要這樣不惜流血犧牲而奮鬥，因為祂
要救它的祖國，來作為建立天國的起點，要救祂的同胞，來作為祂拯救人類
的開端。」[48]而蔣氏又常以耶穌之所做所為為效法對象，[49]既然在其詮釋中，
耶穌救其祖國以為建立天國的起點，則蔣氏提倡實現三民主義新中國即實現
天國，在一定程度上可謂是蔣氏對耶穌的又一次效法。

　　綜上所論，我們可以推論對蔣中正而言，使中華民國為基督教國有助於
三民主義新中國的建立，而三民主義新中國之實現與耶穌理想中之天國的實
現係可等同。簡言之，蔣氏之政治理想（三民主義新中國）與宗教理想（耶
穌理想中之天國）可透過建中華民國為基督教國合而為一。這般詮釋，可能
是使他有利於建中華民國為基督教國之行為的思想因素。

四、在時代危機下推動國教

　　在蔣中正立誓建中華民國為基督教國之前，民國早期曾發生兩次關於設
立國教之爭論，分別係於 1913 年與 1916 年，爭論主題皆為是否於憲法中明
訂儒教（孔教）為國教。[50]第一次爭論的結果，乃於《天壇憲草》第十九條

---

[48] 蔣中正，「耶穌受難節證道詞」（1954 年 4 月 16 日），收入秦孝儀主編，《總統蔣公思想言論總
集》，卷 33 書告，頁 81。

[49] 周琇環，〈從五記看蔣中正的基督教信仰〉（臺北：未刊稿），頁 5-6。

[50] 關於近代中國之儒教國教化問題之研究不少，筆者所見包括有：黃克武，〈民國初年孔教問題之爭
論（1912-1917）〉，《國立臺灣師範大學歷史學報》，第 12 期（1984 年 6 月），頁 197-223；韓華，
《民初孔教會與國教運動研究》（北京：北京圖書館出版社，2007 年）；森紀子，〈孔教運動の
展開——儒教国教化問題〉，《転換期における中国儒教運動》（京都市：京都大学学術出版会，
2005 年），頁 166-194；Hsi-yuan Chen, "Confucianism Encounters Religion: the Formation
of Religious Discourse and the Confucian Movement in Modern China ", Cambridge,
Massachusetts: Harvard University, 1999, pp.143-195.

第二項中規定：「國民教育以孔子之道為修身大本。」[51] 惟國會不久即遭袁世凱解散，制憲遂中斷。後袁氏身亡，國會恢復，該爭論再起，結果乃在公布於1923年10月10日的民國首部憲法：《中華民國憲法》（以下稱曹錕憲法）第十二條規定：「中華民國人民，有尊崇孔子及信仰宗教之自由，非依法律，不受制限。」此條規定雖未將儒教定為國教，但依雷震之詮釋，在此條限制下不崇孔子而只崇祂神已有違憲之虞。[52] 此部憲法一方面因完成于曹錕賄選，而未獲各方承認與重視；另一方面因其至1924年即遭任臨時總執政的段祺瑞所棄置，即使在有效期間，許多規定亦因政治因素未付諸實施，[53] 故此部憲法可謂大致上未曾真正施行。民國首部真正施行之憲法：施行於1947年12月25日的民國新憲法，則係依宗教自由之原則不設國教，亦未特別規定尊崇某教。宗教自由是近現代憲法學所主張的基本權利之一，其內容為政府不得限制人民選擇宗教與從事宗教行為，亦不得以法律或行政措施提倡特定宗教，促成該宗教之特權與信徒擴展。宗教自由源於政教分立，而政治學上常用的政教分立定義之一，即國家不得將任何宗教或教派建立成為國教，如美國憲法學上常提到的「禁止設置條款」即為一具體的例子。[54] 然政治學研究中另有主張設立國教未必有害宗教自由者，他們認為可軟性地設立國教，僅賦予國教象徵性的法律地位與少而合理的供養，並保障信仰其他宗教之人民享有完全之宗教自由。[55] 只是對民國新憲法而言，顯然國教之設立

---

[51] 黃克武，〈民國初年孔教問題之爭論（1912-1917）〉，頁13-14。

[52] 雷震著，薛化元主編，《中華民國制憲史——制憲的歷史軌跡（1912-1945）》（臺北：稻鄉出版社，2000年），頁80-81。

[53] 荊知仁，《中國立憲史》（臺北：聯經出版事業公司，1985年），頁259-263。

[54] 郭承天，《政教的分立與制衡——從聖經看政教關係》（臺北：中華福音神學院出版社，2001年），頁27、36。關於美國憲法學上的「禁止設置條款」，請參閱：John Witte, Jr. 著，宋華琳譯，《宗教與美國憲政經驗》（上海：上海三聯書店，2011年），頁208-258。

[55] 郭承天，《政教的分立與制衡——從聖經看政教關係》，頁274-276；Paul Weller 亦有類似之見解，請參閱：氏著 "Equity, Inclusivity and Participation in a Plural Society: Challenging

被認為是迫害宗教自由之舉。

　　上述儒教國教化運動失利不到十五年，蔣中正又有立國教之想，雖然所欲立之教不同，立國教此點卻是一致。這不禁令人想問：為何他們不約而同都欲設立國教？在近代中國，為何出現這種現象？筆者以為這答案會是蔣氏建民國為基督教國之誓的根本背景，有必要予以瞭解。茲分別就設立國教之目的與構想兩方面，比較蔣中正之利於使民國為基督教國之舉，與民初之儒教國教化運動，試圖藉由比較出他們的共同之處，尋找這現象的原因。由於民初儒教國教化運動之參與者眾，故茲以領導此運動之康有為（1858-1927）作為比較對象。

　　在目的方面，蔣中正一方面是為了藉神力抗日、抗俄，另一方面是為了改良民族精神，好進一步爭取民族平等、復興中國；康有為則主要是為了處理中國自專制轉移至憲政之過程中的價值崩潰問題，實現其政治抱負。[56] 姑不論這兩人因處境、思想、信仰等不同所致之差異，欲國泰民安無疑是兩人共同的目的。值得注意者，兩人皆認為精神層面之改善乃使國泰民安的方法之一。

　　在構想方面，雖康、蔣二人選擇了不同的宗教，看似一主張傳統，一主張西化，實則這兩人之主張皆可謂具調合傾向。蓋康有為提出的是在制度與儀式層次基督教化的儒教，[57] 蔣中正則是並崇孔孟，認為孔孟非宗教，而是

---

the Establishment of the Church of England", in Peter W. Edge and Graham Harvey eds., *Law and Religion in Contemporary Society: communities, individualism, and the State*, Burlington: Ashgate Publishing Company, 2000, pp. 53-67. 另郭承天在同書第 275 頁指出，在適合設立國教的國家中（如英國、以色列），他們的多數人民皆信奉特定宗教；該宗教有嚴密的組織體系可統籌其對外事務；信奉其他宗教的人民有完全的宗教自由，且不強烈反對國教。這套標準是否適合用在近代中國呢？仍有討論餘地。

[56] 黃克武，〈民國初年孔教問題之爭論（1912-1917）〉，頁 217。

[57] 黃克武，〈民國初年孔教問題之爭論（1912-1917）〉，頁 199。

哲學，不但與基督教理想一致，且可與基督教相得益彰。[58] 由此可知，康、蔣二人為改善精神層面所訴諸之方式，皆不是非中即西或非儒即耶，而是既中且西、既儒且耶。

　　經上比較，可以說康、蔣二人欲設國教的目的主要是政治性的；他們試圖藉改善精神層面以求國泰民安之構想，整體上而言是調和中西的，而推動國教是其中一個具體面向。

　　依張灝之說，在近代中國之轉型時代（1895-1920）開始湧現了兩種危機：民族危機與取向危機。筆者以為上述康、蔣二人這樣帶強烈政治性、精神性與調和色彩的國教主張，可謂是他們面對這兩大危機所採取的應對之道。蓋張氏所謂民族危機，是指近代中國因外來侵略所陷入之民族存亡危機，而所謂取向危機，是指近代中國因儒家傳統核心思想的解紐所致之基本價值取向的動搖、文化認同取向與終極意義取向的失落；[59] 康、蔣二人追求國泰民安，乃係應對民族危機，調和儒耶，則係自精神面應對取向危機。蔣氏該誓雖發生在轉型時代後，但當時兩大危機仍持續，故該誓仍具應對時代危機之意義。換言之，近代中國轉型時代之時代危機，不論對欲建儒教國家之康有為而言，還是對欲建基督教國家之蔣中正而言，都是根本的背景所在。

---

[58] 依《學記》在 1941 年 5 月 31 日條，蔣氏記到「宗教與哲學，雖相得而益彰，然其內容，究不同也。余於宗教，崇奉基督……而於哲學，則仍主孔孟……且其理想，亦為建立大同世界，而與基督教理相同也。」請參閱：黃自進、潘光哲編，《學記》，1941 年 5 月 31 日，頁 180。學界並有主張蔣中正縮合了陽明學說與基督教教義者，請參閱：陸寶千，〈蔣中正先生對王陽明與基督教之縮合〉，收入蔣中正先生與現代中國學術討論集編輯委員會編，《蔣中正先生與現代中國學術討論集——蔣中正先生之思想學說與行誼》（臺北：蔣中正先生與現代中國學術討論集編輯委員會，1986 年），頁 163-174。

[59] 關於近代中國之轉型時代的民族危機和取向危機，請參閱：張灝，〈中國近代思想史的轉型時代〉、〈重訪五四：論五四思想的兩歧性〉，《時代的探索》（臺北：中央研究院、聯經出版事業公司，2004 年），頁 44-53、116-117。

五、結論

　　從傾向佛教到受洗成為基督徒，再經西安事變脫困而堅定了信仰，蔣中正逐漸成為一名虔誠的基督徒。面對近代中國之長期的動盪不安與頻仍的內憂外患，蔣氏所展現之驚人的意志力一直以來給人留下深刻的印象，不可否認基督教信仰係其意志力背後的支柱之一。在蔣氏之日記中，不難看到其在遭遇困境時向上帝祈助的情景，而這確實有助於他撐過一個又一個難關。蔣氏在抗戰初期之所以向上帝立誓使中華民國為基督教國，除了基於個人之基督教信仰與仿效孫中山、倪桂珍二人之求助上帝的習慣，其希冀藉神力抵抗日、俄，以及對民族平等與中國復興之追求亦有一定程度的影響。同時不可忽略於近代中國之轉型時代開始湧現的民族危機與取向危機乃蔣氏此舉之根本背景。

　　可能是意識到條件尚未成熟，或許是接連的戰爭使他無暇分心，蔣中正未曾公開且直接、明白地表示要立基督教為國教。儘管如此，蔣氏確有利於建立基督教國之作為，如其特地表示中華民國首部真正施行之憲法與基督教間有所關聯，並長期藉廣播與報紙宣教，又似對基督教之宗教教育的合法化曾施以援手，而對「天國」之詮釋與期待可能是這些作為的思想與信仰因素。

　　最終，蔣中正未能建民國為基督教國。除了制度上未如此外，其開放基督教宗教教育與藉傳媒宣教之舉，對基督教在民國之發展亦幫助有限，不但「使全國學校皆讀聖經，明聖道也」之誓言未成，基督教始終未成為人民的主流宗教信仰。[60] 必須說明者，在邁向國教之路上，基督教於近代中國所面對的困難不少，至少有以下四點：其一，當時主流的宗教自由之說認為設立

---

[60] 若不論中國本土教會，至 1949 年中國之受洗的基督徒人口約為 84 萬人；若將慕道友亦計入，亦不過約 150 萬人。請參閱：趙天恩、莊婉芳，《當代中國基督教發展史，1949-1997》（臺北：中福出版公司，2010 年），頁 56。

國教是迫害宗教自由之舉。其二，基督教在當時中國民眾的信仰上不具主流地位。雖然當時中國有不少菁英分子、官員為基督徒，他們之中不乏認為基督教可帶給中國平等與尊嚴者，但掌握權力中心者主要是軍人，而軍人中為基督徒者卻不多。[61] 另外，雖然當時基督徒之人數穩定成長，中國本土教會在基層社會亦發展得不錯，但畢竟未足以稱多。簡言之，其信徒人數不足，其本身在社會上遭到一定程度的拒斥。其三與近代中國的反宗教運動、反基督教運動有關，這些運動使得基督教受到打擊。[62] 其四，基督教在中國有內部不一致的問題，蓋中國本土教會多半與蔣中正所信仰之美以美會（The Methodist Episcopal Church）這類來自西方的基督教差會不同，其並非政治性導向，而是以末世論為教義重心。[63] 簡言之，蔣氏此誓未成，不為無因。

---

[61] Vincent Goossaert and David A. Palmer, *The Religious Question in Modern China*, Chicago: The University of Chicago Press, 2011, pp. 71-72.

[62] 葉仁昌，《五四以後的反對基督教運動》，頁 61-97；周策縱著，陳永明等譯，《五四運動史》（長沙：嶽麓書社，1999 年），頁 450-458。

[63] 請參閱：Vincent Goossaert and David A. Palmer, *The Religious Question in Modern China*, pp. 72-73. 關於當時之中國民間本土基督教教會的發展情形，請參閱：連曦著，何開松、雷阿勇譯，《浴火得救：現代中國民間基督教的興起》（香港：中文大學出版社，2011 年）。

鄉鎮造產之財政緣起──以抗戰時期地方各級財政體制為中心探討[*]

許惠文

國立政治大學歷史系博士生

一、前言

　　中國近代以來的財政是個很複雜的問題，現今的各級財政系統以及制度從國民政府北伐統一後，演變至今有了較為完備的國家財政系統與制度。主要的有預算審計系統、公庫系統、以及國家與地方收支劃分。經由在國家與地方收支系統劃分中，預算、審計及公庫系統才能依據所劃分的項目據以規範。因此收支系統在民國時期也就有不同的變更，這樣的變更也就牽涉到中央與地方財政關係。

　　國民政府北伐後，雖然名義上統一中國，卻未能掌握各省的財政與稅收，相對的中央對地方的控制力也就有限。抗戰時期經費的需求與新縣制的

---

[*]　本文承蒙兩位匿名審查委員提供寶貴修訂意見，特此誌謝。

開展，中央與地方在財政上如何劃分成為了財政制度一個很重要的問題。論者常常聚焦在國家與地方間的財政上的角力及因此形成中央與地方的緊張關係。[1] 關於民國財政的研究成果大多集中在國民政府的黃金建設十年，如孔祥熙（1880-1967）的相關論述，[2] 以及《十年來之中國經濟建設》等資料。[3] 至於抗戰時期中央與地方財政關係研究論文則有張神根、丁孝智等人的研究。張神根〈論抗戰後期國民政府對國家與地方財政關係的重大調整〉，探討除了田賦徵實之外，國民政府在中央與地方之間財政關係的調整，認為1941年6月的第三次全國財政會議，是財政調整的正式起步，同時加強了中央集權並且削弱省權。第三次財政會議將財政收支系統改為兩級制；省財政收歸中央，清除各省私徵的各項稅捐；然而地方財政稅收多集於中央，中央補助緩不濟急等現象，故於1946年又恢復省級財政，但也讓財政又陷入新的混亂中。[4] 丁孝智〈孔祥熙戰時財政政策及其評價〉論述孔祥熙戰時財政政策的主要內容，如調整財政機構，管制外匯穩定金融，開拓稅源增加稅收，舉辦專賣統制物資，改革田賦徵收實物，改訂財政收支，確定自治財政體系等，認為長遠觀點為以後經濟發展種下隱憂，但整體而言支持了抗戰期間的

---

[1]　請參閱：侯坤宏，《抗戰時期的中央財政與地方財政》（臺北：國史館，2000年）。

[2]　例如摘自「中國歷史文獻總庫－民國圖書數據庫」之孔祥熙論述之演講詞或報告：「財政部長孔祥熙任內政績交代比較表（自22年11月至33年11月）」、《二十五年來中國之工商》、《四年來的財政金融》（1941年）、《戰時財政金融》（1942年）、《戰時財政》（1941年）、《抗戰以來的財政》（1943年）、「專賣政策及其條例要旨」（1942年）、「財政報告——第四屆五中全會至六中全會間之財政狀況」（1935年）、「財政報告——第四屆六中全會至第五屆二中全會間財政狀況」（1936年）、「整理地方財政簡要報告」（1935年）等。又如嚴雲強，《孔祥熙與戰時稅制》（重慶：西南大學碩士論文，2006年），探討孔祥熙在抗戰前後的財稅思想與稅收措施，與戰時的稅制制度的推動，認為孔祥熙雖未能根本解決戰時的財政困難，但仍肯定其在稅制現代化的推動，與抗戰時期財政上的貢獻。

[3]　中央黨部國民經濟計劃委員會編，《十年來之中國經濟建設（1927-1936）》（南京：南京古舊書店，1990年）。

[4]　張神根，〈論抗戰後期國民政府對國家與地方財政關係的重大調整〉，《歷史檔案》，1997年第1期（1997年3月），頁127-132。

財政。[5]

　　前述相關研究論文主要聚焦在中央與地方之間財政結構的變化，利用這些研究成果，本文欲再延伸探討在地方財稅資源逐漸被國家統制後，國民政府如何解決地方財源的不足。尤其國民政府意圖透過新縣制，以縣為單位推動地方自治的同時，縣市政府在有限經費下，與下級鄉鎮之間如何運作，是探討地方自治中可以再關注的議題，卻鮮少被研究。本文擬探討新縣制下縣鄉鎮之間財政系統的關係，從而追溯新縣制下鄉鎮造產產生的財政背景。

二、新縣制前之財政機制變遷

　　國民政府成立後，財政機制隨著三次的全國財政會議召開與決議確定施行。抗戰前為第一次跟第二次全國財政會議，分別在 1928 年及 1935 年召開，分別就當時國家財政情形加以討論決議，抗戰後收支差距過大，加上新縣制政治制度的改變，遂又召開第三次全國財政會議。

　　北伐統一後召開的第一次財政會議，將國家與地方稅收劃分為中央與省兩級，確定合法稅捐，裁廢苛捐雜稅。財政系統中央與地方劃分可溯自清末預備立憲中訂頒國家稅與地方稅章程的擬議，自國民黨北伐後，時任財政部長的宋子文（1894-1971）於 1928 年 7 月召開第一次全國財政會議。本次會議公布施行「劃分國家收入標準案」及「劃分國家支出地方支出標準案」[6]，中央與地方財政收支自此有法源依據劃分。劃分體制上，中央稅以間接稅為主，地方稅則以直接稅為主，地方財政只推及到省分，尚未推及到縣市。

---

[5]　丁孝智，〈孔祥熙戰時財政政策及其評價〉，《西北師大學報（社會科學版）》，第 33 卷第 2 期（1996 年 3 月），頁 81-86。

[6]　中國第二歷史檔案館編，《國民黨政府政治制度檔案史料選編》（安徽：安徽教育出版社，1994 年），頁 207-209、209-211。

其中關稅為收入大宗，進口稅則改訂，裁撤釐金，訂定限制增加田賦辦法法規，[7] 減輕田賦負擔。「此時地方收入項目定為田賦、契稅、牙稅、當稅、屠宰稅、內地漁業稅、船捐、地方財產收入、地方營業收入、地方行政收入⋯⋯為省之收入權限，至省與縣收入之分配，尤各省自定之。」地方稅收為省所把持，縣財政無以自立，然而省或中央事務堆積於縣。[8]

　　省地方財政在 1931 年裁撤釐金後，財源深受影響，且訓政以來新政支出浩繁，因此農村攤派雜多，經濟凋敝問題浮現，加上政府財政艱難待解決財政問題日益嚴重。1934 年 11 月，財政部長改由孔祥熙擔任，即以整理地方財政及健全地方稅制、充實地方財源著手，隨即於 1935 年召開第二次全國財政會議。

　　第二次的全國財政會議召開後，1935 年 7 月頒布了「財政收支系統法」，將財政單位分為中央、省、縣三級。決議廢除苛捐雜稅，舉辦土地陳報、整理田賦、營業稅，確立地方預算。[9] 在稅收方面，中央稅中的所得稅：省分得 10%-20%，縣市分給 20%-30%；遺產稅：省分得 15%、縣市分給 25%；省稅中的營業稅純入總額 30% 歸市縣；市縣稅中包含土地稅、營業牌照稅（戲館、旅館、酒館、茶館、飯館、球房、屠宰戶）、使用牌照稅（舟車牌照稅及其他因使用地方公有財產而徵收之牌照稅）、行為取締稅等等。

　　其中，最大的差異即在充實縣之財政。如表 1 江西省為例的省縣財政劃分中，可以看出縣已有確立科目的稅收。

---

[7]　宋子文，「第三次全國代表大會之財政報告（財政部長宋子文報告）」。引自楊汝梅，〈國民政府財政概況論〉，收入張研、孫燕京主編，《民國史料叢刊》，第 397 冊，經濟・財政（鄭州：大象出版社，2009 年），頁 408-437。

[8]　彭雨新，《縣地方財政》（重慶：商務印書館，1945 年），頁 3。

[9]　財政部地方財政司編，〈十年來之地方財政〉，收入張研、孫燕京主編，《民國史料叢刊》，第 420 冊，經濟・財政，頁 212。

表 1、省縣財政劃分後縣款收支草表

收項		付項	
科目	款數	科目	款數
合計	17,963,742	合計	17,963,742
土地稅	637,515	縣黨部經費	224,088
田賦附加	4,485,150	縣政府經費	2,280,930
屠宰稅	3,000,000	區署經費	330,000
營業稅	336,577	會計室經費	75,204
牙當稅	102,930	地政處經費	17,220
菸酒牌照稅	225,808	縣參議會經費	249,000
契稅	600,000	義教經費	518,000
土地移轉登記費	23,600	縣教育經費	2,248,428
印花稅三成	70,000	縣建設費	425,694
中央補助義教經費	203,000	縣警察經費	407,489
學產收入	429,247	民訓經費	1,694,500
公產收入	150,700	經征處經費	349,700
房舖捐	275,896	縣財務費	103,924
雜收入	1,484,738	衛生院經費	331,272
不敷數	5,932,581	衛生經費	313,450
		善舉經費	165,773
		救卹費	157,301
		鄉鎮公所經費	5,760,000
		保辦公處經費	2,100,000
		雜支出	211,769

資料來源：〈省縣財政劃分後縣款收支草案〉，《江西統計月刊》，1940 年 3 卷 4 期，頁 10-11。

三、新縣制時期的財政機制

　　1937 年中國抗戰後，國家稅收調整因為戰爭而有困難，戰區擴大地方支出激增，各省地方擴張收入的需求又再度興起，各種雜捐又於地方上出現，戰前財政統一之局面，深受通過稅及產銷稅等影響，不免有開倒車之嫌。[10]

---

[10] 朱偰，《中國戰時稅制》，（重慶：財政評論社，1943 年），頁 192。

同時國民政府於 1939 年 9 月公布「縣各級組織綱要」，1940 年施行後地方自治以「縣」為單位，財政系統的各樣問題又再度考驗國民政府的財政規劃。

表 2、戰時國地稅系統表

```
                                         ┌ 營利事業所得稅
                                         │ 薪給報酬所得稅
                          ┌ 所得稅 ……… ┤ 證券存款所得稅
                          │              │ 財產租賃所得稅
              ┌ 直接稅系統 │ 非常時期過分利得稅  └ 財產出賣所得稅
              │           │ 遺產稅
              │           │ 營業稅
              │           └ 印花稅      ┌ 卷煙統稅（改辦專賣）
              │                          │ 棉紗統稅（改徵實物）
              │                          │ 麵粉統稅（改辦徵實）
              │                          │ 火柴統稅（改辦專賣）
              │                          │ 水泥統稅
              │                          │ 熏煙葉統稅（改辦專賣）
              │                          │ 洋酒、啤酒統稅
              │           ┌ 統稅 ……… ┤ 火酒統稅
              │           │              │ 糖類統稅
              │ 貨物稅系統 │              │ 飲料品統稅
              │           │              │ 茶類統稅
  中          │           │              │ 竹、木統稅
  央 ┤        │           │              │ 皮、毛統稅
  稅          │           │              │ 瓷、陶統稅
              │           │              └ 紙、箱統稅
              │           │ 煙酒稅 ……… ┤ 煙稅
              │           │              └ 酒稅
              │           └ 礦稅 ……… ┤ 礦產稅
              │                          └ 礦區稅
              │           ┌ 鹽專賣
              │ 專賣系統   │ 食糖專賣
              │           │ 煙類專賣
              │           └ 火柴專賣
              │           ┌ 進口稅
              │ 關稅系統   │ 出口稅
              │           │ 般鈔
              │           └ 戰時消費稅
              │           ┌ 田賦（改徵實物）
              └ 土地稅系統 │ 地價稅
                          └ 契稅
```

資料來源：匡球，《中國抗戰時期稅制概要》（北京：中國財政經濟出版社，1988 年），頁 13。

　　在四川方面，蔣中正（1887-1975）曾指示四川省主席張羣（1889-1990），
應於重慶附近再劃定二縣為模範縣，以積極推新縣制之實施。[11] 以四川省首
先實行，召集縣各級管教養衛之自治人員，實施訓練。[12] 由於「縣各級組織
綱要」的施行，縣與鄉鎮為地方財政的主體單位，綱要中對於縣收入規定「土
地法未實施之縣各種屬於縣有之田賦仍歸縣有」。原以省為地方財政主體的
1935 年版「財政收支系統」遂不符合現行之新縣制運作。

　　1941 年 4 月，孔祥熙等人於中國國民黨第五屆中央執行委員會第八次全
體會議提議「為改進財政系統，統籌整理分配，以應抗建需要，而奠自治基
礎，藉使全國事業克臻平均發展」通過。[13] 同年召開全國第三次財政會議，
將地方財政系統修改為以縣為主體。隨後明令公布「改訂財政收支系統實施
綱要」，「綱要內分國家系統（中央與省）與自治系統（以縣為單位）。此
次財政系統之改革，在使省級財政劃歸國庫統一辦理，中央得有統籌權力，
以適應戰時財政調度；而省政府與縣政府之間亦因新縣制推行與財政收支系
統之改革，而使縣之地位已相對增高」。[14]

　　第三次全國財政會議針對田賦收歸中央接管及徵收實物各項問題與實施
辦法進行討論，籌商改訂財政收支系統實施辦法，並策劃改進稅法稅制，以
適應戰時需要，其中關於田賦收歸中央接管整理，鑑於 1928 年後劃歸地方，
因各省各縣貧富互殊，政費支出亦須統籌，故將田賦重歸中央接管，決議田

---

[11] 《總統蔣公大事長編初稿－卷四下冊》（1941 年 3 月 5 日），收錄於「中央研究院近代史研究所
　　全文資料庫」。
[12] 《總統蔣公大事長編初稿－卷四下冊》（1940 年 5 月 1 日），收錄於「中央研究院近代史研究所
　　全文資料庫」。
[13] 榮孟源主編，《中國國民黨歷次代表大會及中央全會資料下冊》，（北京：光明日報出版社出版，
　　1985 年），頁 712。
[14] 《總統蔣公大事長編初稿－卷四下冊》（1940 年 11 月 8 日），收錄於「中央研究院近代史研究所
　　全文資料庫」。

賦徵收實物。其次，改訂財政收支系統，茲因財政負擔日益重大，無論戰時消耗或戰後建設都需要龐大支出，全國財政分為國家財政與自治財政兩大系統，原屬國家財政預算及省預算之一切收支統整為國家財政收支。自治財政以縣為單位，收入部分國家及省預算均歸中央接管。[15]

改訂收支系統辦法自 1942 年起實施，所有省之支出，均由省編擬歲書概算呈送中央核定編列國家預算，以後按月由國庫撥放。至省之稅課收入，概由中央接管徵收，其餘收入均解繳國庫。改訂收支系統實施後，就國家財政系統言，凡屬國家財政之收入俱繳入國庫，凡屬國家財政之支出，俱由國庫支付，以實現統收統支之目的。就自治財政系統言，縣財政不復為省財政之附庸，同時並力謀充裕財源，俾新縣制得以完全實施。[16]

表 3、財政收支系統改制前後縣市稅課比較表

新縣制未實施前	新縣制實施後	改訂財政系統後
1. 田賦附加 2. 契稅附加 3. 屠宰稅附加 4. 其他附加 5. 房舖捐 6. 雜捐	1. 土地稅之一部（田賦附加） 2. 土地陳報後正負溢額田賦之全部 3. 中央撥補印花稅三成 4. 土地改良物稅 5. 營業稅之一部（屠宰稅全額及營業稅兩成） 6. 其他依法許可之稅捐	1. 土地改良物捐（房稅） 2. 屠宰稅 3. 營業牌照稅 4. 使用牌照稅 5. 筵席及娛樂稅 6. 土地稅之一部（田賦由中央參照原收入撥付契稅附加稅仍舊） 7. 遺產稅二成五 8. 營業稅三成五 9. 印花稅三成

資料來源：財政部地方財政司編，〈十年之地方財政〉，收入張研、孫燕京主編，《民國史料叢刊》，第 420 冊，經濟‧財政（鄭州：大象出版社，2009 年），頁 220-221。

---

[15] 「魯白純關於改進財政收支系統及田賦歸中央接管兩案要點復」（1941 年 4 月 9 日），收入中國第二歷史檔案館編，《中華民國史檔案資料彙編》，第五輯第二編，財政經濟（一）（南京：江蘇古籍出版社，1986 年），頁 147-151。

[16] 「第三次全國財政會議重要議決案及實施情行簡要說明」（1941 年 8 月 15 日），收入中國第二歷史檔案館編，《中華民國史檔案資料彙編》，第五輯第二編，財政經濟（一），頁 147-151。

從上揭表 3 所列中得出，縣市地方在新縣制前僅有少數附加稅，新縣制實施後，縣各級組織綱要規定土地改良物稅（房捐）及屠宰稅縣地方獨立財源，1941 年修改後新增了房捐、營業牌照稅、使用牌照稅、筵席及娛樂稅皆劃歸地方收入。國家稅課收入之分配於市縣者標準為印花稅按實收數 30% 撥市縣；遺產稅按純收入，以 25% 撥市縣；營業稅按純收入，以 30% 撥市縣。土地稅（田賦）及契稅原屬省收入部分析歸國家，其原屬市縣收入部分，暫仍其舊。屠宰稅從營業稅內劃出全額歸市縣。[17] 同時樹立將財政收支系統的省級財政併入國家財政，並且統收統支，統一徵收機構，並且在自治財政系統以充裕縣收入，調劑貧富縣份收入，籌劃實行新縣制所需各項經費等問題。[18] 當國家與省為一級，縣財政獨立後，鄉鎮財政系統制度與縣之間的劃分也因此有需要被明確規範。

四、縣與鄉（鎮）間的財政劃分

鄉鎮在「縣各級組織綱要」中財政獨立與否未明白規定，但其中規定縣與鄉鎮同為法人，縣與鄉鎮各有其財政範圍，鄉鎮中設有財產保管委員會管理鄉鎮造產事業收入與鄉鎮公有財產。「縣各級組織綱要」中明列，鄉鎮收入來源為：依法賦予之收入，如附加屠宰稅、營業牌照稅；公有財產收入，包括不動產。有關鄉鎮財政支之收支由鄉鎮公所編制概算，呈由縣政府審核，編入縣概算。

以廣西為例，鄉鎮經費除了上級補助款外，鄉鎮稅捐收入為主要收入，

---

[17] 「渝字第 1138 號令直轄各機關公布行改訂財政收支系統實施綱要及財政收支系統分類表訓令」（1941 年 11 月 8 日），《國民政府公報》，渝字第 413 號，1941 年 11 月 11 日。

[18] 財務部秘書處編，〈十年之財務行政〉，收入張研、孫燕京主編，《民國史料叢刊》，第 397 冊，經濟‧財政，頁 620-631。

在 1941 年 4 月頒布「縣（市）鄉（鎮）財政劃分方案」，其中明列鄉鎮財政收入為公有財產收入、公營事業收入、利息及利潤收入、契稅收入（其中 15% 解省）、規費收入（如公秤手續費）、不動產登記費（其中 10% 解省、5% 經徵機關徵收費）、懲罰及賠償收入、省補助金、縣市補助金、自治戶捐、其他依法賦予支收入。[19]

　　江西省在新縣制施行後，依照縣各級組織綱要規定鄉鎮與縣同為法人，鄉鎮公所設民政、警衛、經濟、文化四股，又創立鄉鎮民代表會，確定其為基層政治組織。實施以後，縣為自治單位，鄉鎮為構成自治之重要分子，於 1941 年 4 月著手劃分建立鄉鎮財政。省縣財政劃分後，江西省尚有若干縣分鄉村稅源有限，不能自給自足，若同時並進，無法達到全部鄉鎮財政之自給自足。蓋益後現代財政，已由單純收支之處理，進為發展經濟之工具，今後鄉（鎮）財政，決不宜斤斤於劃分稅源，而應注意當地富力之開發，著眼於鄉村經濟之建造，務求以造產所得盈益，補稅捐收入不足。若徒恃收入有限之稅捐，充積極自治之經費，杯水車薪，永難濟事。證以縣各級組織綱要四十一目列舉鄉鎮收入；而二十二目財特定「鄉鎮應興辦造產事業」，二者並重，用意甚深。在鄉鎮財政建立之初，所有原屬於縣之各種稅收，惟有暫仍由縣統籌而以補助金科目，由縣酌盈濟虛，分別補助各鄉鎮，俾各鄉鎮在其本身收入以外，獲得補助，藉供必需開支之用，庶免貧鄉廢事之虞，一面訂定鄉鎮保造產軍動綱要，督飭屬行造產，增進公共財源，俾漸自給自足。同時健全其財政制度，隨時扶植，使能運用靈活，以漸臻於財政完全獨立之境。茲酌定縣與鄉鎮財政劃分原則，並檢附鄉鎮保造產運動綱要如後：也設立「江西省縣鄉（鎮）財政劃分原則」。其中有關於鄉鎮財源，一部分由縣補助；

---

[19] 〈經濟消息（四月份）：財政金融：桂縣鄉財政劃分〉，《廣西銀行月報》，1941 年第 1 卷第 6 期，頁 46。

一部分則各按事實環境從事建立與開闢，分別有：1、補助金收入；2、由縣委託征收之屠宰稅溢額，及契稅提成收入；3、就鄉（鎮）管轄範圍內試辦行為取締稅，及特賦收入；4、不屬於全縣性質之區有公學款產收入（以有關之鄉鎮為限）；5、鄉（鎮）原有之公學款產，無主廟產，及依法呈准利用之官有荒田、荒地、荒山，或無主絕產；或可資提撥之會社寺廟款產，或土地整理後，無人聲請登記之土地等收入；6、鄉（鎮）公營事業收入，即造產所得之物產、收益、租金、公益金收入；7、依法應歸鄉（鎮）徵收之規費，懲罰金賠償金收入；8、鄉（鎮）民代表會議決，呈經縣政府核准徵收之臨時收入；9、鄉（鎮）民對鄉（鎮）贈予或遺贈之款產收入；10、經上級政府以命令特許鄉（鎮）徵收之稅捐收入。[20]

　　四川省為建立鄉鎮財政縣（市）鄉（鎮）財政收入劃分暨鄉鎮間收入劃分，也由省政府發布「四川省各鄉（鎮）財政收入劃分暨鄉鎮間收入劃分實施細則」，[21] 建立鄉鎮財政實施辦法所規定劃分步驟暨劃分標準。鄉鎮財政收入，除公有事業收入，廢棄財物變價收入，及其他收入外，茲規定應由縣（市）劃歸各鄉（鎮）者，包含公產收入，向使用鄉鎮公有財產所收取之使用費，及清理隱匿之公學產田地房租均屬之；公營市場使用費收入；監證費收入，所有按照契價百分之一抽收支為監證費作為鎮經費者均屬之……。

　　至於各縣（市）所屬公產，則歸由鄉鎮使用，未經丈量列入該縣市公產清冊暨公產租佃清冊者，劃歸各該鄉（鎮）作為公產收入。同時規定縣市奉令繼續整理地方自治財政，隱匿之公學產田地房租，以丈量列入縣（市）公產清冊公產租佃清冊者，劃歸各該鄉（鎮）作為公產收入，並將原產業冊列

20　〈江西省縣鄉（鎮）地方財政劃分原則：民國 29 年 6 月 18 日第 1279 次省務會議通過〉，《地方政治》，1940 年第 4 卷第 4 期，頁 23-26。

21　〈四川省第十行政督察區各縣縣鄉鎮財政劃分辦法草案〉，《國民教育》，1940 年第 6 卷第 1 期，頁 48-49。

字號種類所在地名及承租人性明每年租額與押金數目，登記備查。隱匿公產上未清出者，照院頒布各縣市清理公有款產業獎勵檢舉辦法，暨各縣市清理公有款產規則第二十五條各規定，由各縣市政府都童所屬各鄉（鎮）切實清理，各該鄉（鎮）作為公產收入。

至於公產一切收益，概應編入各該鄉（鎮）歲入預算內，會編入各該縣（市）總預算，除租佃納出記繳納租金仍由縣（市）政府經收處暨縣庫統一辦理外，其有租額為實物者，暨由經收處於每年收獲時，通知各該鄉（鎮）接收保管，已備支援，但非該管縣（市）政府正式支付命令，不得擅行動用。調撥公產，如各鄉（鎮）實施造產利用時，得遵照院頒整理自治財政辦法第二十四條各規定辦理。

鄉鎮公營市場用用費，劃歸各該鄉（鎮）列為鄉鎮收入，編入單位預算，並會列入各該縣。總預算，其徵收辦法，應依照本府前頒四川省各縣市局設置鄉鎮公營市場辦法辦理之。公營市場使用費，劃為鄉鎮收入後，各該鄉鎮公所，應協助縣（市）政府經收處所派人員徵收，以杜隱漏，經收人員若有營私舞弊情事，由鄉鎮公所財產保管委員會暨鄉鎮民意代表檢舉之。監證費應劃撥各該鄉鎮作為鄉鎮收入，編入單位預算，並會列入各縣（市）總預算，但須由縣（市）田賦糧食管理處代收繳庫，不得自收。監證費劃歸鄉鎮收入後，各該鄉鎮公所於明間買賣租地房屋要求證明蓋章時，應盡量予以便利，如有隱漏稅契者，應盡量檢舉，以裕收入，並於每月終列表分報縣市政府及縣市庫備查，經由各縣市政府經收處，商閭田賦糧食管理處，於每月借送代收費暨證費時，照鄉（鎮）單位實收數目列表，通知縣（市）政府及縣（市）庫，以便分別勘對記帳。

各縣（市）劃歸鄉（鎮）財政收入依照核定預算數目徵繳，如有溢收，仍作為各該鄉（鎮）收入，並指定為實施造產基金，任何機關不得挪用。實施造產基金之收支，則遵照四川省鄉鎮造產辦法實施細則第十條之規定辦理之。

各縣（市）鄉（鎮）件收入之劃分，應以屬地為原則，劃歸鄉（鎮）之

公產第二鄉（鎮）以上共有者，得依原分配數量或轉霞面積劃分期收益。劃歸鄉（鎮）之公營市場使用費，如為二鄉（鎮）以上共管之市場，所有收益得依其管轄區人口比例劃分之。鄉鎮間收入劃分機構及編入預算數量，須造冊呈報本府備核。各鄉鎮縣金票據及公糧之收支保管，照縣財政之收支處理程序，由各該縣公庫及經收機關統一辦理，以收監督協助之效。各鄉鎮財務收支之會計，照四川省鄉鎮統制會計制度，就各項有關會計報告，分別為統制紀錄及綜合報告，以市各鄉鎮財務收支之實況。[22]

　　四川省由省政府發布各鄉鎮財政劃分後，各縣自行個別提出縣與鄉鎮間劃分的收支細則，如西充縣、南充縣與江北縣等。四川省西充縣以實行新縣制之名，依據縣各級組綱要規定，即將縣鄉財政實行劃分，關於縣鄉賦稅之劃分，採取三項標準：1、凡稅捐數額大者，劃歸縣徵收，零星細數者歸鄉鎮徵收；2、便於縣徵收者，由縣徵收，便於鄉鎮徵收者，由鄉鎮徵收；3、稅捐本身如有地域性，即在該鄉鎮內徵收；不影響其他鄉鎮者，由各該鄉鎮徵收，否則由縣徵收。劃分以後，各本自給自足，量入為出之原則，以謀財政基礎之鞏固。四川省西充縣鄉財政收支系統中，縣鄉鎮的劃分為縣財政收入及鄉鎮收入兩部分，茲將該劃分內容，表 4 所列分示如下：

　　南充縣提出縣鄉鎮財政劃分標準，關於縣部分依照改訂財政收支系統實施綱要辦理，各鄉鎮財政收支項目亦同西充縣，包含清理隱匿公產收入、公有事業收入、公營市場使用費收入、監證費收入、廢棄財物售價收入、補助收入及其他收入。[23]

　　江北縣則因為四川省政府雖一再劃分辦法，皆不切實際，鄉財政如何劃分又當前財政中心問題，遂擬定「江北縣縣鄉財政劃分暫行辦法」，依照縣

---

[22] 〈四川省第十行政督察區各縣縣鄉鎮財政劃分辦法草案〉，《國民教育》，1940 年第 6 卷第 1 期，頁 48-49。

[23] 〈南充縣鄉財政劃分實施暫行辦法〉，《四川財政》，1947 年第 11 期，頁 2-5。

表 4、縣財政收入與鄉鎮財政收入來源表

收入來源	收入項目	收入細項
縣財政收入	一、稅課收入	1. 田賦 50%
		2. 土地稅（地價稅占 1/2、土地增值稅 1/2）
		3. 契稅（全部）
		4. 筵席及娛樂稅（全部）
		5. 營業稅（50%）
		6. 房捐（全部）
		7. 屠宰稅（全部）
		8. 營業牌照稅（全部）
		9. 使用牌照稅（全部）
	二、罰款及賠償收入（罰鍰沒收財物）	
	三、信託管理收入	
	四、財產及權利之孳息收入（租金利息）	
	五、財產及權利售價收入（孳生物品售價剩餘及廢棄物品售價）	
	六、營業盈餘及事業收入	
	七、造產收入	
	八、補助收入	
	九、規費收入	
	十、捐獻及贈與收入	
	十一、其他收入	
	十二、特別課稅收入（附徵公糧）	
鄉鎮財政收入	一、公產收入	1. 鄉鎮主管之公學產田地租收入
		2. 清出隱漏侵占之原有公學產田地租收入
		3. 清出私人握存之舊有團社神會及慈善救濟之基金資產收入
		4. 鄉鎮公有之塘堰山川荒地租金收入
		5. 鄉鎮現有之公共房屋廟宇空地租金收入
	二、公營事業收入	1. 鄉鎮主辦之農場苗圃畜牧手工藝物品售價孳息收入
		2. 銀行公司投資利息收入
		3. 農產品加工盈餘收入
		4. 造產事業收入

	1. 公斗使用費收入
二、公營市場使用費收入	2. 公秤使用費收入
	3. 活豬市場交易使用費收入
	4. 其他物品市場使用費收入
四、監證費收入	
五、房捐收入（縣未辦鄉鎮房捐均劃歸鄉鎮徵收之）	
六、營業牌照稅收入（縣未辦鄉鎮營業牌照稅均劃歸鄉鎮徵收之）	
七、公款孳息收入	1. 中心學校基金孳息收入
	2. 保國民學校基金孳息收入
	3. 投票押金及佃戶壓（押）金孳息收入
	4. 公款結存孳息收入
八、公糧收入	1. 縣撥發鄉鎮公所中心國民學校保國民學校公教人員食米收入
	2. 增籌中心國民學校保國民學校教員食米收入
	3. 籌集鄉鎮警察食米收入
九、筵席稅收入（縣未辦鄉鎮筵席稅均劃歸鄉鎮徵收之）	
十、各保年節屠宰稅收入	
十一、懲罰及賠償收入	
十二、廢棄財物變價收入	1. 鄉鎮公共廁所肥料變價收入
	2. 中心國民學校保國民學校肥料變價收入
十三、捐獻及贈與收入	
十四、經鄉鎮民代表會議決之臨時收入	

資料來源：〈西充縣鄉財政劃分之經過〉，《四川財政》，1948 年第 13 期，頁 1-4。

各級組織綱要暨四川省政府另頒建立鄉鎮財政實施辦法四川省各縣市鄉鎮財政收入劃分及鄉鎮間收入劃分實施細則之規定，收入包含公產收入、公有事業收入、公共市場使用費收入、廢棄財物變價收入、其他收入、房捐、營業牌照稅、使用牌照稅、筵席及娛樂稅以及公學產街房租金與補助費等。[24]

---

24 〈江北縣縣鄉財政劃分〉，《四川財政》，1947 年第 5 期，頁 3-6。

五、財政中央化下的地方財源與鄉鎮造產

1939 年「縣各級組織綱要」，縣與鄉鎮因為地方自治因素，財政獨立於中央。然而，經費卻有限之下，在各縣皆向地方反應經費短缺，地方又被中央劃分為獨立財政系統，如何得以地方自籌經費開源，成為了主要解決的方式。

孔祥熙提出有關地方財政建議縣市自治財政補救之原則，依其人力財力擇定新縣制中最急要項目先令其切實實施，嚴守縣各級組織綱要規定、調整自治財政收支，收入方面盡量開發法定財源充實收入切實推行法定稅捐，並且發動義務勞力，促進鄉鎮造產。鄉鎮造產雖非能於短期內可獲得大效，但卻係充實地方財政之基本辦法，擬發動義務勞力，制定法令，以利推行，而鄉鎮造產早獲成效。[25] 爾後國民政府即研擬相關辦法於 1944 年 5 月公布「推行國民義務勞動配合鄉鎮造產辦法」。

江西省新縣制施行省縣財政劃分後，也面臨到財政壓力。依據組織綱要施行新縣制後，江西省總計 69 縣新增約 2,000 人，年度經費增加 200 萬元。全省 2,342 個鄉鎮，增加鄉鎮人員 11,710 人，年增經費 470 餘萬元，其財政光是人力上就有沉重的負擔。[26] 在鄉村稅源有限的前提下，執行鄉鎮財政劃分即注意到「決不宜斤斤於劃分稅源，而應注意當地富力之開發，著眼於鄉村經濟之建造；務求以造產所得盈益，補稅捐收入不足。若徒恃收入有限之稅捐，充積極自治之經費，杯水車薪，永難濟事。以縣各級組織綱要四十一目列舉鄉（鎮）收入，而二十二目特定『鄉（鎮）應興辦造產事業』，二者

---

[25] 「孔祥熙呈送戰時經濟持久戰政策具體實施辦法致蔣中正電」，收入中國第二歷史檔案館編，《中華民國史檔案資料彙編》，第五輯第二編，財政經濟（一），頁 157-158。

[26] 墨軻，〈戰時江西省國民黨統治下的後方區〉，收入楊天石、莊建平編，《戰時中國各地區》（北京：社會科學文獻出版社，2009 年），頁 189-218。

並重，用意甚深。在鄉（鎮）財政建立之初，所有原屬於縣之各種稅收，惟有暫仍由縣統籌而以補助金科目，由縣酌盈濟虛，分別補助各鄉（鎮），俾各鄉（鎮）在其本身收入以外，獲得補助，藉供必需開支之用，庶免貧鄉廢事之虞，一面訂定鄉（鎮）保造產運動綱要，督飭屬行造產，增進公共財源，俾漸自給自足。同時健全其財政制度，隨時扶植，使能運用靈活，以漸臻於財政完全獨立之境。」同時酌定縣與鄉（鎮）財政劃分原則，並提出了鄉（鎮）保造產運動。[27]

　　四川省西充縣新縣制施行後，縣府積極建立鄉鎮財務制度，以縣與鄉鎮均為法人，為個別獨立之自治團體，具有獨立性之財政，並且確定鄉鎮有獨立之財政。而縣鄉財政之劃分，又為建立鄉鎮財政入手工作，縣鄉財政劃分關係著地方自治事業發展。因為縣各級組織綱要，西充縣規定縣鄉財政劃分是中國地方財政新措施，希冀平衡縣級收支、防止稅款隱漏、節省徵收經費、促進鄉鎮自治事業、奠立鄉鎮財務制度。然而，鄉鎮財源不充裕，財務人才缺乏，加上開支劃分不徹底。雖然執行鄉鎮自治事業，但鄉鎮辦理事務仍以國家行政事務為主，當時的記錄中 45 所鄉鎮公所，鄉鎮務會議解決之478 件議案中，有關自治事務者僅有 8 案，其餘 470 案均屬奉令辦理之件。依法鄉鎮辦理國家行政事務期開支即不應由鄉鎮經費負擔，事實上未能嚴格執行，即使中央省縣另撥有經費，然為數甚少，無法適應實際開支。另外，鄉鎮範圍太小，鄉鎮本身條件財源不一，榮枯迥異，發展很難立即見效。因此切實整理財政之下，發展公營事業，「屬行鄉鎮造產」，就成為開源的辦法。

　　時人即提出主張縣鄉鎮劃分以後，無論縣鄉除整理舊有之稅收款產以

---

[27] 〈江西省省縣地方財政劃分辦法：民國 29 年 6 月 18 日第 1279 次省務會議通過〉，《地方政治》，1940 年 4 卷 4 期，頁 23-26。

外，俾需積極開闢財源，培養富力，方能鞏固其財政基礎。鄉鎮公共造產，實為培養鄉鎮財源，推行基層經濟建設之唯一途徑。然一般或自為迂緩虛應故事或困於經費無法興辦，致成效未彰，不獲重視。至於改善之方應配合環境需要因地制宜，並應將此項事業費列入預算開支，先行舉辦一種造產，如能獲至優良結果，則此後普遍推行，必易為力，務期增家鄉鎮收益，減少地方負擔，俾成為鄉財政之主要財源，擇財政基礎方屬鞏固。[28] 各省實施造產的推動情形至 1943 年止，有湖北、福建、貴州、安徽、江西、綏遠、甘肅、浙江、四川、寧夏、山西、陝西、廣東、湖南、西康、河南及青海等地，皆依序制定鄉鎮公共造產實施辦法與細則，並且開始實施造產。[29]

六、結論

　　國民政府自 1927 年至 1941 年陸續將中央與地方財政收支稅目系統分明，1927 年 7 月，為中央、省與縣市財政三級制，縣為附庸於省之下；1934 年第二次會議中將部分稅收正式劃為縣級財政收入；1941 年改訂財政收支系統，名義上提升縣地方財政地位與獨立。然而，其背後卻是原屬於省的財源併入了國家中央財政系統中，從中田賦稅收亦由國家中央統籌。相較之下，地方財源反而更為短絀，加上地方事務未減少，委辦事務繁多，收支不敷甚多，有賴中央提供補助。當中央因戰爭經費自顧不暇時，既禁止苛捐雜稅，又無法提供足夠的補助款給地方。財政支出中，保安行政經費為數眾多，教育文化經費甚少。於是《建國大綱》中的地方自給自足的「鄉鎮造產」政策遂順理成章就應運而生，由上到下推動之。

---

[28] 張耀樞，〈實施縣鄉財政劃分之檢討〉，《四川財政》，1948 年第 13 期，頁 1-4。

[29] 詳細列表，請參閱：「各省鄉鎮造產推動情形表」，財政部地方財政司編，〈十年來之地方財政〉，收入張研、孫燕京主編，《民國史料叢刊》，第 420 冊，經濟‧財政，頁 234-236。

抗戰時期的女大學生：以楊靜遠《讓廬日記》（1941-1945）為主的討論 *

曾冠傑

中央研究院近代史研究所組員

我有朋友，我有靈感，我一天天地覺得在進步，我有完美的家庭，我有賞識我的師長，我有重視我的同學。我在無論任何人群中都占有很優越的地位。但，每當討論時局時，我就被一層陰影罩上了。緬甸已全部失去了，戰事節節敗退，前途似乎無望，個人的幸福是空的。這幸福好像是開在大樹上的一朵花兒。當大樹連根倒下的時候，花兒豈可獨存。（楊靜遠，《讓廬日記》，1942 年 5 月 8 日）

一、前言

近年的抗戰史研究，有幾個受到關注的趨勢：第一、超越民族主義

---

* 本文承蒙兩位匿名審查委員提供寶貴修訂意見，以及與張孜寧關於性別議題的討論，受到諸多啟發，在此一併致謝。

（nationalism）的跨國界視角，把中日戰爭置於第二次世界大戰的東亞敘事之中。[1] 第二、關於所謂「淪陷區」與通敵者的研究，揮別以往的道德批判立場。[2] 第三、除了前線的軍事作戰以外，戰爭對社會各層面的影響以及平民的戰時經驗，受到更多重視，[3] 例如西南聯合大學、中央大學等大學內遷是學界重視的課題，[4] 當時的大學生人數約占全國人口的萬分之一，是一群數量極少的社會菁英。[5] 另外，女性的戰時經驗是值得深化的領域。[6]

　　當代中國翻譯家楊靜遠（1923-2015）的《讓廬日記》，記錄作者 1941 年 7 月至 1945 年 8 月間就讀武漢大學外文系的生活細節，成為後人認識抗戰時期女大學生的珍貴史料。她的父母在戰時皆為武漢大學的知名學者，分別任教於經濟系的楊端六（1885-1966）、外文系的袁昌英（1894-1973）。[7]

---

[1]　請參閱：芮納・米德（Rana Mitter）著，林添貴譯，《被遺忘的盟友》（臺北：遠見天下文化出版公司，2015 年）；黃自進、潘光哲主編，《中日戰爭和東亞變局》（上）、（下）（新北：稻鄉出版社，2018 年）。

[2]　請參閱：卜正民（Timothy Brook）著，林添貴譯，《通敵：二戰中國的日本特務與地方菁英》（臺北：遠流出版事業公司，2015 年）。

[3]　請參閱：呂芳上主編，《中國抗日戰爭史新編・戰時社會》（臺北：國史館，2015 年）；呂芳上主編，《戰後變局與戰爭記憶》（臺北：國史館，2015 年）；戴安娜・拉里（Diana Lary）著，廖彥博譯，《流離歲月：抗戰中的中國人民》（臺北：時報文化出版公司，2015 年）；王貽蓀、杜潤枰原著，民國歷史文化學社編輯部編，《關山萬里情：王貽蓀、杜潤枰戰時情書與家信》（臺北：民國歷史文化學社，2019 年）。

[4]　請參閱：易社強（John Israel）著，饒佳榮譯，《戰爭與革命中的西南聯大》（臺北：傳記文學出版社，2010 年）；陳平原，《抗戰烽火中的中國大學》（香港：香港中和出版公司，2015 年）。

[5]　胡國台，《浴火重生：抗戰時期的高等教育》（臺北：稻鄉出版社，2004 年），頁 2、34。

[6]　請參閱：李小江主編，《讓女人自己說話：親歷戰爭》（北京：三聯書店，2003 年）；羅久蓉等訪問，羅久蓉等紀錄，《烽火歲月下的中國婦女訪問紀錄》（臺北：中央研究院近代史研究所，2004 年）；張玉法，〈戰爭對中國婦女的影響（1937-1949）〉，《近代中國婦女史研究》，第 17 期（2009 年 12 月），頁 157-174；李丹柯，《女性，戰爭與回憶：三十五位重慶婦女的抗戰講述》（香港：香港中文大學，2013 年）；游鑑明，〈處處無家處處家：中國知識女性的烽火歲月〉，《近代中國婦女史研究》，第 23 期（2014 年 6 月），頁 1-63。

[7]　張在軍，《堅守與薪傳：抗戰時期的武大教授》（臺北：新銳文創，2013 年），頁 87-95、200-

就讀大學期間，有三年她家住在當地一處名叫「讓廬」的住宅，這是她取名
《讓廬日記》的原因。[8]

　　女大學生的戰時經驗，與同時代的人相比有共同之處，這是《讓廬日記》
的普遍性價值。另一方面，楊靜遠當時不在「淪陷區」、中共統治區或各政
權之間的模糊地帶，[9] 而是跟隨父母在戰時的大遷徙浪潮，[10] 就讀於國府統
治區內的大學校園，《讓廬日記》代表一種在大後方的年輕知識女性觀點，
是這部日記的特殊性價值。[11]

　　由於她寫日記的當下無意公開，[12] 因此在日記中暢所欲言，保留真實的
內心想法，原始全文約 50 至 60 萬字，出版時為了避免過於冗長，刪減至 25
萬字左右。本文主要與齊邦媛（1924- ）回憶錄《巨流河》相比較，尤其是
雙方對大學生活的描述，有助於認識《讓廬日記》的史料價值。[13] 因為齊邦
媛是楊靜遠的學妹，同為重慶南開中學畢業，曾住同寢室，1943 年考入武漢

208。

[8] 楊靜遠，《讓廬日記》（武漢：武漢大學出版社，2003 年），篇頭語頁 5。

[9] 王超然，〈超越國族：由口述史中的個人體驗反思抗戰〉，《東吳歷史學報》，第 36 期（2016 年
12 月），頁 42-43、63-65。

[10] 抗戰時期的大遷徙，總數粗估有三、四千萬人，以沿海、沿江地區的青壯年、文教界、商人、技術
工人、教育程度較高者為多，農民相對較少，大量進入尚待開發的西南地區。請參閱：呂芳上，〈抗
戰時期的遷徙運動——以人口、文教事業及工廠內遷為例的探討〉，收入氏著，《民國史論》（下）
（臺北：臺灣商務印書館，2013 年），頁 1176、1205。

[11] 實際上，不同地區或階層的人們，戰時經驗的差距甚大，例如同樣在重慶地區，有錢人家的太太忙
著參加舞會和打麻將，甚至「把麻將桌搬到一個私人防空洞」；也有貧困的農民女性不太關心打仗
的事，因為「每天都在為生活掙扎」。請參閱：李丹柯，《女性，戰爭與回憶：三十五位重慶婦女
的抗戰講述》，頁 144、160。

[12] 楊靜遠在日記寫道：「我對它〔按：日記〕愈來得坦白了。我相信它不會把我的心事告訴別人。」「如
果我死後我的日記被別人看了，如何是好！」請參閱：楊靜遠，《讓廬日記》，1943 年 1 月 1、8 日，
頁 105、107。

[13] 關於日記的史料價值及解讀方式，參見桑兵，〈日記內外的歷史——作為史料的日記解讀〉，收入
呂芳上主編，《蔣中正日記與民國史研究》，上冊（臺北：世界大同出版公司，2011 年），頁 67-
80。

大學哲學系，一年後轉入外文系，[14] 彼此認識，但是兩人在後半生走向不同的道路，楊靜遠留在中國大陸，齊邦媛來到臺灣。

有關楊靜遠《讓廬日記》的現有研究，多將武漢大學學生視為一個群體，討論戰時大後方的校園生活與文化。[15] 由於日記對作者的日常生活等面向多所涉及，有助於反思現代歷史學過度社會科學化的傾向，以及理解個人經驗與社會結構之間的關係。[16] 為了掌握日記的主觀特質，尤其是作者在這段時期心理狀態的微妙變化，本文強調以性別意識（gender consciousness）探究微觀的個人史。性別意識是指對性別所牽涉的不同價值的敏感與醒覺，或者是對原先的性別結構的不滿，並要來改善社會處境。[17] 本文受到交織性理論（intersectionality）的啟發，不採取「性別因素獨大」的研究方式，也不以「受害者」或「能動者」的簡單二分法解釋女性角色，而是同時考慮年齡、地域、社會階層、教育程度等多元因素的互相影響，[18] 這使得本文以楊靜遠為個案的微觀史探討，不只得以發掘更多現行研究沒有注意的細節，也將賦予更豐富的歷史意涵。

---

[14] 齊邦媛，《巨流河》（臺北：天下遠見出版公司，2009 年），頁 573-575、593。

[15] 請參閱：李巧寧，〈《讓廬日記》中的戰時後方大學校園生活〉，《書屋》，2015 年第 4 期，頁 50-56；柯惠鈴，〈戰爭中的武漢大學校園文化——楊靜遠《讓廬日記》的解讀〉，收入氏著，《民國女力：近代女權歷史的挖掘、重構與新詮釋》（新北：臺灣商務印書館，2019 年），頁 118-189。

[16] 蔣竹山，〈從日記看日常生活史研究——以《有泰駐藏日記》為例〉，收入氏著，《當代史學研究的趨勢、方法與實踐：從新文化史到全球史》（臺北：五南圖書出版公司，2018 年），頁 165-166。

[17] 陸偉明，《性別教育與生活》（臺北：雙葉書廊公司，2017 年），頁 15。

[18] 衣若蘭，〈論中國性別史研究的多元交織〉，收入蔣竹山主編，《當代歷史學新趨勢》（新北：聯經出版事業公司，2019 年），頁 207-246。

二、戰爭下的國家與個人

（一）日軍侵略的威脅

　　楊靜遠在抗戰期間就讀的武漢大學，位於四川樂山縣城，雖然屬於身處大後方，但隨著戰事惡化，她長期活在日軍進犯的恐懼之中，並讓楊靜遠的個人命運與國家前途緊密結合。1944 年 5 月，河南戰事吃緊，她擔心若鄭州失陷，恐將議和，「這輩子也別想翻身了！我還在這兒為個人的得失煩惱著！」[19] 於是逐漸激發出楊靜遠的愛國心。至 12 月，「已不在乎替自己追求幸福，我要把自己獻給我的國家」。[20] 在抗戰中成長的這一代大學生，愛國不分性別，然而為國獻身的激情，也成為大學校園政治化的溫床。

　　楊靜遠一家人，在戰時多次討論假設日軍攻入四川的逃難規劃。1942 年 5 月，楊靜遠此時的想法比較消極，「我這樣一個女孩子怎樣也逃不過的」，[21] 畢竟年輕女性可能受到性暴力的威脅。[22] 1944 年 10 月，楊靜遠與父母談到，若戰事吃緊，有一支國軍部隊可能撤退到「雷（波）、馬（邊）、峨（邊）、屏（山）」彝族地區，等待反攻復國，他們也可跟著避難。齊邦媛的回憶則是：武漢大學校長王星拱當時召集師生宣布，若戰事失利，教育部下令各校在緊急時往安全地區撤退，指定該校由嘉定師管區司令部保護，必要時撤退至「雷、馬、屏、峨」地區。[23] 楊靜遠於是產生樂觀的想像，她想「約許多教育界人士進去，把那片荒地開發成了 Utopia（烏托邦），我們可以教育這

---

[19]　楊靜遠，《讓廬日記》，1944 年 5 月 12 日，頁 226。

[20]　楊靜遠，《讓廬日記》，1944 年 12 月 12 日，頁 297。

[21]　楊靜遠，《讓廬日記》，1942 年 5 月 31 日，頁 62-63。

[22]　一位 1940 年代初期在安徽從事宣撫工作的日軍士兵，日後的回憶便直言：「在當時，年輕的姑娘是不會出現在日本兵面前的。」請參閱：梶野渡口述，廣中一成著，曉敏譯，《中日戰爭真實影像記錄——一位日本士兵經歷的戰時生活》（香港：中華書局，2013 年），頁 17。

[23]　齊邦媛，《巨流河》，頁 196。

些兵，做種種開墾工作」，不過隔天父親便澆熄她的美夢，「假如他們亂來，做土匪，你也跟著一起做？」[24] 所幸四川淪陷的恐懼並未成真，這些念頭最後隨風而逝。

（二）個人的政治態度

1933 年 4 月，蔣中正慕名請楊端六為他個人講授經濟學兩次，於是他有了「蔣介石的老師」的稱號，[25] 並曾任軍事委員會第三廳（審計廳）主任、[26] 國民黨武漢大學區黨部書記等職。[27] 1944 年 5 月，楊靜遠與父母討論「到底中國政府能不能代表國家？是不是有改組的必要？」父親楊端六表示：「要說它沒有做一點好事也是不公平的。自民國以來已經有相當的建設，你只和清代比一比就可以看出這進步。」[28] 反映出國府治下公教家庭的典型態度。

然而，身為懷抱熱情的大學生，楊靜遠對政治現狀並不滿意。例如當時三民主義青年團（簡稱三青團）在校園內活動，[29] 她便向母親說，大家只要看到受三青團補貼的雜誌就頭痛，不願翻閱。[30] 還有一次，楊靜遠與西南聯合大學畢業的朋友談話，對方提到「學生中三青團愚蠢的活動，和其餘學生

---

[24] 楊靜遠，《讓廬日記》，1944 年 10 月 19-20 日，頁 264-265。

[25] 楊靜遠，〈我的父親楊端六〉，收入陳小瀅講述，高豔華記錄編選，《樂山紀念冊：1939-1946》（北京：商務印書館，2012 年），頁 82。

[26] 「楊端六函蔣中正請准辭軍事委員會第三廳主任之文電日報表」（1934 年 2 月 18 日），〈特交檔案－呈表彙集（二）〉，《蔣中正總統文物》，國史館藏，典藏號：002-080200-00429-152。

[27] 王奇生，〈大學校園中的國民黨〉，收入氏著：《革命與反革命：社會文化視野下的民國政治》（北京：社會科學文獻出版社，2011 年），頁 266-268。

[28] 楊靜遠，《讓廬日記》，1944 年 5 月 31 日，頁 231。

[29] 三青團具有「國民黨內部的一個派系」以及「黨外的自主性組織」兩個面向，以中央大學校園為例，三青團組織與普通同學之間的鴻溝日益加深。請參閱：王良卿，《三民主義青年團與中國國民黨關係研究（一九三八－一九四九）》（臺北：近代中國出版社，1998 年），頁 437-445；蔣寶麟，《民國時期中央大學的學術與政治（1927-1949）》（南京：南京大學出版社，2016 年），頁 326-327。

[30] 楊靜遠，《讓廬日記》，1944 年 7 月 20 日，頁 243。

對他們的不齒」，楊靜遠聽了很興奮。[31] 有意思的是，齊邦媛在《巨流河》沒有批評當時的政府，也沒有提到三青團，而把學生反政府的源頭指向左傾教師的煽動，[32] 可知兩人隱然不同的政治態度。齊邦媛沒有左傾的原因，與父親齊世英（1899-1987）加入國民黨，主持東北黨務與抗日工作有關，她說：「我在那樣的家庭長大，我看到中央政府重要的人物，他們都有些理想，不是那麼腐敗，而且多半都是知識分子。」[33] 另外，她在中學時讀過一些俄文中譯作品，如奧斯特洛夫斯基（Nikolai A. Ostrovsky）著《鋼鐵是怎樣鍊成的》，她自稱「基本反共之心大約早已有理性根源」，那些書成為她的判斷基礎。[34]

目前的抗戰史研究較少注意，大後方的年輕女性對國軍兵士騷擾的恐懼。有一天，楊靜遠在路上偶遇一個多次騷擾她的「鬼兵」，立刻掉頭跑開，以免對方知道她家地址。[35] 還有一次走到小河邊，看見許多兵在河裡洗衣洗腳，她緊貼著山坡走，不願讓他們察覺，她表示：「在神聖的抗戰期間，恨軍人似乎是種罪惡，可是真正拚死殺敵的軍人我看不見，見到的是掛軍人招牌的流氓。」[36]

楊靜遠剛上大學時是單純的文藝青年，在 1942 年 4 月的日記寫道，她喜好浪漫派文學，對政治不感興趣，[37] 但後來與左傾分子的密切互動，產生心理變化。首先是校內左傾教師捲起的風潮，譬如任教於外文系的繆朗山是

---

[31] 楊靜遠，《讓廬日記》，1944 年 8 月 11 日，頁 247-248。

[32] 齊邦媛，《巨流河》，頁 276-277。

[33] 董成瑜，〈從容不迫〉，收入齊邦媛編著，《洄瀾：相逢巨流河》（臺北：遠見天下文化出版公司，2014 年），頁 152。

[34] 齊邦媛，《巨流河》，頁 139-140。

[35] 楊靜遠，《讓廬日記》，1942 年 3 月 28 日，頁 46。

[36] 楊靜遠，《讓廬日記》，1942 年 4 月 11 日，頁 50。

[37] 楊靜遠，《讓廬日記》，1942 年 4 月 15 日，頁 51-52。

當時著名的左傾學者，[38] 上課生動活潑，受到學生歡迎。1944 年 11 月某晚，青年會邀請他演講「俄國文化問題」，楊靜遠 6 點多到場，只見擠滿人。[39] 齊邦媛《巨流河》也回憶繆朗山的上課、演講、座談很吸引學生，甚至引領不滿現狀的學生投入左派陣營。[40]

在大學生活中，有兩位同輩友人跟她有過深入談話，引領她接觸左派思想。[41] 第一位是她同性密友洗岫的哥哥洗群。1944 年 4 月，洗群說楊靜遠跟洗岫一樣有「個人唯美主義的生活態度」，鼓勵她多看近代社會科學的書，[42] 認識不同階層的差異。[43] 她逐漸接受這樣的建議，認為現在文學和社會科學已不能分了。[44]

另一位左傾友人是胡鐘達。[45] 1945 年 4 月，胡鐘達借《西行漫記》（*Red Star Over China*）給楊靜遠，[46] 她閱讀後被中共「堅忍不拔的精神」感動，認

---

[38] 依據繆朗山之子繆鐵夷的說法，所謂的「國民黨特務機關」誤以為他是中共黨人，實際上在中共建政後，1959 年的反右傾運動中，繆朗山被劃為「右派」。請參閱：繆鐵夷，〈回憶爸爸繆朗山〉，收入陳小瀅講述，高豔華記錄編選，《樂山紀念冊：1939-1946》，頁 242-244。

[39] 楊靜遠，《讓廬日記》，1944 年 11 月 4 日，頁 278。

[40] 齊邦媛，《巨流河》，頁 275。

[41] 抗戰後期，中共中央南方局在所謂「國民黨統治區」的群眾工作，採取「三勤」措施，即「勤業」、「勤學」、「勤交友」，「勤交友」就是透過結交朋友，以同鄉、同學、親戚、朋友等名義掩護隱蔽，擴大社會交往以發展組織。請參閱：中共雲南省委黨史研究室編，《中共中央南方局的群眾工作》（北京：中共黨史出版社，2009 年），頁 80-89。

[42] 早在 1920 年代的左派刊物，便鼓吹人們多讀社會科學書籍，以解決人生觀的問題與改造社會。請參閱：王汎森，〈「煩悶」的本質是什麼——近代中國的私人領域與「主義」的崛起〉，收入氏著，《思想是生活的一種方式：中國近代思想史的再思考》（臺北：聯經出版事業公司，2017 年），頁 134-135。

[43] 楊靜遠，《讓廬日記》，1944 年 4 月 30 日，頁 217-221。

[44] 楊靜遠，《讓廬日記》，1944 年 5 月 31 日，頁 232。

[45] 胡鐘達是左傾社團「風雨談社」的第一批參加者，該社為 1942 年 8 月以當時處於隱蔽狀態的地下共產黨員為骨幹發起組成的讀書會。請參閱：張在軍，《苦難與輝煌：抗戰時期的武漢大學（1937-1946）》（臺北：新銳文創，2012 年），頁 348。

[46] 楊靜遠，《讓廬日記》，1945 年 4 月 2 日，頁 339。

為「誰對中國的復興有益，我就為誰服務」。[47]畢業前夕，楊靜遠與胡鍾達討論以後的就業問題時，她感到雙方雖目標大致相同，在路徑上卻不完全相合，[48]楊靜遠在此時的理想是「未來獻身於農村」。[49]這段時間，她心中「私人領域的政治化」傾向日漸萌芽，[50]對日後的人生發展、婚戀對象的抉擇等方面都有深遠影響。楊靜遠甚至把毛澤東「論聯合政府」等中共文件帶回家看，被父親一邊解釋一邊教訓了兩小時，但她認為至少在目前，沒有插足任何一方的必要，[51]可見她日漸同情中共，但仍游移不定的態度。這也是日記作為史料，有別於回憶錄或口述歷史的一種特質，可能呈現作者在一段時間內反覆又矛盾的心理變化。[52]不過，楊靜遠事後回憶「在大學後期，我在同學影響下思想向左轉」。[53]

抗戰期間越來越多大學生不滿現狀，加上中共與左傾分子的活動，使得校園內的左派聲勢日益高漲。甚至可說，戰時的知識分子已對戰後政治何去何從做出選擇，戰後的國共全面衝突，只不過是戰時經驗的極端化而已。[54]

---

[47] 楊靜遠，《讓廬日記》，1945 年 4 月 7 日，頁 341。

[48] 楊靜遠，《讓廬日記》，1945 年 5 月 18 日，頁 352-353。

[49] 楊靜遠，《讓廬日記》，1945 年 4 月 15 日、5 月 28 日，頁 345、354。

[50] 從長時段的歷史視野考察中共崛起的思想背景，一種解釋是私人領域的政治化，促使個人獻身於集體或「主義」的追求，甚至出現崇公滅私的價值觀。請參閱：王汎森，〈近代中國私人領域的政治化〉，收入氏著，《中國近代思想與學術的系譜》（臺北：聯經出版事業公司，2003 年），頁 175-180；陳弱水，〈中國歷史上「公」的觀念及其現代變形——一個類型的與整體的考察〉，收入氏著，《公共意識與中國文化》（臺北：聯經出版事業公司，2005 年），頁 134-137。

[51] 楊靜遠，《讓廬日記》，1945 年 6 月 21 日，頁 358。

[52] 如黃英哲研究 1944-1950 年的《楊基振日記》，指出口記作者在這段期間政治態度的反覆不定及矛盾，這種個人思想上的浮動性與不連續性，是日記的史料價值之一。請參閱：黃英哲，〈楊基振日記的史料價值〉，收入許雪姬總編輯，《日記與臺灣史研究：林獻堂先生逝世 50 週年紀念論文集》（上）（臺北：中央研究院臺灣史研究所，2008 年），頁 118-119。

[53] 楊靜遠，《咸寧幹校一千天》（武漢：長江文藝出版社，2000 年），頁 226。

[54] 柯惠鈴，〈戰爭中的武漢大學校園文化——楊靜遠《讓廬日記》的解讀〉，收入氏著，《民國女力：近代女權歷史的挖掘、重構與新詮釋》，頁 169。

三、女大學生的日常生活

（一）物質生活

　　抗戰期間大後方的物質生活逐漸匱乏，反映在飲食、穿著、醫療等各方面，以及通貨膨脹使得實質購買力下降，許多依靠薪俸維生的公教人員落入貧窮化的困境。[55] 楊靜遠全家人靠父母在武漢大學教書的兩份薪水維生，在戰時尚勉強維持，但是到了後期，雇不起一個成年女傭，只能找一個十三、四歲的女孩幫忙，父母跟她需分擔家務。這並非個案，譬如同在武漢大學任教的蘇雪林也不敢再用女僕，因為一位女僕的工資與伙食，要花掉每月收入的一半以上。[56]

　　楊靜遠因此節儉克己，減少消費，[57] 例如她不只一次看話劇不買票，跟著旁人混進去，在日記不見罪惡感。[58] 其實楊靜遠與同學相比，同樣物質生活不佳，但不算太壞，當時武漢大學許多同學申請貸金補助，[59] 楊靜遠因為受到父母就近照顧，不便申請貸金。1942 年 5 月，領貸金的同學可領回沒用完的伙食費 50 元左右，她卻要繳 70 幾元。[60] 1943 年 10 月，楊靜遠想申請基督教學生救濟金被同學勸阻，感到不快，可是她也知道自己的家境與同學

---

[55] 連高階公務員也難逃貧困化的窘境。請參閱：鄭會欣，〈抗戰時期後方高級公務員的生活狀況——以王子壯、陳克文日記爲中心〉，《近代史研究》，2018 年第 2 期（2018 年 3 月），頁 146。

[56] 蘇雪林，〈抗戰末期生活小記〉，收入氏著，《我的生活》（臺北：文星書店，1967 年），頁 134-135。

[57] 楊靜遠，〈讓廬舊事——記女作家袁昌英、蘇雪林、凌叔華〉，收入楊靜遠編選，《飛回的孔雀——袁昌英》（北京：人民文學出版社，2002 年），頁 149。

[58] 楊靜遠，《讓廬日記》，1944 年 4 月 23 日、7 月 11 日，頁 215、240。

[59] 時任教育部長（1938-1944 年）的陳立夫設置貸金制度，是爲爭取知識青年，避免投向所謂的「日僞」政權或延安的中共，因此對經濟來源斷絕的學生給予救濟費，貸金的原意是畢業後須償還，後改爲公費制度。請參閱：陳立夫，《成敗之鑑——陳立夫回憶錄》（臺北：正中書局，1994 年），頁 285-289。

[60] 楊靜遠，《讓廬日記》，1942 年 4 月 30 日、5 月 22 日，頁 55、60。

相比，「不得不承認我要好些」。[61]

　　由於戰時大後方的物資缺乏，女學生若擁有較為高級的衣服或化妝品，往往比較低調，甚至不願輕易示人。楊靜遠有一次收到乾媽送的紫紗縐綢衣料，心裡覺得見了這些好東西有犯罪感。[62] 齊邦媛《巨流河》有一段記載頗能呼應：義兄張大飛從軍，到美國受訓後回國送她的禮物，是一個有拉鍊的藍色小皮盒，裝有小瓶胭脂、口紅和兩條繡花手帕，在戰時很少人看過這些東西，她只在無人時拿出來摸摸看又放回去。[63]

（二）課外活動

　　楊靜遠讀大學期間可說是典型的文藝青年，主要的課外活動是聽唱片音樂會、參加合唱團唱歌、文學閱讀及寫作等，在日記中有詳細描述，由於這是武漢大學校園文化的一部分，早已受到學界關注。楊靜遠由於母親袁昌英的鼓勵，她積極創作與投稿，自許跟母親一樣成為女作家，還曾接到同濟大學工科學生的讀者來信，她在日記寫道「我的生命似乎開始走到極盛期：一個年輕的女作家，誰不矚目！」[64] 這也是楊靜遠自認不同於其他女同學的優越感。

　　珞珈團契是楊靜遠從事課外活動的重要空間，但這不表示她信仰基督教，而是在四川樂山的偏僻封閉環境，團契有來自西方相對充裕的物質條件，教會為了傳教，也樂意借場地給武漢大學學生，兩者一拍即合，成為大學生暫時脫離苦悶現實生活的樂園。如 1944 年 1 月，有 7 個男同學請女同學在團契室過除夕，以布幕分成餐廳與會場兩邊，每人發一份藝術化的節目

---

[61] 楊靜遠，《讓廬日記》，1943 年 10 月 16 日，頁 161。

[62] 楊靜遠，《讓廬日記》，1945 年 6 月 27 日，頁 360。

[63] 齊邦媛，《巨流河》，頁 248。

[64] 楊靜遠，《讓廬日記》，1944 年 3 月 7 日，頁 201。

單，玩幾個遊戲後開始吃茶點，借了刀叉等餐具，採用西餐樣式，中間一個大蛋糕，旁邊有幾盤糖果，吃完後是歌舞大會，大家亂唱亂跳，熱鬧自由。[65]

有趣的是，楊靜遠清楚知道團契的另一種吸引力，是「借宗教的名義結交異性的場所」。[66] 齊邦媛《巨流河》有一段回憶能印證此說法，她在大學一、二年級參加的課外活動只有南開校友會和團契，有一年聖誕節前夕，牧師邀請一些教友學生去他家過節，晚餐後的餘興節目，包括一男一女兩人一組競賽答題，寫答案時為了保密，須用唱詩班的袍子蓋住兩人上半身，她抽到和電機系四年級的俞君一組，心中有一陣從未經驗過的緊張與興奮。[67]

（三）地方社會

當時在四川的男大學生有上茶館的風氣，而女大學生是否去茶館？這是一個值得探討的問題。根據王笛對成都茶館的研究，在抗戰以前基本上是男人的世界，直到戰時大量移民改變這種情況，有越來越多女性進入茶館消費或謀生。[68] 齊邦媛表示，武漢大學男生宿舍旁邊有茶館，許多男同學寫功課、交友、下棋、打橋牌、論政都在茶館，但是，當時「沒有任何女生敢一個人上街閒逛，也沒有人敢上茶館」。[69] 戰時就讀重慶中央大學的曾祥和，她的記憶相近，「四川多的是茶館，男同學愛坐茶館，叫杯茶可以喝半天，但女同學都不愛去」。[70] 不過，楊靜遠會跟朋友上茶館，譬如跟洗群等一群人去

---

[65] 楊靜遠，《讓廬日記》，1944 年 1 月 24 日，頁 190-191。

[66] 楊靜遠，《讓廬日記》，1943 年 5 月 16 日，頁 132。

[67] 齊邦媛，《巨流河》，頁 231、240。

[68] 王笛著譯，《茶館：成都的公共生活和微觀世界，1900-1950》（北京：社會科學文獻出版社，2010 年），頁 182-184。

[69] 齊邦媛，《巨流河》，頁 172。

[70] 沈懷玉、游鑑明訪問，周維朋記錄，《曾祥和女士訪問紀錄》（臺北：中央研究院近代史研究所，2018 年），頁 160。

街上的大世界茶館，[71] 或跟他的初戀男友顧耕（本名嚴國柱）去歇腳。[72] 可見有的女大學生仍會去茶館，通常不是一個人，而是有男同學作陪或集體活動時才去。[73]

　　內遷大學師生與當地人的互動，亦值得留意，例如西南聯合大學師生與本地人的相處就有些摩擦。[74] 武漢大學學生雖然在戰時住在四川樂山，但幾乎少有人嘗試理解當地人的生活，仍以外來知識菁英的優越眼光看待當地人。[75] 1942 年 3 月，楊靜遠得知在地人會在元宵節到別人田裡偷菜，據說吃了健康無病，她認為是很奇怪的風俗。[76] 隨著楊靜遠接觸左派思想，她對基層民眾多了一種上對下的憐憫，1945 年 4 月，她與男友到郊外約會，引來當地的年輕女性好奇地望著他們，她心想「可憐的女人們，一生也不懂這種幸福啊！」[77] 還有一次看到一群衣著襤褸的縴夫，多半是小孩子，「爬在地上遠看就像一排掛著破布條的猴子」，她難過得哭了。[78]

　　1945 年 3 月，女同學為了慶祝三八婦女節召開座談會，楊靜遠發言表示：在座的幾十個女同學，可說是中國受最高教育的婦女，跟從文廟到女生宿舍的路上，每天經過一些花生攤子上的女人，有懸殊的知識水準差距，因此鼓吹在當地推廣民眾教育，[79] 於是女同學在當地發起民眾識字班，她被推舉為校長。[80] 楊靜遠有一堂課對小孩講解「衛生」觀念，她發現這是大學生的常

---

[71]　楊靜遠，《讓廬日記》，1944 年 5 月 1 日，頁 221。

[72]　楊靜遠，《讓廬日記》，1944 年 12 月 13 日，頁 298。

[73]　張在軍，《苦難與輝煌：抗戰時期的武漢大學（1937-1946）》，頁 177。

[74]　易社強（John Israel）著，饒佳榮譯，《戰爭與革命中的西南聯大》，頁 94-100。

[75]　柯惠鈴，〈戰爭中的武漢大學校園文化——楊靜遠《讓廬日記》的解讀〉，收入氏著，《民國女力：近代女權歷史的挖掘、重構與新詮釋》，頁 161。

[76]　楊靜遠，《讓廬日記》，1942 年 3 月 1 日，頁 42。

[77]　楊靜遠，《讓廬日記》，1945 年 4 月 5 日，頁 341。

[78]　楊靜遠，《讓廬日記》，1945 年 4 月 22 日，頁 347。

[79]　楊靜遠，《讓廬日記》，1945 年 3 月 8 日，頁 323-328。

[80]　楊靜遠，《讓廬日記》，1945 年 3 月 12-13 日，頁 329-330。

識，對當地小孩卻是完全陌生的名詞，要用通俗語言向他們解釋很不容易。[81]
興辦民眾識字班的經驗，讓楊靜遠體會到大學生與基層民眾之間巨大的知識
落差。

四、女大學生的感情世界

（一）對性別的探索

　　從性別意識的角度來看，楊靜遠大學時代對自己外表的注意，以及跟同
學之間對感情與性知識的探索，是她「成為女人」的社會化過程。從以下兩
例可知當時女大學生的審美觀：1941 年 7 月，她滿足於現在的模樣而不愛打
扮，但「如果肚子胖起來，我大概也要著急了」；[82] 1944 年 8 月，楊靜遠開
始戴眼鏡，她認為自己的吸引力減損大半，別人「也許會誇我是個有為的青
年，但絕不會覺得我是魅人的少女」。[83]

　　1941 年 12 月某晚，楊靜遠與女同學以坦白的態度大談性問題，結論是
「貞操觀念完全錯誤」、「婚姻不是為滿足性欲」等，[84] 另外也曾分享各自
的感情觀與羅曼史。[85] 1944 年婦女節，女生宿舍開晚會，邀請師長講話，楊
靜遠認為「盡教我們做賢妻良母，沒有一點新意，叫人聽不入耳」。[86] 相較
於抗戰時期女權論辯的保守派，[87] 這些女大學生是當時社會上性別意識相當
前進的一群人。此外，楊靜遠的母親袁昌英，是現代中國早期的女作家與女

---

[81] 楊靜遠，《讓廬日記》，1945 年 3 月 27 日，頁 336。
[82] 楊靜遠，《讓廬日記》，1941 年 7 月 18 日，頁 4。
[83] 楊靜遠，《讓廬日記》，1944 年 8 月 21 日，頁 249。
[84] 楊靜遠，《讓廬日記》，1941 年 12 月 22 日，頁 26。
[85] 楊靜遠，《讓廬日記》，1942 年 1 月 21 日，頁 30-32。
[86] 楊靜遠，《讓廬日記》，1944 年 3 月 8 日，頁 201。
[87] 呂芳上，〈抗戰時期的女權論辯〉，收入氏著，《民國史論》（上），頁 468-519。

教授之一，是那個時代的「新女性」，她自然也受到影響。

　　楊靜遠與同性密友的交往，在《讓廬日記》的現有研究幾乎無人注意，反而在探討另一位女學生日記的論文略為提及，稱為「情境性的同性戀情」。[88] 1943 年 10 月，楊靜遠覺得在女生宿舍住得不舒服，因為「房裡一對對的，我夾在中間顯得格格不入」，她在日記出版時以注釋說明：「那時女同學中有一些成雙結隊相好的，形同情人，但不是現今意義上的同性戀。」[89] 1944 年 1 月，楊靜遠與同住女生宿舍的洗岫成為同性密友，她承認一直喜歡洗岫。[90] 彼此越來越親密，「常常摟抱著，臉貼臉」，她以前沒跟女性友人這樣過。[91] 楊靜遠此時尚未交過男友，但她知道洗岫以前在成都跟一個空軍軍人住在一起，而且曾經訂婚，[92] 顯示這樣的同性之愛與兩性之間的愛情並不違背。12 月，楊靜遠得知洗岫將結婚，對象是年長好幾歲的銀行家，大嘆「她走了無數漂亮女孩子最終走的一條路——嫁給了金錢」。[93] 值得一提的是，楊靜遠在出版日記時並無刪除這些內容，可見洗岫這位同性密友在她人生中的重要性。

　　以性別觀點來看，這是青少年在特定的環境氛圍（譬如較封閉的校園環境，同儕多為同性）之下，透過同性交往，進行一種性取向（或稱性傾向，sexual orientation）的探索。[94] 這種青春期對同性愛慕依戀的現象，有人稱為「同性依戀」，當時的人們還無法細分「同性依戀」（性取向的探索）與「同

88　王東傑，〈一個女學生日記中的情感世界（1931-1934）〉，《近代中國婦女史研究》，第 15 期（2007 年 12 月），頁 245-246、252。

89　楊靜遠，《讓廬日記》，1943 年 10 月 5 日，頁 158。

90　楊靜遠，《讓廬日記》，1944 年 1 月 16 日，頁 187。

91　楊靜遠，《讓廬日記》，1944 年 3 月 17 日，頁 204。

92　楊靜遠，《讓廬日記》，1944 年 3 月 28 日，頁 205-206。

93　楊靜遠，《讓廬日記》，1944 年 12 月 19 日，頁 299-300。

94　性取向是指一個人情愛性慾的對象，包括異性戀、同性戀、雙性戀等，也是自我認同的一部分。請參閱：陸偉明，《性別教育與生活》，頁 160。

性戀」（已知本身的性取向）的差別。[95] 根據當時雜誌上的一篇文章，作者認為「女子同性戀的發生的地方，多半在學校的宿舍裡，尤其是女子學校高度壓制下所反應的結果」，[96] 由此可見時人的認知。

（二）與異性的互動

當時的武漢大學校園，學生的兩性比例懸殊，女生僅約男生的十分之一，[97] 因此幾乎每位女學生都有眾多追求者。然而，那個時代的女性日後若留下回憶錄或口述歷史，往往很少提及跟丈夫以外異性的交往經過，齊邦媛是例外，她在《巨流河》詳細描寫與義兄張大飛、甫畢業的黃君、電機系的俞君、在飛機上搭訕的少校軍官等異性的互動過程與心理變化，[98] 是難得的女性自述史料。另外，從楊靜遠的日記可知，當時已有男性服務女性的風氣，但在一次十餘位同學的聚餐中，男女各半，她反思「我們讓他們忙著端盆遞碗，服侍我們吃」，自己成為「男人們周到服侍中的一塊肉」，其他女同學卻處之泰然，「是女人生來依賴的劣根性使她們認為當然，而且引以為女性的特權而榮？」[99]

《讓廬日記》記載多位男同學寫信給她，表達交友甚至傳情的心意，這是當時大學生追求異性的常見方式。1942 年 3 月，楊靜遠收到戚光來信，她

---

[95] 關於民國時期女同性戀的討論，請參閱：桑梓蘭著，王晴鋒譯，〈翻譯同性戀：民國時期的同性愛論述〉，收入氏著，《浮現中的女同性戀：現代中國的女同性愛欲》（臺北：國立臺灣大學出版中心，2014 年），頁 107-138；許維安，〈「友誼」抑或「疾病」？近代中國女同性戀論述之轉變（1920s-1940s）〉（臺北：臺灣師範大學歷史學系碩士論文，2019 年）。

[96] 維絲，〈處女的同性愛〉，《婦女雜誌》（北京），第 2 卷第 8 期（1941 年），頁 59。

[97] 以 1943 年 3 月為例，武漢大學全校學生共 1,650 人，男生 1,484 人，女生 166 人。請參閱：張在軍，《西遷與東還：抗戰時期武漢大學編年史稿》（臺北：秀威資訊科技公司，2013 年），頁 222。

[98] 齊邦媛，《巨流河》，頁 154-159、231-234、240-248、262。

[99] 楊靜遠，《讓廬日記》，1944 年 12 月 31 日，頁 304。

一度受感動，卻又迷惘，[100] 透過女同學打聽，才發現對方「竟是一個好追逐女性的無聊青年」，她責怪自己太容易相信別人。[101] 有的男同學在「寫信階段」就被楊靜遠拒絕，但也有男同學跟楊靜遠進展到「單獨出去階段」，譬如外文系的考昭緒，1943 年 11 月楊靜遠早已耳聞他的文名，並被他的高大外表吸引，[102] 可是深談後卻感到失望。[103] 她願意跟這些男同學交朋友，但不急著決定跟誰談戀愛。楊靜遠的志願是成為女作家，重視精神層面的追求，未來的結婚對象必須是真正喜歡的人，絕不為結婚而結婚。[104] 她的初戀男友是顧耕，也是日後的終生伴侶，在日記中有兩人互動的詳細描述，其中有幾點值得留意：

第一、首先是楊靜遠主動認識顧耕，於 1944 年 10 月表達願意做朋友的善意。[105] 第二、楊靜遠在日記中不諱言著迷於顧耕的男性魅力，譬如他脫掉大棉袍，穿著黃藍短裝時，「他顯得多麼健美，我情不自禁地感受到他男性的誘惑」，[106] 以及在熱戀期「他的熱辣辣的吻，肉體貼著肉體的那種麻醉的快感。」[107] 第三、男方的家境不如女方，顧耕沒有穩定的經濟來源，漸漸感到吃不飽；[108] 另一方面，楊靜遠在父母的大力協助下準備畢業後出國留學，顧耕為了沒有同樣機會而難過。[109] 綜合以上所述，可知楊靜遠在這場戀愛中的主動性，以及雙方家庭背景的差距等因素，有別於「女性被動等待男性追

---

[100] 楊靜遠，《讓廬日記》，1942 年 3 月 1 日，頁 41-42。

[101] 楊靜遠，《讓廬日記》，1942 年 4 月 9 日，頁 49-50。

[102] 楊靜遠，《讓廬日記》，1943 年 11 月 23 日，頁 171-172。

[103] 楊靜遠，《讓廬日記》，1944 年 2 月 26 日，頁 198。

[104] 楊靜遠，《讓廬日記》，1944 年 2 月 7 日，頁 194。

[105] 楊靜遠，《讓廬日記》，1944 年 10 月 28 日，頁 269。

[106] 楊靜遠，《讓廬日記》，1945 年 2 月 28 日，頁 321。

[107] 楊靜遠，《讓廬日記》，1945 年 7 月 18 日，頁 365。

[108] 楊靜遠，《讓廬日記》，1945 年 2 月 7 日，頁 314。

[109] 楊靜遠，《讓廬日記》，1945 年 3 月 10 日，頁 328。

求」的刻板印象。[110]

　　抗戰時期由於兵匪充斥與社會失序，受到戰爭威脅的普通人家女性，結婚往往並非以愛情為基礎，更要考慮生存與安全的迫切性，甚至出現同居、背夫逃家、重婚等婚姻亂象。[111] 相較而言，無論楊靜遠或齊邦媛，身為當時中國極少數的年輕知識女性，能在相對穩定的大學校園內自由認識異性，追尋理想的人生伴侶，她們是抗戰期間非常幸運的一小群人。另一方面，當時有的知識女性選擇獨身不婚，[112] 但她們兩人追求愛情，最後也走入婚姻。

五、結論

　　楊靜遠《讓廬日記》的出版雖然經過刪減，但內容足以反映一個女大學生在抗戰時期的日常生活，以及敏感善變的內心世界。解讀這部日記時，有三點值得思考：

　　第一、楊靜遠在大學階段的這四年間，隨著年紀增長，心智日益成熟，所以 1945 年的楊靜遠與 1941 年相比，對於許多事物的看法已經不同，例如（1）對政治的態度：從原本不參與政治的大學生，由於在這段期間對現況的不滿，以及與左傾分子的密切互動，在畢業前夕逐漸對中共抱持同情，但尚未完全支持的立場；以及（2）對感情的態度：從天真浪漫的文藝少女，

---

[110] 從一些口述歷史可見女性主動追求男性的特例，請參閱：游鑑明，〈你中有我、我中有你？口述史料中的性別形象〉，收入氏著，《她們的聲音：從近代中國女性的歷史記憶談起》（臺北：五南圖書出版公司，2014 年），頁 183。

[111] 請參閱：呂芳上，〈另一種「偽組織」──抗戰時期婚姻與家庭問題初探〉，收入氏著，《民國史論》（上），頁 544-551；柯惠鈴，〈大難來時各自飛──抗戰大後方的婚姻變奏曲〉、〈戰爭、記憶與性別──女性口述訪問紀錄中的抗戰經驗〉，收入氏著，《民國女力：近代女權歷史的挖掘、重構與新詮釋》，頁 199、225。

[112] 游鑑明，〈千山我獨行？廿世紀前半期中國有關女性獨身的言論〉，《近代中國婦女史研究》，第 9 期（2001 年 8 月），頁 169-172、176-178。

展開性取向的探索，包括與同性密友的交往，以及多位男同學的互動過程中培養經驗，並在初戀過程屬於比較主動的角色。

第二、雖然本文把楊靜遠這四年的日記分成政治態度、日常生活、感情世界等層面探究，但不可忽略各層面之間的互相影響，以及在微觀的個人經驗之外，與宏觀的時代背景之間的關係，譬如（1）楊靜遠在畢業前夕逐漸形成同情中共的態度，某種程度上是受到同儕群體的影響，相較而言，齊邦媛不願繼續參加「讀書會」（她父親提醒這是中共吸收知識分子的外圍組織），便受到左傾同學的排擠；[113]（2）從個人的小歷史來看，1944年底以來，楊靜遠與初戀情人顧耕的交往，是相當浪漫的經歷，但從大歷史的角度來看，當時亦是中國抗戰最艱苦的階段，[114] 她當時的生活處於「初戀的喜悅」與「抗戰的苦悶」兩種極端情緒之間。這提醒我們，抗戰不只有大歷史的層面，對於親歷那個時代的人們，也有個人史的意義，尤其是戰時發生的人生大事，這令人想到張愛玲的小說《傾城之戀》：香港在1941年底落入日軍之手，是港人的悲劇，對女主角白流蘇卻是促成姻緣的喜劇；[115] 而楊靜遠的初戀，也因為這場戰爭顯得更加刻骨銘心。

第三、從性別意識的角度來說，女性非絕對的弱者，亦非絕對的強者，要回到當時的歷史情境與人際關係來理解。楊靜遠在與不同對象的互動關係中，顯示不同的性別面貌。在抗戰的時代背景之下，面臨想像中可能襲來的日軍威脅，以及生活中親歷的國軍兵士騷擾，作為高學歷的年輕女性，她是無能為力、只能逃避的消極分子。另一方面，她身為校內知名學者之女，積

---

[113] 齊邦媛，《巨流河》，頁199-204。

[114] 日軍在1944年4月發動「一號作戰」，為時九個月，是抗戰期間規模最大、時間最久的戰役。請參閱：傅應川，〈抗戰戰略的變遷〉，收入呂芳上主編，《中國抗日戰爭史新編·軍事作戰》（臺北：國史館，2015年），頁42-45。

[115] 張愛玲，《傾城之戀》（臺北：皇冠文化出版公司，2011年），頁177-221。

極參加課外活動，融入同儕群體；面對多位男同學的追求，以及與初戀男友的交往，都是有選擇權的一方；她還有成為女作家的自許，甚至與女同學發起民眾識字班。顯示楊靜遠作為女大學生在行動上的主體性，並以家庭背景結合年輕女性的身分、知識菁英階層的學識，成為她在人際互動上的優勢。

　　本文對楊靜遠《讓廬日記》的探討，是研究抗戰時期女大學生的一項新嘗試。目前關於戰時高等教育的研究，多集中在內遷的知名大學，對於其他大學與專科學校，尤其是私立學校以及「淪陷區」學校之研究仍感缺乏，值得未來繼續探究。若能以性別意識著手，走出傳統預設的男性菁英視角，挖掘出更多的女性史料與觀點，還有重新以性別觀點看待男性，將使抗戰史研究的內涵更加豐富多元。其次，從 1941-1945 年的《讓廬日記》到 1945-1948 年的書信集《寫給戀人》，[116] 楊靜遠的個人史有擴大研究的價值，因為能更完整呈現一位年輕知識女性在 1940 年代的心理變化，尤其這是二十世紀中國決定日後兩岸分治的關鍵年代——當時這些知識分子為何左傾的原因，至今仍是深具意義的研究課題。

---

[116] 楊靜遠，《寫給戀人》（北京：商務印書館，2015 年）。

附録

指導學生給恩師的一段話

方慧雯

　　香港出生及成長，國立政治大學歷史學系碩士，現為香港中文大學歷史系博士生。曾出版〈五四前後男性話語權下的「新性道德」〉，收入《1920年代之中國》一書。研究領域包括性別史、香港史、中國近代政治思想史。

　　碩士論文題目為〈清末民初「新女性」的文化現象〉，考察清末民初時人對「新女性」概念、新派女子的想像與實踐。從中揭示政治局勢的更迭變動，與社會性別認同之階段性轉化，如何重設對婦女的規範、形成女性的自我制約，以造就適時合宜的理想女子。現階段專注研究中國近代自由主義知識分子的發展，特別是流離香江的菁英群體，務求能以小見大地擴而充之，疏理二十世紀中國政治的複雜性和多樣性。

　　從香港赴臺灣、自中文系至歷史系，幸而於碩一修讀了劉老師的「中國現代史史料分析」，我才得悉何為「歷史研究」，往後沿此學習基礎作多方求索，雖至今仍時有迷惘，但在漫無邊際的知識海洋中，已能逐漸搖櫓前行。還記得老師的課，總是濟濟一堂。午後暖陽、幾縷秋風，伴隨鏗鏘響亮的講課聲、師生間的熱切討論，是我在臺求學的美好回憶之一。後來承蒙老師不棄，多番鼓勵，指導論文更不吝提點，終使文章得以拾遺補闕，略有新意。

劉老師的學識淵博，治史態度嚴謹，每每能縱橫古今、援筆成章，實值得後學多多仿效，也是我的學習楷模。

余以澄

國立政治大學歷史學系研究部 106 級碩士生，研究領域為中國現代史，對政府體制與政治動員感興趣，目前正在撰寫碩士論文〈抗戰時期國家總動員體制的建立與實踐〉，另有期刊論文〈東北調查委員會與抗戰末期國民政府復員東北的籌劃〉。

在大學時期，我因為對民國史有高度的興趣，曾多次研讀維開老師的論文與著作，對於老師的學術專業及眼光感到欽佩。大四那年，有幸參加老師主持的研究計畫案，踏查原臺灣省政府及所屬機構的舊檔案、學習整理資料，增廣見聞。進入政大就讀研究所後，一邊持續參與研究計畫，一邊修習老師的近代史史料課及政治制度史專題，收穫極豐。老師與學生分享研究經驗及最新的研究趨勢，並樂於為我們解惑，每一次的交流都令我感到彌足珍貴。其後，我有幸成為老師的指導學生，在研究方向、論文架構及史料應用上都得到老師的多方指點。老師給予學生適宜的發揮空間，讓我在心胸開闊的狀態下撰寫論文，不斷有新的收穫。

在碩士生涯結束後，我會繼續往學術道路邁進。老師的專業與對晚輩的關照，是我在研究路上的助力，並期許自己將這樣的精神傳承下去，對未來的中國近現代史研究盡一份心力。

林志晟

　　時間飛逝，猶記得剛讀碩士班的我，還相當年輕生澀。因某次想將結構紊亂、語法不通的投稿短文送請維開師指導，遂透過電子郵件跟老師確認拜訪時間。到了約定當日，懷著忐忑不安的心，走到老師研究室。敲敲門後，準備走進研究室時，就聽到老師親切爽朗的笑聲說道：「來啦，有什麼問題？」讓我緊張與徬徨的心立時穩定下來。就在張力老師和維開師的鼓勵下，奠定投身中國近代史領域的志向。其後，因碩、博士論文皆關注近代中國林業政策的發展與影響，著重於制度面的考察，承蒙號稱「移動式中國近代史百科」的維開師給予許多寶貴建議，更有幸獲得老師同意擔任博士論文指導教授，讓我在史料及史觀部分獲益匪淺。

　　然而對我來說，學識淵博的維開師令人敬重之處，不只是老師的專業，除了老師對近代史料的熟稔與瞭若指掌令學生輩們欽佩不已，總能提醒學生查找各項從未聽過的史料，並從多元觀點審視史料詮釋，不至於落入單向論述的窠臼。老師對史事的掌握、史料的蒐集及運用、史觀的詮釋均可稱為無人能出其右，已立下不可跨越的「維開障礙」，恐無後輩能再超越！更重要的是因就讀碩、博班期間個人生活有所變化，老師總是一再關心與祝福，並就實務狀況給予建議。唯因個人資質駑鈍及其他因素，未能全心向學，愧對維開師的教導之恩。謝謝老師一直以來的提攜及照顧，學生無以回報，銘感五內。祝福老師身體健康，退而不休，筆耕不輟。

洪宜嬪

　　我是洪宜嬪，92 年進入國立政治大學歷史研究所碩士班就讀，熱衷於中國近現代婦女史研究。96 年碩士班畢業，論文題目為〈中國國民黨婦女工作之研究（1924-1949）〉，指導教授為劉維開老師，該論文 99 年由國史館出版專書。98 年通過高考三級文化行政考試，分發至臺北市藝文推廣處任職至今，目前擔任傳統戲曲課課長。

　　研究所時，選定以中國國民黨婦女工作做為論文研究主題，即同時鎖定以中國近現代史為研究領域，又具有在中國國民黨中央委員會文化傳播委員會黨史館工作背景的劉老師擔任論文指導教授。回想當時趁著修習老師課的時間，在上課前，到老師研究室拜訪了老師幾次，在李素瓊助教幫忙勸說下，老師終於答應擔任我的論文指導教授。

　　與老師討論，擬定論文大綱後，我就一直寫，累積一定份量，就提供給老師過目、修改。在論文撰寫期間，我跟老師的互動不是非常緊密，但老師總是有問必答。謝謝老師，面對我厚厚一疊近 30 萬字，又難以剪裁的論文，總是用心修改，還送我幾本史料的書參考。在論文口試的時候，我緊張到語無倫次，謝謝老師給我安定的力量。還有一件令我印象很深的事，那就是老師回覆 E-mail 的速度很快，讓我懷疑老師是不是都坐在電腦前面。畢業後，我有一段時間沒跟老師見面，前年，我想邀請老師來參加我的婚禮，也是先寫一封 E-mail 給老師，老師也是很快就回覆我，收到老師的回信，真得很高興。

　　之前有學弟跟我說，我好像是老師的大弟子，趁這次機會，我上臺灣博碩士論文加值系統去查，我似乎是老師第一位在政大歷史研究所單獨指導的學生，真是相當榮幸。再次謝謝老師的指導，讓我順利取得學位。

　　老師給我的感覺總是很親切溫暖，風度翩翩，幽默風趣。聽到老師要退

休的消息，很為老師高興，老師可以好好享受人生。但我相信老師退休後的生活，還是不會遠離學術研究的，誠摯的祝福老師退休生活平安健康，永遠敬愛您。

胡學丞

　　國立政治大學歷史系博士，曾在國立政治大學宗教研究所、國立政治大學人文中心、中央研究院近代史研究所擔任研究助理，現為北京理工大學珠海學院民商法律學院助理教授。博士論文題目是〈近代臺灣漢人社會立誓研究〉，研究領域為中國近代法文化史、近代華人宗教史。著有〈自會黨盟誓到就職宣誓：近代華人立誓文化的一個側面〉等論文。

　　初次得見劉老師，是在博士班入學口試的試場，只是當時並不知老師的樣貌，直到一年級上學期選修老師的「中國現代史史料分析」課，才曉得老師是口試委員之一。由於對中國近代人物素有興趣，隔年又選修了老師的「民國人物研究」課。後有幸承蒙老師應允擔任共同指導，得以忝列門牆。過程中老師關注論文的進度，不時提醒我修業應注意的事項。雖然我的研究領域與老師不太相同，但老師的指點常令我深受啟發，在史料與中國近代政治制度史方面尤其受益匪淺。

　　收入本書的〈蔣中正建民國為基督教國之誓初探〉一文最早是上老師「民國人物研究」這門課時的期末報告。記得某日課後在政大季陶樓的走廊上，老師勉勵我繼續研究這個主題，認為我有宗教學的背景，可以好好加以發展。適逢老師榮退之喜，於是就此文增補史料，再作修訂，一方面作為向老師的階段性報告，更重要的是以此向老師賀喜，敬祝老師身體健康、天天快樂！

范育誠

　　開始成為老師的學生，其實是早在大三，那時為能多修中國近現代史的課程，便從國立臺北大學來國立政治大學跨校修課。最初對老師的印象，就是對於各種人物的事蹟，彷彿都能信手捻來。更令人意外的是，老師對學生也有這種過人的記憶力，甚至在我進入政大就讀碩士班選課輔導時，被劉老師直接問：「大學不是修過課了嗎？」

　　不過，作為老師從碩士開始指導的學生，最印象深刻的還是老師對學生的用心。不論是對文章所提的意見、論文的修改，都能感受到老師閱讀的仔細，而且回信速度都快到讓人訝異。

　　老師的這種用心，不只在學術課業方面，對學生「生計」方面的幫助與支持，更是讓人感動。自己就曾經在毫無工作時寫信向老師求助，不久即在老師的介紹和推薦下謀得一份兼差。這種非常實質的幫助，雖或許較為「世俗」，不如學術啟發來得深遠與意義重大，但往往是一個研究生能否繼續學業的關鍵。

　　由於自己的這個經歷，就想藉榮退論文集所提供的機會，向老師表達自己的謝意。感謝劉維開老師的照顧與指導，希望老師在退休後，依舊身體康健並能繼續在學校兼課。

袁經緯

　　國立政治大學臺灣史研究所碩士、歷史學系博士生。研究領域為民國政治史，目前進行的研究方向為 1930 年代學者從政與國民政府的部際互動。

　　我初識老師是在碩士班口試的時候，請老師擔任口試委員。在這之前，我沒有修過老師的課或是有其他交集，但老師還是答應了。口試的那一天，

得到老師許多寶貴的建議。後來報考博士班，我提交的研究計畫是討論國民黨與知識分子的互動，擔任審查委員的老師對我說，清黨影響國民黨和知識分子的關係非常深遠，是我過去未曾注意的地方。同學間常說老師是「民國史研究的維基百科」，從我求學於老師門下以後，這樣的想法深深烙印在我的心中。

雖然平常和老師的互動不算多，老師對民國史事的熟稔以及對史料的掌握程度，一直是自己未來研究生涯追尋的目標。還記得有幾次寫 mail 向老師請教，總是在很短的時間內得到答覆。例如我曾經問過 1930 年代行政改革的問題：「1936 年 10 月 5 日《行政研究》創刊，是否為因應行政改革所出版的刊物？在推動行政改革的過程中，官方有出版哪些刊物可供參考？」不到 20 分鐘的時間，老師便回信寫到：「行政改革效率會原出版行政效率，至行政效率改革會結束後，行政效率改為行政研究出版，兩者間有延續性，但是刊登文章性質有些不同，行政效率偏實務，行政研究偏理論，兩份刊物的文章在民國報刊資料庫或大成老舊報刊資料庫都可以找得到。」老師不僅解答了我的疑惑，還提示了可以進一步研究的方向。

到了博士班二年級，我下定決心請老師擔任指導教授，當時的對話還歷歷在目。因為事先得知老師將在 2020 年退休，並且不打算再收學生，所以我的心情非常忐忑。起先，老師向我推薦了其他幾位人選，我還是鼓起勇氣說出內心的想法，認為老師是最適合的指導人選。接著老師問：「預計幾年畢業？」我回答：「希望在老師退休後的二、三年內。」師曰：「那我應該可以指導，我不想退休很久以後還在看學生的論文啊。」事後回想起來，一方面也許打亂了老師的退休規劃，感到非常抱歉，因此告訴自己要信守承諾，早日畢業；另一方面也充滿著感激，希望能不辜負老師的期待。

以上回憶起求學生涯的重要階段，一直得到老師的指點和鼓勵。未來要向老師學習的地方還有很多，祝福老師身體健康，退休生活愉快。

張以諾

　　現就讀國立政治大學歷史系博士班三年級，維開師共同指導學生，研究方向為近代中國軍事史。

　　初識維開師是 2015 年秋，那時在師大就讀碩班的我到政大選修老師開設的「中國現代史料分析」課程，自此和維開師結緣。碩士口試階段，老師慨然答應擔任我的口試委員，承蒙老師給予許多寶貴建議，順利畢業，並於同年進入政大就讀博班，有幸請維開師擔任我的共同指導老師。碩博士班階段，很幸運的是能將老師所有開設的課程都修畢。維開師的課，總是每周最感期待的時間，老師在課堂上侃侃而談，氣氛十分輕鬆融洽，像是和大家閒話家常般，內容卻又極具深度與廣度，將史實和自己對於歷史的見解，毫無保留地分享給大家。更重要的是，老師每學期都會將學界最新的研究成果，融入教學內容之中，讓我們也能充分掌握學術動態。我想維開師的課，唯一的缺點大概就是課堂內容過於豐富，三節課下來總是覺得抄筆記抄的手很痠吧！

　　除了樂於將知識分享給學生外，老師平時對學生十分親切，也很關心大家的生活狀況。最令我難忘的是，博士班階段，在去學校的路途上，常在公車上遇到老師，在車上和老師談天說地，十分愉快，無論是聊學術脈動，或是談生活趣事，深感維開師學識之淵博，人生閱歷之豐富，在我心目中，維開師不但是位傑出的學者，也是位懂得生活、了解世界的前輩。敬祝老師退休生活愉快，和喜自在！

許惠文

　　國立政治大學歷史系博士生，現任職中央研究院近代史研究所。於政治大學歷史系碩士班畢業多年，深覺應再多多充實自己，於 102 學年度再度於政治大學歷史系進修博士學位。

　　修課期間，因此認識到維開老師滿腹的近代史知識。承蒙張力老師跟維開老師不嫌棄願意共同指導博士論文〈1940 年代四川省鄉鎮造產事業〉，能夠繼續往近代史研究的道路上前進，心中有無限感激。

　　自進修以來，透過讀書會、學術工作坊及學術討論會等，一再感佩維開老師淵博的知識以外，也更近距離體驗到老師為人敦厚的一面。多年的提攜中，很慚愧學位之路仍讓老師有所掛念，要跟老師說的就是，謝謝老師！我會趕快畢業的；對不起讓老師掛念，我罰寫對不起 50 次。（好像應該把罰寫時間省下來趕緊寫論文）

許詠怡

　　臺灣新北人，1992 年生，國立政治大學歷史研究所碩士，現任國立故宮博物院研究助理。初聞開師是在中學時，當時老師的身影時常出現在電視播放的歷史紀錄片裡，老師對民國史事深入淺出的見解令我印象深刻。數年後我進政大史研所就讀，至今還記得第一次上老師課時既興奮又期待的心情，每次上課都恨不得能把每一句話都抄在筆記本上。

　　「謙和」是開師上課和指導學生時一貫的態度。記得有次課正上到研判民國電報史料的方法，提到了「艷電」這個詞，詢問之下全班只有我表示沒聽過這個詞，當下老師只是微笑了一下，便把「艷電」的由來、內涵全部詳細的在課上解釋一遍，當時心中自覺又羞愧又感動，羞愧在於我所學不足，

感動在於老師願意在課堂上再講一遍。開師與學生之間的相處正是如此，總是和善的點出問題所在，但從不苛責學生。另一方面，學生如有任何問題，老師也總是知無不言，言無不盡。

在政大歷史所學習做研究的這幾年，總是感念老師願意讓學生盡量嘗試的開放態度，和老師上課時願意無私分享自己所學的身影。

陳世局

國立政治大學歷史所碩士，現任國史館修纂處助修，主要研究領域為民國褒揚人物。

2000 年 6 月自政治大學歷史系畢業後，直至 2009 年考取史料編纂職系進入國史館，才與歷史本行有較多的接觸。由於國史館工作環境的關係，需要對民國史研究有更深入的了解，於是 2011 年 9 月考進政大歷史系碩士班。在職進修期間，開始修習劉維開老師在碩士班開的課程，連劉老師在政大圖檔所開的課，我也去選修，所以在碩士班的三年期間，使我對民國史與民國檔案有更深入的研究。由於我曾在檔案館與機關檔案室的工作經驗，對檔案並不陌生也有一些粗淺了解；不過，聽了劉老師有系統的講課，更能清楚歷史檔案與史料文件的來龍去脈，使我對檔案有更深入及有體系的了解。記得 2013 年以〈中央古物保管委員會之研究〉為碩士論文題目，請劉老師擔任指導教授，那時在與劉老師談論碩士論文大綱的過程中，老師相當注重檔案數量是否足夠，經我詳細向老師報告國史館典藏這批檔案的情況以及搜集到的相關史料後，老師才應允指導，2014 年 6 月 19 日通過論文口試，順利拿到碩士學位。

由於在國史館工作的關係，常有向老師請益的機會，例如數位典藏計畫、國史研究獎助、學術討論會、館刊的編輯工作等等。記得在編輯《沈昌

煥 1946 年日記》時，劉老師曾指出人物註腳內容的問題，使該書在出版前能適時修訂一些錯誤，相當佩服劉老師對民國史事、檔案與人物的熟稔。

曾冠傑

國立政治大學歷史學系碩士，現為中央研究院近代史研究所組員，從事口述歷史工作。碩士論文〈國共戰爭下的中央大學（1945-1949）〉，近年發表〈什麼是口述歷史？與相關文類及訪問方法的比較〉、〈親歷共和國變遷的重慶女知青：趙曉鈴女士口述歷史〉等文。

我就讀政治大學歷史系大學部與碩士班時，修習過劉老師的幾門課程，那時候便發現老師在民國史領域頗有名氣，不乏外校學生修課或旁聽，老師的消息靈通，在課堂上經常分享學界的最新動態。到了碩士班三年級下學期，我去南京大學交換學生，並至中國第二歷史檔案館收集史料，回臺灣後已是四年級，有修業年限將要屆滿的壓力，我重擬碩士論文題目，想請劉老師指導，又怕被拒絕，沒想到老師毫不猶豫就答應擔任指導教授，讓我放下心中的大石頭。

我在碩士論文的寫作階段相當愉快，不只因為喜歡這個題目，還要感謝劉老師的指導與鼓勵，尤其老師給我們在學術上很大的自由探索空間。由於我在碩士論文把時間斷限往後延伸，涉及 1949 年中共接管中央大學，改名為南京大學的過程，有點從民國史跨到中華人民共和國史的意味，有口試委員認為關於中共的篇幅太多，不過劉老師非常包容，並沒有要我刪改這段內容。碩士畢業後服兵役，我曾在「莒光園地」節目見到劉老師受訪講解民國史事的身影，不禁會心一笑。

現在回想起來，老師對我的啟發，首先是開啟我對民國史的興趣，甚至現在的工作依然不脫這個領域；其次是重視原始史料的掌握與運用，用史料

說話。時光匆匆，當年的上課情景記憶猶新，如今劉老師即將榮退，祝福老師的第二人生更加精彩燦爛。

朝野嵩史

1991 年生於日本大阪。大學部期間，在北京留學學習中文，開始對中國近代史感興趣。於 2014 年來臺就讀東海大學歷史學系碩士班，研究近代中日關係史。2017 年碩士班畢業，學位論文題目為〈排日問題與中日交涉（1919-1920）〉。同年進入國立政治大學歷史學系博士班，目前為國立政治大學歷史學系博士生。研究領域為中國近代史、近代中日關係史。

進入博士班後，我修過劉維開老師的「中國現代史史料分析」及「中國近代政治制度史專題」，承蒙老師的精心指導。我提交期末報告後，劉老師仔細閱讀我的報告，並予以修改，令我印象十分深刻。老師的教誨與幫助使我受益匪淺，藉此機會表示衷心的感謝。今後還請從各方面多提寶貴意見與指導。祝老師身體健康，萬事如意。

賀俊逸

上海人，復旦大學歷史學學士，國立政治大學歷史系碩士，研究領域為中華民國史、政治史，碩士論文為〈上海市長時期的張羣（1929.4-1932.1）〉。現為上海格致出版社中級編輯，正在出版一系列歷史類書籍。

102 年 9 月，得益於兩岸學術交流制度，我非常榮幸能夠成為國立政治大學歷史系第一位陸籍碩士研究生。我對劉老師深厚的民國史研究功力欽佩已久，入校後不久，便向劉老師請益碩士畢業論文的寫作思路，聆聽劉老師的專業意見，在後續的課程學習及查檔過程中將論文結構逐漸明確，103 年

終於拜入劉老師門下。劉老師對我的學業異常關心，多次向我提示我之前未曾注意到的文獻資料，用言行鼓勵我，關心我的異鄉生活，希望我能夠早日完成學業。104年冬，我倉促提交的最終畢業論文得到了劉老師極為細心的修改，令我誠惶誠恐。

此番兩岸復隔，適逢劉老師榮休，未能親自到場恭賀，殊為遺憾。經善堯學長聯繫，冒昧作文祝賀，倍感榮幸。

黃宇暘

余自102年進入國立政治大學歷史所就讀博士班以來，不覺已過七個寒暑。猶記得碩士時期，雖對中國近現代史多有興趣，亦以晚清史為碩論基礎，惟讀書方法往往龐雜而不求甚解，無形中浪費了許多珍貴的時間。進入政大後，修讀民國史專題，始見劉師風采。老師嫻熟於民國掌故、檔案史料，信手拈來，侃侃而談。而教學時既認真又親和的態度，讓我瞭解了讀書需虛懷若谷、注意受眾的道理。蒙師不棄，余隔年即授業門下，成為劉門子弟，始得窺望民國史研究之殿堂。

除了學術上的循循善誘與史學啟迪，劉師也從不忘治學之社會關懷與提攜後進之心。在老師的同意下，善堯、慧婷、惠文與我共同參與了「近現代史讀書會」的籌建，並在劉師的指導下，持續運作至今。讀書會聚集了長期以來從事中國近現代史的前輩與各界學友，開拓了吾人對於民國史領域各方面的視野，亦鼓舞了長期以來我國學界被忽視的研究社群。爾後，我們更在劉師指導下，以「百變」為發想，海納百川的邀集海內外學人舉辦多屆「百變民國」學術研討會迄今。這些與老師、同儕共同學習與努力的經驗彌足珍貴，實為余進入政大以來最為珍貴的回憶。

而在政大就讀期間，我因身體健康因素未能戮力向學。劉師也給予我最

大的包容與關懷，不厭其煩的提醒我健康的身體為從事學術研究之基礎。在我一度因身體狀況而住院的那年中，劉師也勉勵我先養好身體再繼續衝刺，更屢屢提醒博士班畢業應注意的行政程序。老師的敦厚與溫情，對一正處低潮的學生而言，無疑是最大的鼓勵。每年的「劉門宴」，總是高朋滿座。觥籌交錯之間，論學談往，處處可見劉師對眾人的關懷與啟發。

師恩浩蕩，巍巍如山。余資質愚魯，欲以短文表達對老師的感激之情，卻是千言萬語亦難敘明。來年恩師即將退休，既賀老師榮休之喜，又提醒自己需不負期許，繼續在民國史研究領域中耕耘，並以傳承劉師學問及精神為念。

受業　黃宇暘　庚子年四月筆於寓所

黃健傑

2010 年進入國立政治大學歷史系大學部，2019 年由碩士班畢業。初入政大歷史時，尚不認識劉維開老師，只聽學長姐說未來將會遇到「近代史學界的移動 google」，大二上學期必修課「中國通史（五）」是首次受教於老師。大四報考碩士班時，老師為口試委員之一，面試結束後在樓梯間相遇，老師問：「健傑，你只有報政大一間嗎？沒上怎麼辦？」聽老師這麼一問，心裡涼了一半，幸好最後仍然考進碩士班。

碩一史料分析課程賦予我史料蒐集的多重技巧，對論文和現在的工作都有莫大幫助，之後在劉老師與游鑑明老師共同指導下順利完成碩士論文。2015 年參加中正文教基金會於圓山飯店舉辦的抗戰史研討會，台上發表人和台下聽眾對「蔣介石、蔣中正」在各時期用法爭論不休，主持人林桶法老師便請坐在台下的劉老師為與會者們解釋，待老師娓娓道來後全場肅靜、再無爭論。老師這次的風範展現不僅令人景仰，「移動 google」名號更顯示出治

學的嚴謹和紮實的功夫，我輩學生當以老師為學者典範。

敬祝老師身體健康，永遠平安。

楊善堯

2005 年進入輔仁大學歷史學系就讀，2009 年如願進入中國近現代史領域第一目標的國立政治大學歷史學系碩士班後，正式開啟人生目標中所預定的十年博碩士養成時期，後於 2013 年進入政大歷史系博士班至今，現為該系博士候選人。並於 2015 年取得大學講師資格，曾在建國科技大學、國立臺北商業大學、崇右技術學院、新生醫護管理專科學校等校通識教育中心以及國立政治大學歷史學系擔任兼任講師。

主要研究專長與興趣為近現代中國軍醫史、政治軍事史、歷史影像、檔案應用、口述歷史等。曾撰寫出版《抗戰時期的中國軍醫》、《北門區志：經濟篇》；訪問整理《姚宗鑑神父與聖心訪談錄》；主編《另一個視角下的二二八：廖駿業營長南市八日手記》等專著及相關研究領域之學術論文數十篇。目前正以《流動的抗戰：抗戰時期的運輸動員體系與網絡》為題，進行博士論文的研究撰寫。

對於授業恩師劉維開教授的認識，當源自於大學時期。最初，大學時期由於修習中國現代史課程的緣故，我從研讀維開老師的研究專著中認識了這位著名學者，藉由文字上的交流，已「深刻」感受到維開老師的功力所在。另一方面，由於當時我的另一名授業恩師林桶法教授正擔任政大歷史系系友會會長，該屆系友會預計要製作蔣永敬教授的生平口述訪談紀錄影片，身為桶法老師的學生，有幸能參與此項工作，製作期間多次訪談了蔣永敬教授、張力教授、劉維開教授、陳紅民教授、陳進金教授等師公與師長輩的老師們。至今，仍記得當時在維開老師那如寶藏窟般的研究室中訪問的過程，這是第

一次與維開老師的正式面談。進入政大研究所後，由於課程、研究、工作等方面皆與維開老師有許多的接觸機會，得以在學術與人生處事上多有討論，更加逐漸地認識到這位學生們私下稱為「史學界 google」的史學家，其治史的功力與脈絡，以及「活到老，學到老」這種對於史學知識與時俱進的精神風範。

進入政大博士班後，方拜入維開老師的門下，正式成為其入門弟子。追隨老師研究多年來，有時在課堂上或車上的言談閒聊，老師基於自身的史學研究背景，對於許多研究或者時事的精闢見解與觀察評論，都讓我學習到許多，甚至於有時在與老師的討論中，在在皆刺激了我的腦中思路。多年來，雖不敢言從老師身上學得其治史精髓，但維開老師的學術風格卻深深影響了我的研究思路。

在工作上，這十年間受到維開老師的提攜與啟發，對於學術研究這項工作也有了另一種的體悟。除了研究領域與視野的多元開拓外，更體悟到學術研究工作其實並非只是在學術圈裡才能做得事情，尤其是人文研究這個領域，更可以擴及與應用到整個社會。因此我在 2017 年創辦了以人文研究為職志的喆閎人文工作室，希望能將從政大與諸位史學界師長們身上所學到的史學人文專業知識與技能，帶入到社會產業之中，讓大家認識到原來史學專業是可以有更加多元的道路。而能嘗試開拓這條艱辛但能發揮所學的路，很大的機緣亦是要歸功於維開老師的勉勵與支持。

今，正逢維開老師榮退之際，諸位門下學長姊與同儕們都希望能藉此論文集共同表達我們的祝賀之意。身為門下學生的我，當祝福老師身體健康，榮退快樂！五年之後，我們再為老師出版一本七十大壽祝壽論文集。

劉妤榕

　　國立政治大學歷史學研究所碩士，曾任「蔣介石事略稿本讀書會」兼任助理，碩士論文題目為〈陳炯明與聯省自治運動〉。

　　大學時便修過維開老師的課，但直到考上研究所，又選修老師的「現代史史料分析」、「中國近代史專題討論」……等課程，才真正領略老師深厚學識，老師以堅實的史料基礎剖析各類中國近現代史記載，對每條史料的來歷、脈絡如數家珍，不論什麼主題，都能給予建議、提供關鍵史料與方向，以及該主題的學術研究趨勢。儘管想請維開老師指導論文，因老師門下指導學生眾多而遭到婉拒，直到臨畢業期限之際，才得老師收留門下。論文撰寫途中，曾休學進行教育實習，有一段時間未與老師聯繫，實習結束後又因緣際會至國史館擔任助理，對於是否繼續完成論文正感猶豫時，卻在某天於國史館前與老師不期而遇，老師未有責怪，只是詢問我近況，就這樣與老師恢復聯繫，也下定決心要完成論文，並在老師指導下得以順利提交論文。

　　對老師認識更深，卻是在擔任「事略稿本讀書會」兼任助理期間，在每個月一次的讀書會上有幸旁聽老師與幾位師長暢談中國近現代史，更能感受到老師在蔣介石研究的著力之深，談起《蔣介石日記》與《事略稿本》的內容、當時的生活細節、名人之間的往來故事，總是信手拈來便讓人聽得津津有味，同時又在腦中激起一場腦內風暴。在求學階段有幸得老師指導與教誨，真的受益良多，也很希望能再有機會聽到老師分享寶貴觀點與見解，更希望老師身體健康，一切平安順心。

蔡明叡

國立政治大學歷史學研究所碩士，碩士論文題目為〈抗戰時期的軍隊改造——以浙江實驗黨軍為中心〉，現職為網路媒體資深編輯。

雖然大學時就有志鑽研歷史，不過剛開始現代史並不在考慮範圍內，因為當時我覺得，現代史的資料浩瀚無垠，做研究時難以面面俱到，且尚找不到有興趣的題目。其後順利考上政治大學歷史研究所，又再次面臨到碩論題目的難題，恰好因工作機會接觸到一批國民黨黨史會藏的史料微捲，便一頭栽進這史料寶庫中，並初定抗戰軍隊改造的研究方向。

當我拿著大綱去詢問劉維開老師時，他提及這批微捲是他建議圖書館購入的，並親切的跟我討論能切入的方向，這讓原本仍苦於找研究題目跟指導老師的我，頓時看到一線光明。最終我以〈抗戰時期的軍隊改造——以浙江實驗黨軍為中心〉為題，並請到劉維開老師擔任我的指導教授，也順利取得碩士學位，至今回想仍十分感恩。

除了研究指導，劉維開老師私下也十分親切，討論完研究大綱後，我們總不時聊到老師又有哪些電腦需求，或有哪些新的資訊工具可以使用。而劉維開老師也十分放心讓我安排自己的論文寫作進度，並鼓勵我多投稿聽聽不同評論者的意見，這都成為我論文寫作時的有力後盾。

畢業後雖未能繼續朝博士與研究道路邁進，不過研究所的所學，至今仍成為工作上的利器，沒想到時光匆匆，劉維開老師即將退休。撰寫此文，除再次憶起老師過往鼓勵外，也時時自我惕勵，不論身處何職皆能活用所學。

蕭李居

　　國立政治大學歷史學研究所博士，博士論文〈中日關係與防共議題（1931-1945）〉。現職為國史館修纂處協修，主要研究領域為民國史、近現代中日關係史、影視史學。

　　與維開師的初次接觸為從事製作《蔣經國總統紀錄片》工作之際，趁著維開師於國史館閱覽室查閱檔案的機會，向其請教有關蔣經國生平的人際關係以及重要史事，時間上含蓋戰前至戰後；地點包括中國大陸、蘇聯與臺灣等地。維開師侃侃而談，鉅細靡遺地解說人物關係互動、關鍵史事發展與重要史料，當下收穫完全符合先前拜讀維開師各篇著作而對於其博學淵源的印象。之後就讀政治大學博士班以充實本職學能，多次選修維開師的課程，於每次課堂上學習維開師淵博的歷史學知識以及治學方法與態度，方覺維開師學識之深厚、知識之廣博，猶如山脈層巒疊嶂，不僅雄偉，更如在迷濛繚繞的雲霧之中，難以一窺全貌。

　　人生幾何，幸得良師教誨。承蒙維開師指導，順利取得博士學位。惟學歷不過是一紙證書，在維開師的教誨下，所學不僅是歷史知識、研究能力與治學態度，在言教與身教之中，習得的還有維開師對於人生哲學的透邃見解與待人接物的廣闊胸襟。

羅國儲

　　我在就讀碩士班以前，就對大陸時期的民國歷史相當感興趣，也希望能夠在此領域研究。在進入國立政治大學歷史所就讀後，便一直希望成為民國史泰斗劉維開老師的門下弟子，終於在碩士三年級經過三顧茅廬之後，請到老師指導。受業以後，更覺老師氣度寬宏、學思敏捷，且對於民國史事如數

家珍，一舉可以反三。為我開示了民國史研究的大門。在課堂以外，各項研討會、影視史學研究群、事略稿本讀書會中，老師在這些場合所發揮的學識與表現也成為我學習身教的對象。

　　畢業以後，參加高考史料編纂科考試，多有賴於碩士時期維開老師的教導，才能打下成功的基礎。畢業兩年後，終能不負老師所望，及格進入國史館工作。去年開始，也順利在館內轉為研究職務，維開老師的等身著作也成為我學習的榜樣。日後如果能在研究領域有所進步，最大的恩人一定是劉維開老師。

（以上按姓名筆劃排序）

劉維開教授著作目錄

專書

《國難期間應變圖存問題之研究》。北京：中國大百科全書出版社，2014 年
　　4 月。（臺灣學人文庫）

《蔣介石的 1949：從下野到再起》。太原：山西人民出版社，2013 年 7 月。

《蔣中正的一九四九 —— 從下野到復行視事》。臺北：時英出版社，2009 年
　　8 月。

《國難期間應變圖存問題之研究 —— 從九一八到七七》。臺北：國史館，
　　1995 年 8 月。（民國史學叢書）

《編遣會議的實施與影響》。臺北：臺灣商務印書館，1989 年 3 月。（史學
　　研究論文叢刊）

合著

《生活・話當年：1950、1960 年代國家檔案影像專輯》。新北市：國家發展
　　委員會檔案管理局，2017 年 9 月。（與王亞維、陳百齡合著）

《蔣介石與國共和戰：1945-1949》。太原：山西人民出版社，2013 年 5 月。
　　（與蔣永敬教授合著）

《蔣介石與國共和戰（一九四五──一九四九）》。臺北：臺灣商務印書館，
　　2011 年 12 月。（與蔣永敬教授合著）

編著

《1920 年代之中國》。臺北：政大出版社，2018 年 12 月。（近代中國與東
　　亞研究系列）

《中國國民黨職名錄（1894-1994）》。北京：中華書局，2014 年 8 月。（中
　　國社會科學院近代史研究所民國研究叢刊）

《影像近代中國》。臺北：政大出版社，2013 年 12 月。（政大人文系列叢書）

《蔣中正與民國軍事》。臺北：國立中正紀念堂管理處，2013 年 12 月。（蔣
　　中正研究論文選輯 6）

《中國國民黨黨務發展史料：從政黨員同志行政工作報告》。臺北：近代中
　　國出版社，2001 年。（中國現代史史料叢編・第 29 集）

《中國國民黨黨務發展史料：中央改造委員會資料彙編（上、下）》。臺北：
　　近代中國出版社，2000-2001 年。（中國現代史史料叢編・第 27-28 集）

《中國國民黨黨務發展史料：黨史史料編纂工作（上、下）》。臺北：近代
　　中國出版社，1999-2000 年。（中國現代史史料叢編・第 25-26 集）

《中國國民黨黨務發展史料：非常委員會及總裁辦公室資料彙編》。臺北：
　　近代中國出版社，1999 年。（中國現代史史料叢編・第 24 集）

《中國國民黨黨務發展史料：海外黨務工作》。臺北：近代中國出版社，
　　1998 年。（中國現代史史料叢編・第 23 集）

《海峽兩岸孫中山紀念地史料陳列展圖集》。臺北：國立國父紀念館，1998
　　年。（與梁竹生、周亞君、鍾月圓、吳雪慧等共同編輯）

《中山文物真蹟大展圖錄》臺北：國立國父紀念館，1998 年。（與李康成、
　　趙玉媛、邱啟瑗等共同編輯）

《中國國民黨黨務發展史料：組訓工作》。臺北：近代中國出版社，1998 年。
　　（中國現代史史料叢編・第 22 集）

《中國國民黨黨務發展史料：黨務工作報告》。臺北：近代中國出版社，
　　1997 年。（中國現代史史料叢編・第 21 集）

《羅家倫先生年譜》。臺北：中國國民黨中央委員會黨史委員會，1996 年
　　12 月。

《中華民國抗日戰爭圖錄》。臺北：近代中國出版社，1995 年 8 月。

《中國國民黨職名錄》。臺北：中國國民黨中央委員會黨史委員會，1994 年
　　11 月。（中國國民黨建黨一百週年叢書）

《中國國民黨歷次全國代表大會圖輯》。臺北：近代中國出版社，1993 年 6
　　月。

《國民政府處理九一八事變之重要文獻》。臺北：中國國民黨中央委員會黨
　　史委員會，1992 年。（中國現代史史料叢編・第 12 集）

期刊文章

〈陳布雷與蔣介石資料之整編〉，《南開史學》，2019 年第 1 期（總第 27 期）
　　（2019 年 6 月），頁 149-170。

〈五四符號學——談政治力勃興與群眾運動的模式化〉，《民國文學與文化
　　研究集刊》，第 5 期（2019 年 6 月），頁 222-223。

〈民國史學者蔣永敬教授〉，《漢學研究通訊》，第 38 卷第 1 期（2019 年
　　2 月），頁 27-34。

〈《抗日戰史》的前世今生〉，《抗日戰爭研究》，第 109 期（2018 年 10 月），
　　頁 134-150。

〈蔣永敬教授傳略〉，《傳記文學》，第 113 卷第 2 期（2018 年 8 月），頁
　　24-28。

〈孫中山認識的越南：以言論為中心的討論〉，《孫學研究》，第 24 期（2018 年月 5），頁 1-26。

〈八年？十四年？兩岸抗戰史論述比較〉，《民國文學與文化研究集刊》，第 2 期（2017 年 12 月），頁 8-15。

〈孫中山研究在臺灣〉，《澳門理工學報（人文社會科學版）》，第 62 期（2016 年 4 月），頁 100-102。

〈蔣介石日記裡的八年抗戰〉，《傳記文學》，第 107 卷第 2 期（2015 年 8 月），頁 109-122。（劉維開口述，卓昊整理）

〈蔣中正廬山談話會講話發表經過〉，《晉陽學刊》，2014 年第 3 期（2014 年 5 月），頁 46-52。

〈蔣介石研究在台灣〉，《澳門理工學報（人文社會科學版）》，第 53 期（2014 年 1 月），頁 184-189。

〈1940 年代的吳鐵城〉，《廣東社會科學》，2012 年第 6 期（2012 年 11 月），頁 149-158。

〈「敵か？友か？－中日関係の検討－」の再検討〉，《上智史學》，第 57 期（2012 年 11 月），頁 159-177。（日語（文））。

〈《游記》介紹〉，《國史研究通訊》，第 2 期（2012 年 6 月），頁 61-64。

〈北伐時期的白崇禧〉，《傳記文學》，第 100 卷第 6 期（2012 年 6 月），頁 19-26。

〈從南京到臺北──1949 年「國府」遷臺經過〉，《晉陽學刊》，2012 年第 2 期（2012 年 4 月），頁 92-101。

〈敵乎？友乎？－中日關係的檢討－新探〉，《抗日戰爭研究》，第 83 期（2012 年 2 月），頁 142-151。

〈《中華民國史》與民國派系政治研究〉，《近代史研究》，第 187 期（2012

年 1 月），頁 145-149。

〈民國史事與人物策展經驗談〉，《國史館館訊》，第 6 期（2011 年 6 月），
　　頁 6-15。（與邵銘煌共同演講，蕭李居、林孟怜紀錄整理）

〈作為基督徒的蔣中正〉，《史林》，2011 年第 1 期（2011 年 2 月），頁
　　120-132。

〈戰後蔣介石「先圖關外」未成回頭「再安關內」〉，《傳記文學》，第 97
　　卷第 5 期（2010 年 11 月），頁 4-22。（與蔣永敬教授合著）

〈「一箸失全盤敗」：戰後蔣介石處理東北問題的「一盤歹棋」〉，《傳記
　　文學》，第 97 卷第 3 期（2010 年 9 月），頁 25-38。（與蔣永敬教授合著）

〈孫中山文集整編之回顧與發展 —— 兼評介黃彥編《孫文選集》〉，《史
　　林》，2009 年第 1 期（總第 110 號）（2009 年 2 月），頁 162-179。

〈中國國民黨六屆臨時中全會之研究（1948.4.4 － 4.6）〉，《近代史研究》，
　　第 169 期（2009 年 1 月），頁 73-90。

〈臺灣地區蔣中正先生資料之典藏與整理 —— 兼論「事略稿本」之史料價
　　值〉，《檔案季刊》，第 7 卷第 3 期（2008 年 9 月），頁 32-53。

〈蔣中正對韓戰的認知與因應〉，《輔仁歷史學報》，第 21 號（2008 年 7 月），
　　頁 253-282。

〈蔣中正對 1949 年失敗的檢討 —— 以演講為中心的探討〉，《國立政治大
　　學歷史學報》，第 29 期（2008 年 5 月），頁 85-125。

〈「一九四九年」研究的新成果：評介《一九四九年前後之中國》〉，《近
　　きに在りて（近鄰－關於近現代中國的自由論壇－）》，第 53 期（2008
　　年 5 月），頁 103-106。

〈蔣介石與 6・25 事件：認知與因應〉，《軍史》，第 65 期（2007 年 12 月），
　　頁 69-99。（韓語（文））。

〈宋子文與西安事變之善後〉，《國史館學術集刊》，第 13 期（2007 年 9 月），

頁 1-44。

〈國防會議與國防聯席會議之召開與影響〉，《近代中國》，第 163 期（2005
　　年 12 月），頁 32-52。

〈日俄戰爭與中國革命運動之發展〉，《國立國父紀念館館刊》，第 16 期
　　（2005 年 11 月），頁 98-113。

〈訓政前期的黨政關係（1928-1937）——以中央政治會議為中心的探討〉，
　　《國立政治大學歷史學報》，第 24 期（2005 年 11 月），頁 85-129。

〈從《蔣中正總統檔案》看蔣夫人 1948 年訪美之行〉，《近代中國》，第
　　158/159 期合刊（2004 年 12 月），頁 114-132。

〈國防最高委員會的組織與運作〉，《國立政治大學歷史學報》，第 21 期
　　（2004 年 5 月），頁 135-164。

〈臺灣地區典藏蔣夫人宋美齡女士檔案介紹〉，《婦研縱橫》，第 69 期（2004
　　年 1 月），頁 28-40。

〈蔣中正〈西安半月記〉之研究〉，《國立政治大學歷史學報》，第 20 期
　　（2003 年 5 月），頁 345-373。

〈蔣中正先生西安事變日記〉，《近代中國》，第 153 期（2003 年 3 月），
　　頁 206-225。

〈蔣中正的東北經驗與九一八事變的應變作為——兼論所謂「銑電」及「蔣
　　張會面說」〉，《國立政治大學歷史學報》，第 19 期（2002 年 5 月），
　　頁 195-219。

〈中日和約簽訂經過——以蔣中正總統為中心的探討〉，《近代中國》，第
　　148 期（2002 年 4 月），頁 28-39。

〈「張學良與四維學會」史料選輯〉，《近代中國》，第 147 期（2002 年 2
　　月），頁 158-167。

〈中國國民黨對辛亥革命史料的徵集與運用〉，《近代中國》，第 146 期

（2001 年 12 月），頁 201-219。

〈西安事變後的蔣中正先生與張學良〉，《近代中國》，第 146 期（2001 年 12 月），頁 11-17。

〈《鏡海叢報》中的孫中山先生早年形象〉，《近代中國》，第 141 期（2001 年 2 月），頁 38-48。

〈從《顧維鈞回憶錄》看顧維鈞在韓戰初期中美外交中的角色〉，《近代中國》，第 140 期（2000 年 12 月），頁 39-57。

〈蔣中正第三次下野之研究〉，《國立政治大學歷史學報》，第 17 期（2000 年 6 月），頁 131-156。

〈蔣中正總統對韓戰及相關問題的看法與政策——民國三十九年〉，《近代中國》，第 137 期（2000 年 6 月），頁 90-100。

〈蔣中正先生復行視事〉，《近代中國》，第 135 期（2000 年 2 月），頁 16-33。

〈國軍在中國大陸的最後一戰——以胡宗南為中心的探討〉，《中華軍史學會會刊》，第 5 期（1999 年 12 月），頁 377-398。

〈黨史會藏「中行盧經世資料」介紹〉，《近代中國史研究通訊》，第 28 期（1999 年 9 月），頁 150-155。

〈隱忍與決裂——盧溝橋事變前國民政府對日和戰的選擇（下）〉，《近代中國》，第 131 期（1999 年 6 月），頁 104-128。

〈中央非常委員會成立經過的研究〉，《國立政治大學歷史學報》，第 16 期（1999 年 5 月），頁 147-168。

〈隱忍與決裂——盧溝橋事變前國民政府對日和戰的選擇（上）〉，《近代中國》，第 130 期（1999 年 4 月），頁 120-141。

〈劉鳳翰——中國近代軍事史拓荒者〉，《近代中國史研究通訊》，第 26 期（1998 年 9 月），頁 43-58。

〈海峽兩岸孫中山先生史料的典藏概況〉，《國立國父紀念館館刊》，第 1
　　期（1998 年 5 月），頁 99-114。

〈評程舒偉、雷慶編《蔣介石的人際世界》〉，《國史館館刊》，復刊第 23
　　期（1997 年 12 月），頁 269-299。

〈評介《張學良生平年表——東北少帥榮枯浮沉實錄》〉，《光華》，第 22
　　卷第 12 期（1997 年 12 月），頁 132-137。

〈有關香港問題的一次會議〉，《近代中國》，第 119 期（1997 年 6 月），
　　頁 170-176。

〈蔣中正委員長在盧山談話會講話的新資料〉，《近代中國》，第 118 期
　　（1997 年 4 月），頁 156-163。

〈評介李勇、張仲田編著《蔣介石年譜》〉，《近代中國史研究通訊》，第
　　23 期（1997 年 3 月），頁 129-134。

〈中國國民黨中央委員會黨史委員會藏會議史料的內容與應用〉，《近代中
　　國》，第 115 期（1996 年 10 月），頁 196-213。

〈西安事變前張學良與中共的接觸〉，《中國歷史學會史學集刊》，第 26
　　期（1994 年 9 月），頁 147-162。

〈鹿鍾麟傳〉，《近代中國》，第 89 期（1992 年 6 月），頁 237-245。

〈中國的教育家——胡元倓與明德學校〉，《人本教育札記》，第 28 期（1991
　　年 10 月），頁 35-39。

〈評介《國民黨軍追堵紅軍長征檔案史料選編》〉，《近代中國史研究通
　　訊》，第 10 期（1990 年 9 月），頁 213-219。

〈日據時期馬來亞華人的處境與反應〉，《中國歷史學會史學集刊》，第 21
　　期（1989 年 7 月），頁 269-296。

〈評張憲文著《中國現代史史料學》〉，《近代中國史研究通訊》，第 7 期
　　（1989 年 3 月），頁 151-156。

〈北伐收復京津之役〉，《近代中國》，第 54 期（1986 年 8 月），頁 46-
　　92。

專書篇章、會議論文

〈蔣中正在 1948 年的處境——以黨政相關人士日記為中心的觀察〉，收入
　　羅敏主編，《中華民國史研究・第三輯：在日記中找尋歷史》。北京：
　　社會科學文獻出版社，2019 年 8 月，頁 179-202。

〈從陳布雷日記看行憲初期的幾個問題〉，收入鄭會欣編，《民國人筆下的
　　民國》。香港：香港中文大學當代中國文化研究中心，2019 年 5 月，頁
　　593-620。

〈陳誠與政府遷臺初期中央政制的確立〉，收入周惠民主編，《陳誠與現代
　　中國》。臺北：政大出版社，2017 年 9 月，頁 217-244。

〈兩岸三地歷史學研究生論文發表會與兩岸學術交流〉，收入呂芳
　　上主編，《春江水暖：三十年來兩岸近代史學交流的回顧與展望
　　（1980s-2010s）》。臺北：世界大同文創公司，2017 年 6 月，頁 247-
　　267。

〈從陳布雷日記看 1948 年的政局紛爭〉，「國史館檔案與歷史研究學術研
　　討會」，臺北：國史館，2017 年 6 月 24-25 日。

〈劉維開〉，收入胡波主編，《孫中山研究口述史・海外與港澳台卷》，下
　　冊（廣州：廣東人民出版社，2016 年 11 月），頁 93-128。

〈訓政框架下的國民政府〉，收入王建朗、王克武主編，《兩岸新編中國近
　　代史——民國卷》，上冊。北京：社會科學文獻出版社，2016 年 6 月，
　　頁 120-162。

〈孫中山北上與講演「大亞洲主義」的考察〉，收入劉碧蓉編，《傳承與創
　　新：紀念國父孫中山先生 150 歲誕辰》，下冊。臺北：國立國父紀念館，

2016 年 5 月，頁 87-111。

〈從蔣介石日記看蔣介石如何領導抗戰〉，收入姜義華、黃克武主編，《20
世紀中國人物傳記與數據庫建設研究》，第 3 輯。上海：上海書店出版
社，2016 年 3 月，頁 148-179。

〈1949 年前張羣與蔣中正之關係──兼介紹張羣《中行廬經世資料》的史料
價值〉，收入周惠民主編，《民國人物與檔案》。臺北：政大出版社，
2015 年 12 月，頁 95-128。

〈從訓政到憲政〉，收入呂芳上主編，《中國抗日戰爭史新編‧第三編：全
民抗戰》。臺北：國史館，2015 年 7 月，頁 55-108。

〈國民政府的備戰〉，收入呂芳上主編，《中國抗日戰爭史新編‧第一編：
和戰決擇》。臺北：國史館，2015 年 7 月，頁 215-304。

〈從南京到臺北──1949 年國府遷臺經過〉，收入中國社會科學院近代史研
究所編，《第三屆近代中國與世界國際學術研討會論文集》，卷四。北
京：社會科學文獻出版社，2015 年 6 月，頁 345-358。

〈從《黃埔訓練集》看蔣中正對黃埔軍校學生的教育訓練〉，收入呂芳上主
編，《國軍與現代中國：黃埔建軍九十年國際學術討論會》。臺北：國
立中正紀念堂管理處，2015 年 4 月，頁 73-106。

〈抗戰時期的中國國民黨〉、〈政府機構的調整〉，收入張憲文、張玉法主
編，《中華民國專題史‧第十一卷：抗日戰爭與戰時體制》。南京：南
京大學出版社，2015 年 3 月，頁 113-145、146-189。

〈重慶時期的國民政府〉，收入張憲文、張玉法主編，《中華民國專題史‧
第五卷：國民政府執政與對美關係》。南京：南京大學出版社，2015 年
3 月，頁 191-227。

〈蔣中正處理毛邦初事件之研究〉，收入黃克武主編，《同舟共濟：蔣中正
與一九五〇年代的臺灣》。臺北：國立中正紀念堂管理處，2014 年 6 月，

頁 1-38。

〈導讀：向在戰火中記錄史實的攝影工作者致敬〉，收入何飛鵬總策畫，《影像‧中國：1911-1960》，第四冊對日抗戰：鐵血救國‧曲線救國。臺北：商周出版，2014 年 5 月，頁 vii-xiv。

〈《總理奉安紀念冊》及其作為史料的運用〉，收入劉維開主編，《影像近代中國》。臺北：政大出版社，2013 年 12 月，頁 39-70。

〈訓政前期的黨政關係（1928-1937）——以中央政治會議為中心的探討〉，收入邵銘煌主編，《蔣中正與黨政關係》。臺北：國立中正紀念堂管理處，2013 年 12 月，頁 73-128。

〈國防最高委員會的組織與運作〉，收入邵銘煌主編，《蔣中正與黨政關係》。臺北：國立中正紀念堂管理處，2013 年 12 月，頁 129-176。

〈蔣中正對韓戰的認知與因應〉，收入陳立文主編，《蔣中正與民國外交 II》。臺北：國立中正紀念堂管理處，2013 年 12 月，頁 39-74。

〈蔣中正的束北經驗與九一八事變的應變作為——兼論所謂「銑電」及「蔣張會面說」〉，收入呂芳上主編，《蔣中正與民國外交 I》。臺北：國立中正紀念堂管理處，2013 年 12 月，頁 127-158。

〈憲政體制下的權力競逐——蔣中正在 1948 年的政治困境〉，收入黃自進、潘光哲主編，《蔣介石與現代中國的形塑‧第一冊：領袖的淬鍊》。臺北：中央研究院近代史研究所，2013 年 9 月，頁 355-388。

〈訓政時期「國民政府組織法」制定與修正之探討〉，收入吳淑鳳等編輯，《近代國家的型塑：中華民國建國一百年國際學術討論會論文集》。臺北：國史館，2013 年 6 月，頁 489-518。

〈《蔣中正日記》與蔣中正研究〉，收入周惠民主編，《民國史事與檔案》。臺北：政大出版社，2013 年 6 月，頁 37-74。

〈張羣與蔣中正的人事布局〉，收入吳景平主編，《民國人物的再研究與再

評價》。上海：復旦大學出版社，2013 年 6 月，頁 162-185。

〈遷臺初期的蔣陳關係（1950-1954）〉，收入黃克武主編，《重起爐灶：蔣
　　中正與 1950 年代的臺灣》。臺北：國立中正紀念堂管理處，2013 年 2 月，
　　頁 11-46。

〈《蔣中正日記》及其衍生資料〉，收入陳進金主編，《國內蔣中正典藏資
　　料研析》。臺北：國立中正紀念堂管理處，2013 年 2 月，頁 173-229。

〈蔣介石的旅遊生活〉，收入呂芳上主編，《蔣介石的日常生活》。臺北：
　　政大出版社，2012 年 12 月，頁 125-153。

〈七年中國國民黨秘書長的吳鐵城〉，收入陳鴻瑜主編，《吳鐵城與近代中
　　國》。臺北：華僑協會總會，2012 年 11 月，頁 16-35。

〈蔣中正與〈中日和約〉〉，收入黃克武主編，《遷臺初期的蔣中正》。臺
　　北：國立中正紀念堂管理處，2011 年 11 月，頁 149-205。

〈悲壯而光榮的一頁〉，收入中央通訊社主編，《我們的烽火歲月》。臺北：
　　中央通訊社，2011 年 7 月，頁 10-36。（與邵銘煌合著）

〈蔣中正在軍事方面的人際關係網絡〉，收入汪朝光主編，《蔣介石的人際
　　網絡》。北京：社會科學文獻出版社，2011 年 6 月，頁 55-79。

〈蔣中正記憶中的童年〉，收入呂芳上主編，《蔣中正日記與民國史研究》，
　　上冊。臺北：世界大同出版公司，2011 年 4 月，頁 139-155。

〈蔣介石軍事方面的人際網絡〉，收入呂芳上等合著，《蔣介石的親情、
　　愛情與友情》。臺北：時報文化出版企業公司，2011 年 3 月，頁 152-
　　178。

〈防衛舟山與舟山撤退〉，收入沈志華、唐啟華主編，《金門：內戰與冷戰：
　　美、蘇、中檔案解密與研究》。北京：九州出版社，2010 年 9 月，頁
　　18-34。

〈防衛舟山與舟山撤退〉，收入呂紹理、唐啟華、沈志華主編，《冷戰與臺

海危機》。臺北：國立政治大學歷史學系，2010 年 7 月，頁 29-54。

〈國防會議與國防聯席會議之研究修正——抗戰初期相關史實辯正〉，收入
　　中國抗日戰爭史學會、中國人民抗日戰爭紀念館編，《中華民族的抗爭
　　與復興——第一、二屆海峽兩岸抗日戰爭史學術討論會論文集》，上冊。
　　北京：團結出版社，2010 年 7 月，頁 304-322。

〈國防最高委員會檔案中的宋子文資料〉，收入吳景平主編，《宋子文生平
　　與資料文獻研究》。上海：復旦大學出版社，2010 年 5 月，頁 27-42。

〈1940 年代中國國民黨領導階層之分析〉，收入呂芳上主編，《論民國時期
　　領導精英》，香港：商務印書館，2009 年 12 月，頁 296-316。

〈中國國民黨六屆臨時中全會研究〉，收入中國社會科學院近代史研究所民
　　國史研究室、四川師範大學歷史文化學院編，《一九四〇年代的中國》，
　　上卷，北京：社會科學文獻出版社，2009 年 5 月，頁 70-90。

〈宋子文與西安事變善後解決之研究〉，收入吳景平主編，《宋子文與戰
　　時中國（1937-1945）》。上海：復旦大學出版社，2008 年 4 月，頁 78-
　　104。

〈蔣中正對大陸失敗原因的檢討〉，「第五次中華民國史國際學術討論會」，
　　浙江：南京大學中華民國史研究中心，2006 年 7 月 28 日至 8 月 1 日。

〈宋美齡女士檔案資料介紹〉，收入喬萬敏、俞祖華、李永璞主編，《中國
　　近現代史史料學國際學術討論會論文集》。北京：新華出版社，2005 年
　　11 月，頁 247-257。

〈國防會議與國防聯席會議之召開與影響〉，收入《抗戰勝利與臺灣光復六
　　十週年紀念學術討論會論文集》。臺北：中國國民黨文化傳播委員會黨
　　史館、中正文教基金會，2005 年 10 月，頁 93-112。

〈訓政前期的黨政關係（1928-1937）——以中央政治會議為中心的探討〉，
　　收入中國社會科學院近代史研究所民國史研究室編，《一九三〇年代的

中國》，上卷。北京：社會科學文獻出版社，2005 年 8 月，頁 77-94。

〈国防最高委員會の組織とその活動実態〉，收入石島紀之、久保亨編著，《重慶国民政府史の研究》。東京：財団法人東京大学出版会，2004 年 12 月，頁 25-48。（日語（文））

〈蔣中正的東北經驗與九一八事變的應變作為——兼論所謂「銑電」及「蔣張會面說」〉，收入中國社會科學院中日歷史研究中心編，《九一八事變與近代中日關係：九一八事變 70 周年國際學術討論會論文集》。北京：社會科學文獻出版社，2004 年 7 月，頁 415-438。

〈為改革國計民生而奔走——孫中山先生民國元年言論分析〉，收入徐萬民主編，《孫中山與辛亥革命：紀念辛亥革命九十周年國際學術研討會論文集》。北京：圖書館出版社，2002 年 10 月，頁 341-363。

〈從〈談話紀錄〉看南京撤守前後的蔣李關係〉，收入《史學的傳承》編輯小組編，《史學的傳承——蔣永敬教授八秩榮慶論文集》。臺北：近代中國出版社，2001 年 9 月，頁 239-268。

〈臺灣地區歷史照片的庋藏與運用〉，收入兩岸資訊社會的史學與應用學術討論會籌備委員會編，《兩岸資訊社會的史學與應用學術討論會論文集》。臺北：銘傳大學通識教育中心，2001 年 7 月，頁 327-346。

〈顧維鈞在朝鮮戰爭初期對美交涉中的角色〉，收入金光耀主編，《顧維鈞與中國外交：顧維鈞與中國外交國際學術討論會論文集》。上海：上海古籍出版社，2001 年 6 月，頁 322-343。

〈閻錫山組閣經過之探討〉，收入一九四九年中國的關鍵年代學術討論會編輯委員會編，《一九四九年：中國的關鍵年代學術討論會論文集》。臺北：國史館，2000 年 12 月，頁 239-260。

〈淪陷期間中國國民黨在港九地區的活動〉，收入港澳與近代中國學術研討會論文集編輯委員會編，《港澳與近代中國學術研討會論文集》。臺北：

國史館，2000 年 5 月，頁 477-499。

〈戰時黨派合作的開端——國防參議會研究〉，收入紀念七七抗戰六十週年學術研討會籌備委員會編，《紀念七七抗戰六十週年學術研討會論文集》。臺北：國史館，1998 年 12 月，頁 119-152。

〈臺灣地區中國國民黨黨史史料典藏與研究〉，收入中華民國史專題第四屆討論會秘書處編，《中華民國史專題論文集：第四屆討論會》。臺北：國史館，1998 年 12 月，頁 1725-1760。

〈臺灣地區孫中山先生史料的典藏與運用〉，收入國立國父紀念館，《孫中山與現代中國學術研討會論文集》。臺北：國立國父紀念館，1998 年 5 月，頁 167-182。

〈山城堡之役研究〉，收入中華民國史料研究中心編，《中國現代史專題研究報告・第十九輯：西安事變六十週年學術研討會論文集》。臺北：中華民國史料研究中心，1997 年 8 月，頁 413-449。

〈戰時黨政軍統一指揮機構的設置與發展〉，收入中華民國史專題第三屆討論會秘書處編，《中華民國史專題論文集：第三屆討論會》。臺北：國史館，1996 年 3 月，頁 339-364。

〈國防最高委員會的組織與人事初探〉，收入胡春惠主編，《紀念抗日戰爭勝利五十周年學術討論會論文集》。香港：珠海書院亞洲研究中心，1996 年 3 月，頁 276-296。

〈與美國、義大利等國軍事關係〉，收入朱瑞月編，《國民革命建軍史第二部：安內與攘外（二）》。臺北：國防部史政編譯局，1993 年 1 月，頁 1609-1943。

〈備戰〉，收入朱瑞月編，《國民革命建軍史第二部：安內與攘外（一）》。臺北：國防部史政編譯局，1993 年 1 月，頁 373-655。

〈蔣公與中國空軍的建立（民國十七年至民國二十六年）〉，收入國防部史

政編譯局編，《先總統蔣公百年誕辰紀念論文集》，下冊。臺北：國防部史政編譯局，1986 年 10 月，頁 57-112。

〈空軍與抗戰〉，收入軍史研究編纂委員會編，《抗戰勝利四十週年論文集》。臺北：黎明文化事業公司，1986 年 1 月，頁 253-327。

〈空軍與抗戰〉，收入國防部史政編譯局編，《抗戰勝利四十週年論文集》。臺北： 國防部史政編譯局，1985 年 9 月，頁 253-327。

 # 後記

綠野堂開占物華，路人指道令公家。

令公桃李滿天下，何用堂前更種花。

（唐·白居易，「奉和令公綠野堂種花」）

仲夏陽光燦爛一片，指南山碧綠如茵，「桃李滿天下」的維開師將於今（2020）年 7 月自國立政治大學退休，其所指導的諸位學生為了感念師恩，故有此榮退論文集的出版。

三年前的謝師宴席上，眾人鑒於維開師退休之期將屆，構思許多慶祝方案。惟維開師性格低調，沉穩質樸，不喜浮誇且勞師動眾的慶祝活動，幾位弟子發想，商議私下由指導學生撰寫論文與感言，期望透過翰墨文字寫成一篇篇的感恩獻禮，敬贈維開師一份驚喜的退休禮物。經過集稿，共收錄論文 9 篇與感言 21 篇。論文為各人之最新研究成果，也代表了每個人在學術研究路途上深受維開師的指導與啟發。感言以「指導學生給恩師的一段話」為題，敘述了諸位指導學生結識維開師的淵緣，以及表達接受其指導與教誨的感念之心。書名定為《薪傳》，喻示維開師的學術薪傳不絕，民國史研究持續傳承。惟學生們追隨維開師多年的教誨，在「見山是山，見山不是山，回首所望見山還是山」的學習成長歷程期間，雖取得一紙學歷證書，然抬頭遠望，

學術研究路途未得望終點，亦不見維開師衣袖背影。維開師的學術成就，由〈劉維開教授著作目錄〉得窺全貌，亦是其所指導學生難望項背，卻是終生持續不懈的追求目標。

　　此論文集承蒙張力教授與汪朝光教授惠賜序言，以及多位審查委員匿名審查，才讓維開師所指導的諸位學生得以有一份感念師恩的成果。編輯出版過程中，張力教授的大力支持以及張世瑛、許峰源、侯嘉興、張智瑋、陳佑慎的協助自是難以言謝，並且在蕭李居、陳世局、楊善堯、胡學丞、曾冠傑、袁經緯、許惠文、范育誠、羅國儲、黃宇暘等人戮力合作以及秘密進行的默契下，方得以將此份成果展現為驚喜的禮物。但是，也由於是秘密編輯作業，所能獲取維開師的友人照片有限，實難以呈現維開師舊識新交遍天下的全部師友。此後諸位受維開師指導啟發的學生們仍將於漫長學術之路勤勉前行，於今日以此論文集獻予維開師退休之慶，日後自以豐碩的研究成果，致賀維開師天與稀齡，永記教誨之恩。

　　　　　　　　　　　　　　　　　　《薪傳》編輯小組　謹識
　　　　　　　　　　　　　　　　　　庚子年仲夏午日前夕

薪傳：劉維開教授榮退論文集

編　　著 /《薪傳》編輯小組
作　　者 / 胡學丞、范育誠、袁經緯、許惠文、陳世局、
　　　　　曾冠傑、楊善堯、蕭李居、羅國儲
策劃出版 / 喆閎人文工作室
叢書系列 / 時代人物 2
地　　址 / 新北市新莊區中華路一段 100 號 10 樓
電　　話 / +886-2-2277-0675
執行編輯 / 蕭李居、陳世局、楊善堯
校　　對 / 蕭李居、陳世局、楊善堯、陳育諄
封面設計 / 泰有文化藝術有限公司

排版印製 / 秀威資訊科技股份有限公司
　　　　　114 臺北市內湖區瑞光路 76 巷 65 號 1 樓
　　　　　電話：+886-2-2796-3638　傳真：+886-2-2796-1377
　　　　　http://www.showwe.com.tw

初版一刷 / 2020 年 7 月
定　　價 / 450 元
Ｉ Ｓ Ｂ Ｎ：978-986-99268-0-5

國家圖書館出版品預行編目

薪傳：劉維開教授榮退論文集 / 《薪傳》編
輯小組編著 . -- 新北市：喆閎人文工作室，
2020.07
　　面；17×23 公分 . -- (時代人物；2)

ISBN 978-986-99268-0-5(精裝)

1. 民國史　2. 戰史　3. 文集

628.07　　　　　　　　　　　　109009146